感谢田家炳基金会对共创成长路项目的大力支持

本书活动内容由"共创成长路"团队开发，
未经允许，任何个人或机构不得做商业化使用

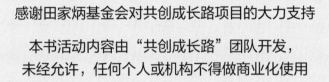

P.A.T.H.S.
Theories and Practices of Positive Youth
Development among Rural
ADOLESCENTS

光华社会学文库

主编 边慧敏　执行主编 彭华民　副主编 邓湘树

共创成长路：

农村青少年正面成长理论与实务

石丹理　彭华民／主　编

周　正　朱小琴／副主编

社会科学文献出版社
SOCIAL SCIENCES ACADEMIC PRESS (CHINA)

总　序

为了更好地推动西南财经大学社会学学科建设，我们编撰了"光华社会学文库"。回顾从光华大学（Kwang Hua University）到西南财经大学的近百年历史，经世济民、孜孜以求是西南财经大学一贯传承的理念。秉持这两种交相辉映的大学精神，我们将本丛书取名为"光华社会学文库"，以守百年之光荣传统。同时，我们力求社会学研究的创新，这个努力包含了文库专著在中与西、理论与实证、学术与应用等方面的贡献。

一　西南地区的社会学研究：历史的馈赠

中国社会学起源于中国近代资产阶级启蒙思想家、中国社会学的先驱者严复于 1897 年翻译的斯宾塞的《社会学研究》（取名《群学肄言》）。1903 年上海文明编译局出版《群学肄言》足本，1908 年上海商务印书馆出版《订正群学肄言》。同时，中国古代学者思想中包含的丰富的社会思想，为中国社会学的发展做出了宝贵的贡献。①在社会学界，一般称 20 世纪 30~40 年代（指 1937~1949 年）为社会学的建设时期。社会学传入中国后的 30 多年仍

---

① 景天魁：《中国社会学话语体系建设的历史路径》，《北京工业大学学报》（社会科学版）2019 年第 5 期。

是舶来品。所以，如何使社会学的理论结合中国的社会实际、使社会学中国化，成为 20 世纪三四十年代社会学的中心任务①。而赋予这一时期中国社会学学术灵魂的，当属以孙本文为代表的综合学派②和在社会主义思潮基础上生发而来的唯物史观社会学③，以及吴文藻等人创建中国学派的努力。从某种意义上说，孙本文代表的综合学派是在那个时期的学院社会学中居于正宗地位的主流形态④。

中国社会学的历史本是在学术传统和学术领域中展开与书写的，但一个历史性事件改变了中国社会学的发展轨迹。1937 年七七事变爆发后，日军大举进攻中国，内地多个城市沦陷，平、津、宁、沪、杭等省市 70 多所高校为了保存我民族教育之国脉，迁徙到西南大后方⑤。各大院校、研究机构及社会学者云集西南边陲，云南、四川等成为社会学研究的重镇。被战争改写的中国社会学史中有一支兼有学术传统和地域特征的研究团队，他们在战争炮火中迁徙到西南，就地搞乡村建设实验；办教育培养社会学人才；结合战时情况，与实际部门开展社会服务工作，进行人口普查和社会实验，对不同类型社区和民族地区进行深入调查研究，对一些重要的社会问题进行系统研究⑥。与孙本文及其代表的综合学派相比，他们的研究更具中国特色，其研究成果成为中国社会学史上具有独创性的华彩之章。

在西迁社会学团队的社会学中国化研究中，社区研究独树一

① 杨雅彬：《四十年代中国社会学的建设》，《社会学研究》1988 年第 1 期。
② 郑杭生、李迎生：《中国早期社会学综合学派的集大成者——孙本文的社会学探索》，《江苏社会科学》1999 年第 6 期。
③ 李培林：《20 世纪上半叶的唯物史观社会学》，《东岳论丛》2009 年第 1 期。
④ 周晓虹：《孙本文与 20 世纪上半叶的中国社会学》，《社会学研究》2012 年第 3 期。
⑤ 中国人民政治协商会议、西南地区文史资料协作会议编《抗战时期内迁西南的高等院校》，贵州民族出版社，1988。
⑥ 杨雅彬：《四十年代中国社会学的建设》，《社会学研究》1988 年第 1 期。

帜，形成了 20 世纪 40 年代具有特色的中国学派。抗日战争时期，西迁内地开展实地社区研究的重要机构有三个：李景汉、陈达、史国衡等学者汇集的清华大学国情普查研究所，费孝通、许烺光、陶云逵等工作的云南大学和燕京大学合作的社会学研究室，李安宅等组织的华西协和大学边疆研究所。李安宅组织和领导了华西协和大学边疆研究所的工作。他从西北抵达成都后，除了整理西北藏族宗教、政治、文化、民俗民风的调查材料，还组织社区实证研究。该所开展的社区研究与云南大学－燕京大学社会学研究室的工作内容相似，也是在一定的小社区内长期进行多方面的实地观察，用当地的事实来检验人类学的各种理论并加以引申或修正。费孝通、李安宅、林耀华的成就引起国际社会科学界的注意。他们的社区研究朝着方法的科学化、问题的具体化、内容的中国化方向发展，改变了以往只注重西方理论的系统介绍，或者罗列中国社会事实的某种学院派研究状态。[①] 孙本文在《当代中国社会学》一书中总结了社会学传入中国半个世纪的历史，提出社会学中国化的几项工作：一是中国理论社会学的建立，二是中国应用社会学的建立，三是社会学人才的训练。[②] 按照这个划分，抗日战争时期西南地区特别是成都社会学研究的贡献主要是在应用社会学领域。

二 从光华大学到西南财经大学：光华日月 经世济民

西南财经大学的校史渊源可以上溯到上海的光华大学。光华大学是民国时期著名的综合性私立大学。光华大学的"光华"取自《卿云歌》"日月光华，旦复旦兮"。1937 年八一三事变爆发后，因地处战区，光华大学校舍全部被日军炸毁，但学校仍坚持

---

① 杨雅彬：《四十年代中国社会学的建设》，《社会学研究》1988 年第 1 期；周晓虹：《孙本文与 20 世纪上半叶的中国社会学》，《社会学研究》2012 年第 3 期。

② 孙本文：《当代中国社会学》，商务印书馆，2011。

租房上课，未曾间断。同时，校长张寿镛和校董事会商议决定将学校一部分迁入四川，于 1938 年成立光华大学成都分部，上海本部不再公开招生。光华大学成都分部成立后，不仅接收上海光华大学避难入川的学生，而且接收流亡到成都的其他大学肄业生。学生的年幼弟妹还可以被安排到大学附属小学和附属中学学习。1938 年，由妇女界进步人士倡议发起，以救济教养战时难童为宗旨的抗战爱国团体——中国战时儿童保育会（以下简称"保育会"）在汉口正式成立。自保育会成立之日起，工作人员就不顾炮火危险，到战区搜救失去亲人、流浪街头的孤儿和贫苦之家无力抚养的儿童，将其运送到后方安全区。1938 年春，保育会到学校洽谈，光华大学成都分部谢霖副校长答应接收男女难童进入学校初中部学习，其夫人张慧卿担任保育生管理员。保育生毕业后有的考入空军院校，有的考入军事院校和其他大专院校，有的参军奔赴前线抗日[①]。光华大学成都分部的师生胸怀救国治国之宏伟之志，秉持科学救国和民主救国精神，教学因陋就简，学校弦歌不辍。可歌可泣，可书可记。

特别需要指出的是，光华大学内迁成都后，设文学院、理学院和商学院，其中文学院五系中就包括社会学系。著名的社会学家潘光旦先生曾任社会学系主任、文学院院长。现在虽然缺乏更多的历史档案资料，但西南财经大学社会学学科是与中华民族抗日战争的伟大历史连在一起的，其社会学研究和社会服务在中国社会学史上具有重要的意义。

抗战胜利后，光华大学上海本部恢复，成都分部交由四川省地方接办，1946 年更名为私立成华大学，与上海光华大学成为一脉相承的兄弟学校。在 1952~1953 年的院系调整中，以私立成华大学为基础先后并入西南地区财经院校或综合大学的财经系科，

---

① 中国人民政治协商会议、西南地区文史资料协作会议编《抗战时期内迁西南的高等院校》，贵州民族出版社，1988。

光华大学院系设置沿革表

时间	院系名称																						
一九二六年	文科	国学系	教育学系	历史学系	政治学系	社会学系	哲学心理学系	英文学系	法文学系	德文学系	理科	物理学系	生物学系	数学系	商科	银行学系	会计学系	商业管理学系	经济学系	工科	测量系	绘图系	建筑系
一九三六年	文学院	国文系	教育系	历史系	政治系	社会系		英文系			理学院	化学系		数理系	商学院	土木工程系	银行系	会计系	经济系				

图 1　光华大学创始期和 1936 年发展时期院系设置

光华大学成都分部院系设置表

时间	院系名称									
	文学院					理学院		商学院		
一九三八年至一九四六年	中国文学系	教育学系	历史学系	政治经济学系	社会学系	化学系	土木工程系	银行学系	会计学系	工商管理学系	会计专修科

图 2　光华大学成都分部时期院系设置

注：光华大学成都分部沿用光华大学设立的文学院、理学院和商学院，下设 10 个系及一个专修科。

组建西南财经大学的前身——四川财经学院。西南财经大学的光华校区即光华大学成都分部旧址，学校秉持经世济民、孜孜以求的大学精神。

三　光华社会学文库：回到初心再出发

1949 年之后，在地处西南地区的成都，社会学陷入低潮。首先是华西协和大学社会学系合并到四川大学等高校，相关的具有特色的社区社会学研究黯然退场。其次是大学社会福利服务随着新中国的建立，通过政府新福利政策和福利提供形式发生改变。1979 年中国社会学重建后，四川成都的多个高校重建了社会学专业。西南财经大学于 1984 年获批人口学硕士点，1987 年获批人口学二级学科博士学位授权点，1999 年人口学获批四川省重点学科，是国内最早建立人口学学科、获得人口学硕士和博士授权资格的高校之一，涌现出吴忠观、刘洪康等一批全国知名的人口学学者，成为全国人口研究的学术重镇；2008 年在应用经济学下自主设置社会经济学，2008 年获批社会工作本科专业，2010 年获批社会工作硕士专业学位授权点，2011 年获批社会学一级学科硕士学位授权点，2012 年自主设置应用社会学硕士点，2014 年自主设置民俗学硕士点，2018 年获批社会学一级学科博士学位授权点，2024 年获批社会工作专业博士点。学校先后成立人口研究所、西部经济研究中心、人文学院、社会工作发展研究中心和社会发展研究院等社会学相关机构。其中，人口研究所成立于 1979 年，1985 年开始招收人口学硕士研究生，1987 年开始招收人口学本科生，1988 年开始招收人口学博士研究生，2000 年被调整至法学院，2006 年被调整至西部经济研究中心，并于 2012 年开始招收社会学硕士研究生。人文学院于 2008 年开始招收社会工作本科生，2013 年开始招收应用社会学硕士研究生，2015 年招收民俗学硕士研究生。社会工作发展研究中心成立于 2007 年 10 月，2009 年开始招收社会经济学硕士研究生，2010 年开始招收社会工作硕士专业学位研究生，2013 年开始在经济保障与社会保险博士点下招收灾害风险管理和灾害社会工作方向博士研究生，2018 年 1 月改为社会发展研究院，2018 年开始招收社会学博士研究生。为进一步促进社会学学科发展，2020 年 7 月学校将社会学相关专业整合到社会发展研究院。研究院秉持整合优势资源、立足西部建设更为完整的社会学学科的思路，新设社会学研究所、人口学研究所、社会政策与社会工作研究所、经济社会学研究所、民俗学研究所，共同研究中国经济社会尤其是社会发展面临的重大理论和实践问题，为中国社会建设和社会治理贡献力量。

西南财经大学有经济学学科优势，金融学人才培养具有明显特色。社会学在这样的大学中发展的确需要探索自己的学术成长道路。经济学和社会学学科实际上有多种学术联系与渊源。从1969年开始颁发的诺贝尔经济学奖的获得者中，有数位的研究成果跨界整合了经济学和社会学，如阿马蒂亚·森的贫困研究和可行能力研究，加里·贝克对人类相互行为的分析，安格斯·迪顿对消费、贫困和福利的研究，阿比吉特·班纳吉、艾丝特·杜芙若及迈克尔·克雷默在全球反贫困研究中使用的实验型方法等。当经济学需要进行非经济因素影响分析时，社会学无疑是最好的研究合作伙伴。中国社会学也出现跨学科的分支领域，如经济社会学等。1983年南开大学社会学系与中国社会科学院社会学研究所联合在天津召开第一届经济社会学研讨会。2019年和2020年西南财经大学社会发展研究院和清华大学社会与金融研究中心、中央财经大学社会与心理学院、中国社会科学院社会学研究所联合举办了两届中国社会学会年会金融与民生福祉分论坛等。西南财经大学的社会学学科与综合性大学的社会学学科不同，它在坚守社会学初心的同时，不断寻找和突出自己的内联外合的优势。

西南财经大学社会学学科多年来还形成了基层社会治理研究的特色。社会发展研究院现拥有多个研究中心和基地，包括民政部"中国基层治理研究中心"、四川省人文社会科学重点研究基地西部城乡统筹与社会建设研究中心、民政部社会工作专业人才培训基地、中国社会工作教育协会社会治理与社会工作专委会高质量社会发展科学研究基地等。社会发展研究院与中国家庭金融中心联合开展全国抽样调查，通过规范的问卷调查以及数据分析，建立了首个中国基层治理数据库。社会发展研究院获得了多项基层社会治理研究课题，包括国家社会科学基金"社会工作与灾后社区重建"、联合国儿基会"汶川地震社会工作发展对策研究"、教育部人文社科研究项目"大型自然灾害中政府与非营利组织合作关系研究——以汶川特大地震为例"、民政部招标课题"社会工作在汶川地震中的功能和作用研究"、国家外专局项目"农民集中居住区社区管理模式创新研究"等；成果出版注重灾害社会工作研究、城乡统筹中的社会建设研究、西部民族地区人口发展与反贫困战略研究、基层社会组织研究，为西部地区经济社会跨越式发展提供了高层次的战略规划及决策咨询服务，相关成果水平和团队研究能力在中国西部地区高校中名列前茅。

出版"光华社会学文库"的设想始于 2019 年初。初心是聚集西南财经大学社会学的优势资源，建立一个社会学优秀学术成果发表平台，做成一个具有特色的学术品牌。学院年轻教师部分毕业于国内 985 高校或 211 高校，部分毕业于海外境外高校。他们国际视野开阔，理论与方法训练扎实，在国内一流期刊和 SSCI 期刊发表多篇论文。他们倾尽全力完成的专著创新性强，值得一读。本套丛书第一批包括以下专著。

石丹理、彭华民：《共创成长路：农村青少年正面成长理论与实务》

邓湘树：《自然灾害中的政府与社会组织合作——以汶川特大地震为例》

胡 俞：《人际信任论》

潘彦谷：《亲子、同伴依恋和中学生心理素质》

张琼文：《城乡社区公共服务供给效率》

蒋和超：《孟母"择邻"：中国城市儿童学业成就的邻里效应》

魏真瑜：《从众心理与亲社会行为》

陆毅茜：*Postgraduate Transitions of University Students in Transforming China*

孙炜红:《"剩男""剩女"——适婚人口的初婚风险》

徐茅娣:《老有所为——中国老年人口的劳动参与行为》

韦克难:《儿童保护制度与服务——基于六省市的调查》

我们计划不断地邀请年轻学者将他们的成果纳入"光华社会学文库"出版,在 2021 年或 2022 年推出"光华社会学文库"第二批。感谢西南财经大学双一流学科建设办公室的大力支持,感谢社会科学文献出版社谢蕊芬等编辑的辛勤工作。

文库主编　边慧敏教授

西华大学党委书记

文库执行主编　彭华民教授

西南财经大学社会发展研究院特聘院长

文库副主编　邓湘树

西南财经大学社会发展研究院副院长

2020 年 10 月 15 日

序

《共创成长路：农村青少年正面成长理论与实务》一书，介绍了青少年正面成长理论（Positive Youth Development Theory）在四川、重庆、安徽、湖北等地的"共创成长路"项目中的应用，内容主要包括协助青少年成长发展的理论、方法和实践经验。

此书所述及的内容源于石丹理教授在香港地区和内地城市所主持实施的青少年正面成长项目——"共创成长路"，项目团队将"共创成长路"项目在上述地区所开展的服务运用于农村地区的学校和社区青少年服务中，此书内容是农村地区青少年正面成长项目经验的总结。该书有几个突出特点和贡献。

第一，该书突破了传统青少年社会工作的问题视角，以优势视角下的积极青少年观取而代之。西方社会青少年工作的相关研究表明，正面的青少年发展取向与积极的青少年发展结果之间存在正相关关系，积极的青少年发展计划可以帮助青少年健康成长。农村学校和社区青少年正面成长项目以青少年的正面成长为视角，突出青少年群体的潜力和能力在青少年健康成长中的作用，摒弃了聚焦青少年问题和病态的传统工作视角，强调促进青少年心理健康和发展其内部动力"资产"的重要性。书中所呈现的服务理论和方法可运用于青少年正面成长项目中以促进青少年健康成长。

第二，该书以"证据为本"，以服务过程中的系统性资料和数据呈现了服务项目的"科学性"效果，对教师、社会工作和相关专业人员开展青少年健康成长促进工作具有重要指导作用。通过文献研究发现，内地很少有基于系统经验研究的青少年正面成长项目，缺少针对农村地区青少年群体的正面成长服务项目。四省农村地区学校和社区实施的"共创成长路"项目填补了华人社会和中国农村地区实证为本青少年正面成长服务项目的空白。项目研究结果显示，该项目可以促进青少年的全面发展，因而被世界卫生组织和《柳叶刀》认可为有效的正向青少年发展项目。

第三，项目团队在香港和内地城市地区实施青少年正面成长项目和研究基础上，针对农村地区青少年的特点和需要对原有的活动手册和方案进行了修订，编制出适合农村地区使用的青少年身心健康教育工作实务和研究指导手册。原有的青少年正面成长项目相关内容是在香港"共创成长路"项目和内地城市地区田家炳"共创成长路"项目基础上发展出来的，并不完全适用于农村地区的青少年，因此，基于农村青少年的需要和特点，项目团队设计了能够更好地满足其成长发展需要的服务内容和指导相关工作者提供服务的实务手册。

第四，"共创成长路"项目（农村版）的服务活动方案是提升内地农村青少年身心健康福祉的重要工具。书中所介绍的学习活动材料对农村青少年身心健康的促进作用已在青少年服务学习课程的框架下进行了测试，所取得的积极成效获得了国际认可。此外，"共创成长路"项目（农村版）团队在云南、安徽、江苏、湖北等地多所学校进行的研究显示，通过"共创成长路"项目（农村版）可以发现原贫困地区的青少年具有的发展潜力和问题，该项目提供的服务使他们受益。该书能够为教育者和社会工作教育及前线实务工作者提供可资借鉴的服务模式。

第五，"共创成长路"项目在中国香港和内地及海外的实施经验表明，该项目极具推广价值。"共创成长路"项目（农村版）是在西南财经大学和香港理工大学紧密合作下进行的，是在香港理工大学石丹理教授全程指导下、在他担任西南财经大学长江学者讲座教授期间完成的。在石丹理教授的主持和指导下，2005～2018 年，有超过 320 所香港学校和 284400 名香港学生（601198 人次）参与了"共创成长路"项目并从中受益。迄今为止，该项目网站的访问量达 700000 余次。在内地，从 2011～2012 学年到 2018～2019 学年，通过线下（126458 人次）或线上（399631 人次）参加该项目的学生达到 526089 人次。从 2019 年 9 月至今，尽管其间经历了香港社会的动荡和新冠疫情的流行，仍然有众多学生（线下 89732 人次和线上 216671 人次）和教师（3921 人次）受益于该项目的实施。项目团队收集了 2019～2020 学年使用过该服务项目的 14600 名学生和 85 名教师的评估数据，这些评估数据显示，自新冠疫情以来，该项目服务的学生和教师分别达 306403 人次和 3921 人次。目前，除中国香港及内地外，该项目亦惠及中国澳门地区和斯里兰卡的学校、教师和青少年。从 2023～2024 学年开始，项目团队将在四川、安徽、福建及广东等地的新学校实施"共创成长路"青少年正面成长项目。可以预见，将有更多青少年受惠于该项目的实施。

第六，该项目的受益人群不仅有青少年，还有项目的实施者，包括教师、社会工作和相关专业人员。在项目实施过程中，他们的专业能力和福祉亦得到提升。迄今为止，该项目已在香港地区培训了超过 10000 名参与"共创成长路"项目的教师、社会工作和相关专业人员；在内地，则已培训了超过 1500 名参与田家炳"共创成长路"项目的教师。

对项目所进行的评估研究清楚地表明，"共创成长路"项目可以有效提升青少年的身心健康水平和促进他们全面发展，防止他们生活中消极行为的出现，使他们成为合格的社会成员，在未来有更强的能力为社会繁荣和国家富强做出贡献。在国内不同地区实施该项目所得的研究成果已在众多著名国际/国内学术期刊上发表，这些研究发现对教师、社会工作者和青少年工作者开展青少年工作具有重要参考价值，彰显了"共创成长路"项目的科学价值和现实意义。

我在 20 世纪 90 年代初与石丹理教授相识，受惠于他的帮助、指导和支持。这本书是石丹理教授最近十几年推展青少年正面成长项目的心血结晶，我相信它不仅将为中国农村地区青少年正面成长项目的实施和推广提供重要参考和有力支持，还将为国际青少年社会工作提供可资借鉴的宝贵中国经验。祝贺《共创成长路：农村青少年正面成长理论与实务》一书的出版。

斯为序。

马凤芝

北京大学社会学系教授

中国社会工作教育协会会长

2024 年 1 月 29 日

Translated English Preface

The book "*P. A. T. H. S.* : *Theories and Practices of Positive Youth Development among Rural Adolescents*" introduces the application of positive youth development theory in the P. A. T. H. S. Project in regions such as Sichuan, Chongqing, Anhui, and Hubei, China. It primarily covers theories, approaches, and practical experiences that facilitate healthy youth development.

The content of this book is derived from the positive youth development project, known as the P. A. T. H. S. Project, led by Professor Daniel Shek in Hong Kong and Mainland of China. The project team applied the experience of implementing the P. A. T. H. S. Project in these regions to youth services in rural schools and communities, summarizing the implementation approaches and experiences in rural areas. The book has several notable features and contributions.

Firstly, the book transcends the traditional problem-focused perspective of adolescent social work, replacing it with a strength-based view of positive youth development. Research in Western societies has shown a positive association between a positive youth development orientation and favorable youth development outcomes. Positive youth development programs can help adolescents grow healthily. The positive youth development project among rural adolescents adopts a perspective of positive youth development, emphasizing the potential and capabilities of adolescents in their holistic development, rejecting the traditional focus on adolescent problems and pathologies, and highlighting the importance of promoting mental health and developing internal developmental "assets" among adolescents. The theories and approaches outlined in the book can be applied to positive youth development programs to promote healthy youth development.

Secondly, the book is "evidence-based" presenting the "scientific" effectiveness of the service project using systematic data and information derived from the implementation process. This provides important guidance for teachers, social workers, and allied professionals in promoting healthy youth development. The literature review reveals that there are few systematic research-based positive youth development programs in Mainland of China, and there is a gross lack of positive youth development services targeting rural adolescents. The P. A. T. H. S. Project implemented in rural schools and communities in four provinces fills the gap in evidence-based positive youth development service projects in Chinese society and rural areas. The experimental and research results of the P. A. T. H. S. Project show that it can promote the holistic development of adolescents, and it has been recognized by the World Health Organization and The Lancet as an effective positive youth development project.

Thirdly, based on the implementation and research of youth development projects in Hong Kong and urban areas in Mainland of China, the project team adapted the original programs to suit the characteristics and needs of rural adolescents, creating practical manuals and research guidelines for youth physical and mental health education in rural areas. The original program materials were developed based on the

P. A. T. H. S. Project in Hong Kong and the Tin Ka Ping P. A. T. H. S. Project in Mainland cities, which were not entirely suitable for rural adolescents. Therefore, based on the needs and characteristics of rural and urban adolescents, the project team designed service content and practical manuals to better meet the growth and development needs of rural adolescents and guide relevant youth workers in providing services.

Fourthly, the P. A. T. H. S. Project (Mainland Rural Version) is an important tool for enhancing the physical and mental health and well-being of rural adolescents in Mainland of China. The effectiveness of activities and program materials introduced in the book in promoting youth health has been tested within the framework of youth Service-Learning courses and recognized internationally. Additionally, research conducted by the P. A. T. H. S. Project (Mainland Rural Version) team in schools in Yunnan, Anhui, Jiangsu, and Hubei shows that the project can identify the developmental potential and issues of adolescents in formerly impoverished areas, benefiting them through the services provided. This book offers a service model that can be used as a reference by educators, social work educators, and frontline practitioners.

Fifthly, the implementation experiences and effectiveness of the P. A. T. H. S. Project in Hong Kong, Mainland of China, and overseas demonstrate its great value in being promoted in different contexts. The P. A. T. H. S. Project (Mainland Rural Version) was conducted in close collaboration between the Southwestern University of Finance and Economics and The Hong Kong Polytechnic University, under the full guidance of Professor Daniel Shek during his tenure as a Changjiang Scholar Chair Professor at Southwestern University of Finance and Economics. From 2005 to 2018, over 320 schools and 284400 students (601198 person-times) in Hong Kong participated in and benefited

from the P. A. T. H. S. Project. To date, the project website has re-
ceived over 700000 visits. In Mainland of China, from the 2011-2012
academic year to the 2018-2019 academic year, 526089 students par-
ticipated in the project through offline (126458) or online (399631)
courses. From September 2019 to the present, despite the social unrest
in Hong Kong and the COVID-19 pandemic, many students (89732
offline person-times and 216671 online person-times) and teachers
(3921 person-times) have benefited from the project. The project re-
search team collected evaluation data from 14600 students and 85
teachers who participated in the service project during the 2019-2020
academic year. These evaluations show that since the COVID-19 pan-
demic, the project has served 306403 student person-times and 3921
teacher person-times. Currently, besides Hong Kong and Mainland of
China, the project has also benefited schools, teachers, and adoles-
cents in Macau, China and Sri Lanka. Starting from the 2023-2024
academic year, the project team has implemented the P. A. T. H. S.
Project in new schools in Sichuan, Anhui, Fujian, and Guangdong
provinces in Mainland of China. It is foreseeable that more adolescents
will benefit from the project.

Sixthly, the beneficiaries of the project include not only adoles-
cents but also the implementers, including teachers, social workers,
and allied professionals. During the project implementation, their pro-
fessional capabilities and well-being are also enhanced and strength-
ened. To date, the project has trained over 10000 teachers, social
workers, and allied professionals participating in the P. A. T. H. S.
Project in Hong Kong, and over 1500 teachers participating in the Tin
Ka Ping P. A. T. H. S. Project in Mainland of China.

Evaluation research on the project clearly shows that the P. A.

T. H. S. Project can effectively enhance and promote the physical and mental health and holistic development of adolescents, preventing problematic behaviors in daily lives, enabling them to become qualified members of society, and equipping them with stronger capabilities to contribute to the prosperity of society and the nation in the future. Evaluation findings on the effectiveness of the project implemented in different regions in Mainland of China have been published in numerous renowned international and domestic academic journals. These research findings provide great references for teachers, social workers, and professionals in providing youth services and conducting youth research, highlighting the scientific value and practical significance of the P. A. T. H. S. Project.

I have known Professor Daniel Shek since the early 1990s and have benefited from his help, guidance, and support. This book is the culmination of Professor Shek's efforts in promoting positive youth development projects over the past decade. I believe it will not only provide important reference and strong support for the implementation and promotion of positive youth development projects in rural areas of China but also offer valuable Chinese experiences for international youth social work. Congratulations on the publication of the book " *P. A. T. H. S. : Theories and Practices of Positive Youth Development among Rural Adolescents* ".

Sincerely,

Ma Fengzhi

Professor, Department of Sociology, Peking University

President, China Association for Social Work Education (CASWE)

January 29, 2024

目录

第一部分

青少年正面成长理论与项目背景

第一章 田家炳"共创成长路"项目：
内地及香港的经验

石丹理 朱小琴 窦迪娅 黎 翔 梁倩仪

一 世界青少年发展问题：关键问题及干预策略

世界各地都面临日益严重的青少年发展和心理健康问题，如抑郁症、自杀和焦虑等（Zhou et al.，2020）。联合国儿童基金会（United Nations Children's Fund，2021）调查显示，在 10～19 岁年龄组中，42.9% 的青少年表现出焦虑和抑郁障碍倾向，20.1% 的青少年表现出行为障碍的症状。根据世界卫生组织（World Health Organization Adolescent Mental Health，2021）的数据，抑郁症、焦虑症和行为障碍是导致青少年残疾和其他疾病的主要原因。其他相关研究也表明青少年抑郁症问题日益严重，例如，Balázs 等（2013）基于 11 个欧洲国家的数据，发现青少年的亚阈值抑郁症和抑郁症患病率分别高达 29.2% 和 10.5%。Steptoe 等（2007）的研究表明，在亚洲（如日本、韩国和中国台湾地区等），约有 38% 的学生表现出抑郁症状，而欧洲西北部和北美（如美国）只有不到 20% 的学生表现出抑郁症状。随着全球范围内互联网的日益普及，青少年网络成瘾，如游戏成瘾和社交媒体成瘾等情况也在加剧（Dou & Shek，2021；Shek，2019b；Shek, Zhu, &

Dou，2019）。这些青少年发展问题通常被认为体现了青少年时期"风暴和压力"的特点，表明青少年的发展本质上是"动荡的"（Zhou et al.，2020）。

青少年在青春期会遇到许多挑战。我们应当如何预防青少年发展问题呢？从干预的角度出发，干预计划可用于应对青少年发展问题。但是，这种方法存在若干问题。首先，如果针对每种青少年问题都制订一项干预计划，则需制订多项计划以应对不同问题（如反吸烟、反毒品、反欺凌和反饮酒计划等）。这些计划在有限的学校教学和课余时间里难以被全面执行。其次，干预计划可能被错误解读，导致污名化，进而难以获得学校和家长的支持。再次，许多青少年发展问题事实上存在共同的根源，如缺乏心理社会能力。最后，青少年干预计划通常强调应对青少年发展问题（Catalano et al.，2002），可能导致过于关注青少年的缺陷，却忽视了年轻人的优势和潜力。

除了干预计划，青少年正面成长（Positive Youth Development，PYD）视角亦可用于预防和减少青少年发展问题。研究者（Shek et al.，2019）指出，青少年正面成长项目基于不同的理论模型，包括 Search Institute 的 Peter Benson 提出的 40 项发展性资产模型；Richard Lerner 提出的 5C/6C 模型（联系、能力、自信、品格、关心和贡献）；强调自我意识、社会意识、自我管理、关系技能和负责任的决策等五个方面生活技能的社会情感学习（SEL）理论；专注于性格优势和精神品质的"存在"视角；以及 Catalano 等（2002）提出的 15 个青少年正面成长构念（如社交能力、抗逆能力、明确及正面的身份和自我效能感等）。有观点认为，虽然青少年干预和青少年正面成长的侧重点不同，但它们是相辅相成的（Catalano et al.，2002）。此外，许多研究表明，以发展性资产和心理社会能力为重点的青少年正面成长项目能够促进青少年的健康全面发展。例如，一系列元分析研究显示，参加了青少年正面成长项目的实验组学生比未参加项目的对照组学生发展得更好（Durlak et al.，2011；Korpershoek et al.，2016；Taylor et al.，2017）。

二 香港青少年发展问题：关键问题及干预策略

香港青少年面临一系列亟待关注的发展问题，如网络成瘾、物质主义价值观、心理健康问题、不健康的生活方式、缺乏社会流动性等（Shek，2006；Shek，Ma，& Sun，2011）。有学者（Shek & Siu，2019）认为，影响香港青少年发展的风险因素包括不健康的价值观、社会对青少年全面发展的忽视、青少年对生活的不满、社会上存在的学业卓越取向和对学校教育的负面看法、贫困、家庭教育问题等。这些风险因素的英文首字母缩写"UNHAPPY"准确地概括了香港青少年的不利成长环境。虽然其中一些风险因素普遍存在于世界其他地区，但有一些是香港社会文化背景所独有的。学者认为，青少年正面成长项目将有助于增加青少年的发展性资产，最终促进他们的整体发展，并减少他们的情绪行为问题。

为有效应对香港青少年发展问题及促进香港青少年整体发展，香港赛马会慈善信托基金于 2004 年拨款 4 亿港元，启动"共创成长路——赛马会青少年培育计划"。该计划由香港社会福利署、教育局以及香港五所大学的学者所组成的研究团队联合推行。研究团队规划制定了项目内容、实施计划并评估了项目成效。研究团队为香港初中生设计了基于课堂教学的青少年正面成长手册（每个年级 20 小时的教学时间），并为潜在的项目实施者（program implementor）设计了培训课程（每个年级 20 小时培训）。"共创成长路"手册涵盖 15 个青少年正面成长构念，包括与健康成人和益友的联系、抗逆能力、社交能力、情绪控制和表达能力、认知能力、采取行动能力、分辨是非能力、自决能力、自我效能感、心灵素质、建立目标和抉择能力、明确及正面的身份、参与公益活动、亲社会规范和正面行为认同（Shek，2019a；Shek & Sun，2013a，2013b；Shek & Wu，2016）。

鉴于"共创成长路"项目第一阶段的巨大成功，香港赛马会慈善信托基金提供额外 3.5 亿港元资金，于 2009～2012 年度开展了项目的第二阶段。同时，研究团队还进行了一项为期 6 年的纵向研究，以了解香港青少年在整个中学阶段的发展情况。第二阶段实施同样取得了显著成效，于是香港赛马会慈善信托基金又提供额外 2300 万港元的资金，于 2013～2019 年度开展了第三阶段以社区为本的项目，旨在帮助未参与前两个阶段的以学校为本的"共创成长路"项目的青少年获得健康全面发展。自 2005～2006 学年该项目实施以来，已有超过 320 所学校和 284400 名学生（601198 人次）参与了该项目。

为了评估"共创成长路"项目在香港的有效性，研究团队采用了多种评估方法，包括：（1）使用前后测数据比较的准实验设计（Ma & Shek，2017；Ma，Shek，& Leung，2018）；（2）纵向实验设计（Shek & Ma，2012；Shek & Yu，2012；Shek & Zhu，2020）；（3）基于学生的主观成效评价；（4）基于实施者的主观成效评价；（5）根据学校提交的报告进行二次数据分析；（6）中期评价；（7）过程评价；（8）基于学生的焦点小组；（9）基于实施者的焦点小组；（10）基于学生日记的定性评估；（11）项目实施成功学校的案例研究；（12）网格评估。在青少年正面成长指标（如分辨是非能力、采取行动能力、明确及正面的身份）上，研究者（Shek & Ma，2012）发现，实验组的学生（参与"共创成长路"项目的学生）比对照组的学生（未参与"共创成长路"项目的学生）发展得更好。而对于物质滥用（如吸烟、饮酒等）或其他问题行为（如违规行为或参与违规行为的意愿），实验组的学生相较于对照组的学生则表现出更缓慢的增长曲线（Shek & Yu，2012）。

三　"共创成长路"项目的推广及国内外影响

"共创成长路"项目在香港以外乃至更广泛的国际社会中也产生了积极影响。第一，在对全球青少年项目的审查中，"共创成长路"项目被评定为大中华地区唯一有效的青少年正面成长项目（Catalano et al.，2012）。第二，在联合国儿童基金会资助下，斯里兰卡的研究者于 2018~2019 学年对"共创成长路"项目进行了翻译和改编，并在斯里兰卡推行，使斯里兰卡的青少年受益。第三，该项目被世界卫生组织确定为能有效培育年轻人生活技能，为青年工作者提供必要的资源，帮助青少年更好地发展的项目（World Health Organization，2016）。第四，"青年力量学习"框架将"共创成长路"项目列为可以有效增进青年福祉的方案（Alvarado et al.，2017）。这些国际认可清楚地表明，相关专业人士可借鉴和推行"共创成长路"项目，促进全球青少年的正面成长。第五，该项目研究团队编制和评定了中国青少年正面成长量表，为从业者和研究人员评估青少年正面成长项目的有效性提供了可靠的评估工具（Hinson et al.，2016）。

（一）2011~2014 年："共创成长路"——田家炳青少年正面成长项目（华东先导阶段）

2007~2010 年，"共创成长路"项目首先在上海"落户"。在此期间，香港理工大学同华东师范大学合作，用体验式教学法，帮助上海市梅陇中学在德育课程中引入"正面成长"的理念。由于项目在香港和上海的试推行取得了巨大的成功，田家炳基金会决定提供资金支持，推行"共创成长路"华东先导项目。2011~2014 年，华东先导项目在苏州、上海、扬州、常州四个城市的四所田家炳中学实施，推行改编之后的初中"共创成长路"手册。三年跟踪研究结果显示，华东先导项目成效显著，项目的有效性得到了验证，项目成效也获得广泛认同（Shek & Han，2014；

Shek，Han et al.，2014；Shek，Yu et al.，2014）。因此，田家炳基金会决定继续提供资金支持，将"共创成长路"项目推广到更多城市的田家炳中学及兄弟学校，让更多内地学校有机会参与此青少年正面成长项目。

（二）2015～2018年："共创成长路"——田家炳青少年正面成长项目（全面实施阶段）

在2014～2015学年的过渡阶段，研究团队举办了四次导师培训活动，提供了69小时的培训，为2015～2018年的全面实施做好准备。在这期间，共计475名学校老师或社工参与培训，累计参与785人次，参与学校包括26所田家炳中学及4所兄弟学校（非田家炳中学）。经过2014～2015学年的培训准备，在香港理工大学及香港城市大学研究团队的大力支持下，参与项目的30所学校于2015～2016学年顺利过渡到全面推行期，开始大力推行"共创成长路"项目，相关举措包括建立专责推行项目的课程小组、确立行政及教学分工制度、编制教学课时安排、优化教案及进行试教等。在全面推行期，研究团队鼓励学校继续积极参与培训，开发本土化的青少年正面成长手册，以协助青少年全面健康成长。

此外，许多教师和校长表示"共创成长路"项目对高中生也极为有益。为满足初高中学生的成长需求，研究团队不但继续优化初中活动方案，而且基于高中师生的需求，自2015年开始编写高中手册（Shek，Han，& Leung，2018），实现了项目的一大突破。研究团队结合过往实践经验，经过优化和更新，最终确立了60个单元的高中活动方案，涵盖8个主题。与此同时，研究团队在全面推行期持续进行培训和实施同行者计划，深入了解每所项目学校的需求。项目学校不仅逐步完善专责团队建设，积极探索本地化执行策略，还辐射所在区域的其他兄弟学校，主动让更多学校和师生受惠于"共创成长路"项目。

在全面推行的三年时间里，颇多学生参与了"共创成长路"

项目并从中受益。2015～2016 年度，参与总班级数为 454 个，参与学生总人数达 21379 人，其中初中学生有 15361 人，高中学生有 6018 人。2016～2017 年度，参与总班级数为 636 个，参与学生总人数为 29976 人，其中初中学生有 16850 人，高中学生有 13126 人。2017～2018 年度，参与总班级数为 709 个，参与学生总人数为 33043 人，其中初中学生有 19302 人，高中学生有 13741 人（Shek，Han，& Leung，2018）。此外，有 6 万余名来自不同地区的青少年通过线上的形式参与了"共创成长路"项目。

四　田家炳"共创成长路"项目资源

（一）初中手册之构念与单元

田家炳"共创成长路"项目的初中活动手册是基于香港"共创成长路"——赛马会青少年正面培育项目的初一至初三活动手册（原有教学单元）改编而成的。活动以单元形式开展，每个单元的活动设计都基于 15 个正面成长构念，既涉及应对青少年成长所需关注的问题，也培养青少年正面成长能力；活动设计还力求贴近内地青少年的实际生活情境和需求。在 2014～2015 学年，研究团队完成了初中活动手册本土化的修订（试教版），并在 2017～2018 学年进行了进一步优化（正规版）。初一至初三的活动手册共计 76 个单元，如表 1-1 所示。

表 1-1　内地城市初中项目单元列表（共 76 个单元）

构念	初一（26 个）		初二（26 个）		初三（24 个）	
	单元编号	单元名称	单元编号	单元名称	单元编号	单元名称
与健康成人和益友的联系	BO1.1	亦师亦友	BO2.1	幸福小区第 3 栋	BO3.1	走出困惑，纯化友谊
	BO1.2	性格的力量	BO2.2	父母之命	BO3.2	为你导航，正确交往
	BO1.3	朋友交叉点				
	BO1.4	结伴同行				

续表

构念	初一（26个）		初二（26个）		初三（24个）	
	单元编号	单元名称	单元编号	单元名称	单元编号	单元名称
社交能力	SC1.1	祖国与我	SC2.1	都是中国人	SC3.1	谁对谁错？
	SC1.2	同心耀＿＿＿	SC2.2	职业狂想曲	SC3.2	一日有一记
情绪控制和表达能力	EC1.1	情绪字典	EC2.1	知心人	EC3.1	众"理"寻它
	EC1.2	真情流露	EC2.2	合情合理	EC3.2	离开幽谷
			EC2.3	独力难"知"		
			EC2.4	理想对象		
认知能力	CC1.1	大脑软件	CC2.1	思维性格大揭秘	CC3.1	真真假假
	CC1.2	网上情缘？	CC2.2	"创"世纪	CC3.2	广告见真谛
采取行动能力	BC1.1	为我好？	BC2.1	好心批评	BC3.1	快乐钥匙
	BC1.2	如何启齿？	BC2.2	歉意何处寻	BC3.2	宽恕与报仇
分辨是非能力	MC1.1	谁可先上车？	MC2.1	餐厅的一角	MC3.1	现实与理想
	MC1.2	同一车厢内	MC2.2	让位奇兵	MC3.2	强人是我？
					MC3.3	友情密码
					MC3.4	密码风云
自我效能感	SE1.1	天生我才	SE2.1	学习全攻略	SE3.1	谁是富翁？
	SE1.2	我做得到	SE2.2	扭曲怪兽屋	SE3.2	理想发电站
	SE1.3	我值得赞赏				
	SE1.4	我为我掌舵				
亲社会规范	PN1.1	国有国法、家有家规	PN2.1	不一样的责任	PN3.1	谁可决定？
	PN1.2	入乡随俗	PN2.2	小彬一家的新年	PN3.2	理直气壮？
			PN2.3	瘦身面面观		
			PN2.4	衡量天秤		
抗逆能力	RE1.1	一起走过的日子	RE2.1	人生处处是考场	RE3.1	生于忧患？
自决能力	SD1.1	自主执照	SD2.1	先"抉"条件	SD3.1	眼观八方
心灵素质	SP1.1	我的最爱	SP2.1	在他方的生命	SP3.1	价值何在

构念	初一（26个）		初二（26个）		初三（24个）	
	单元编号	单元名称	单元编号	单元名称	单元编号	单元名称
明确及正面的身份	ID1.1	让我告诉你	ID2.1	志同道合	ID3.1	古今男女
建立目标和抉择能力	BF1.1	人生指南针	BF2.1	开心前行	BF3.1	未来会怎样？
参与公益活动	PI1.1	学校也公益	PI2.1	亲亲公益	PI3.1	意见收集

（二）高中手册之构念与单元

基于前线教师及香港赛马会慈善信托基金的意见，香港研究团队在全面推行期开始筹备开发"共创成长路"高中手册。经过深入探讨及咨询多方意见后，研究团队于 2015 年 9 月开始策划活动蓝图，着手设计活动架构，于 2016~2017 学年完成高中活动手册 60 个单元的设计和编写（试教版），并在 2017~2018 学年对手册进行了进一步优化（正规版）。高中活动手册的设计同样基于 15 个正面成长构念，并围绕 8 个主题展开。高一至高三活动手册共 60 个单元，包括高一 31 个单元、高二 19 个单元及高三 10 个单元。有关高中活动手册的构念、主题及单元的组织和概念模型，请参考表 1-2、表 1-3 和图 1-1。

表 1-2　高中项目设计构念及单元数目

构念	单元数目	构念	单元数目
与健康成人和益友的联系（BO）	6	亲社会规范（PN）	4
社交能力（SC）	6	抗逆能力（RE）	4
情绪控制和表达能力（EC）	2	自决能力（SD）	4
认知能力（CC）	4	心灵素质（SP）	4
采取行动能力（BC）	7	明确及正面的身份（ID）	3
分辨是非能力（MC）	3	建立目标和抉择能力（BF）	2
自我效能感（SE）	8	参与公益活动（PI）	3

表1-3　高中项目单元列表（共60个单元）

构念	高一（31个）		高二（19个）		高三（10个）	
	单元编号	单元名称	单元编号	单元名称	单元编号	单元名称
与健康成人和益友的联系	BO4.1	我的家	BO5.1	你可以帮我吗？	BO6.1	爱与婚姻
	BO4.2	我有话说				
	BO4.3	辛苦你们了！				
	BO4.4	为家献力				
社交能力	SC4.1	将心比心	SC5.1	我们这一家		
	SC4.2	键盘上的朋友	SC5.2	关于爱		
	SC4.3	网络知心人	SC5.3	爱的角色		
情绪控制和表达能力	EC4.1	压力多面体	EC5.1	"怒放"的青春		
认知能力	CC4.1	思考知多少	CC5.1	认识学习风格		
	CC4.2	我的思考我做主	CC5.2	思想战争		
采取行动能力	BC4.1	沉迷的日子	BC5.1	身体好放松！	BC6.1	聆听身体密语
	BC4.2	看不见的拳头			BC6.2	海滩妙想旅程
	BC4.3	金钱与价值				
	BC4.4	做个应对压力的达人				
分辨是非能力	MC4.1	诚可贵			MC6.1	诚实、正直人人夸
					MC6.2	敬业乐业
自我效能感	SE4.1	理想职业	SE5.1	申请成功护照		
	SE4.2	我的时间管理锦囊	SE5.2	进步之旅		
	SE4.3	我有一个"解难百宝箱"	SE5.3	成功在望		
	SE4.4	工作不像预期？				
	SE4.5	你有天赋吗？				
亲社会规范			PN5.1	被歧视？	PN6.1	国际人道，有所知
			PN5.2	从心尊重	PN6.2	赠人玫瑰，手有余香

构念	高一(31个)		高二(19个)		高三(10个)	
	单元编号	单元名称	单元编号	单元名称	单元编号	单元名称
抗逆能力	RE4.1	逆流而上			RE6.1	爱情剧本
	RE4.2	家"挺"好菜				
	RE4.3	幽默一刻				
自决能力			SD5.1	"策"划生活	SD6.1	爸爸妈妈,请听我说
			SD5.2	"菜鸟"学飞	SD6.2	让爱回家
心灵素质	SP4.1	我的人生我做主	SP5.1	职业价值与我		
	SP4.2	梦想排	SP5.2	职业雾中寻?		
明确及正面的身份	ID4.1	性格与职业	ID5.1	照见我自己		
			ID5.2	世界的中国人		
建立目标和抉择能力	BF4.1	给我一个希望的家				
	BF4.2	天赐礼物				
参与公益活动	PI4.1	我们的社区				
	PI4.2	一把椅子的故事				
	PI4.3	真·助人				

五 田家炳"共创成长路"项目导师培训与支持措施

"人"是青少年正面成长项目得以有效实施不可或缺的先决条件(Shek & Sun,2008)。因此,导师培训被视为成功实施"共创成长路"项目的基石。在香港,专业、系统及先进的培训工作坊被证明能有效地传达项目理念和内容,提高教师的积极性,并深化他们对青少年正面成长相关概念的理解。因此,效仿香港的做法,研究团队也为内地潜在项目的实施者(导师)提供量身定制的培训。在2011~2018年的八年间,研究团队在内地的沿海地区(如上海、苏州)和内陆地区(如重庆和

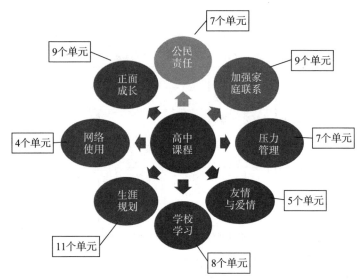

图 1-1　高中项目包括 **60** 个单元，围绕 **8** 个主题展开

白银）举办了多场培训研讨会。培训主要向导师介绍"共创成长路"项目的理论架构及设计理念，各个构念及单元的具体内容，以及各单元的教学技巧、评估策略和评估方法。除此之外，研究团队还邀请各所项目学校分享项目推行的状况，并进行现场交流、课堂示范及观摩。培训有以下几个目标。第一，加深导师对青少年正面成长的基本概念和理论的认识。第二，总结"共创成长路"项目的基本原理、概念和最新发展。第三，为教师提供分享成功经验的机会。第四，审查项目实施情况，并从前线教师那里获得反馈。第五，激励教师进行自我反思。第六，促进教师在培训中与其他参与者建立联系，并学习协作教学的策略。

在内地举办的培训活动有几个特点。首先，研究团队向初中和高中教师提供平行课程，并由有经验的培训师有次序地向参与培训的教师介绍相应年级的项目内容。其次，在每次培训研讨会上，不同学校都会展示四节示范课，为参与者提供从观察中学习的机会，并反思如何提高教学质量。最后，培训采用体验式教学法，鼓励参与者通过讨论、协作、互动和反思来学习和提升。在培训中，研究团队为参与者准备并分发了培训手册。此外，研究团队还对培训进行了系统评估，采用的评估策略包括定量评估（邀请参与培训的导师填写主观成效评估表，就培训内容、培训师表现、自我参与和培训行程安排等方面进行评分）和定性评估（邀请参与者填写反思表，用三个词语和一个比喻来形容参加培训的感受并简单阐述理由）。培训评估的结果清楚地表明，培训参与者对培训成效的评价非常正面（Shek，Chung，& Sun，2017；Shek，Lee，& Wu，2017；Shek et al.，2018；Shek，Leung，& Wu，2017；Shek，Pu，& Wu，2017；Shek，Zhu，& Leung，2017）。

在 2011 年 7 月举行的首届培训中，扬州市田家炳实验中学的参与教师写了一首题为《在路上》的诗来表达他们参与培训和"共创成长路"项目的感想和期望：

> 在路上，我们可能会因为经验不足，而达不到预期的效果，我们会不断用学习来弥补；
> 在路上，我们可能会受到同事的不理解、不支持，我们要通过沟通来化解；
> 在路上，我们可能会遇到意想不到的困难与挫折，我们要坚定地走下去；
> 因为我们在"共创成长路"的大道上。

除了为项目学校提供导师培训，研究团队还实施了另外两项措施来支持学校推行"共创成长路"项目。首先，研究团队制作了课堂教学示范视频。通过观看课堂教学示范视频，新教师可以更多地了解项目的理念和教学技巧。其次，研究团队还实施了

"同行者"计划，每所项目学校都有一位研究团队成员提供对口支援。通过这一计划，项目学校可以获得更直接和及时的支持。除此之外，为了给项目学校和教师更多的支持和鼓励，该计划的首席研究者石丹理教授在三年内走访了所有的项目学校。

六　田家炳"共创成长路"项目评估

在华东先导阶段（2011~2014 年），评估研究结果证实了田家炳"共创成长路"项目的有效性和价值。在全面实施阶段，研究团队进一步收集了学生和老师的观点。主观成效评估的结果表明，学生对项目内容、导师表现和项目的益处都有非常正面的看法（Zhu & Shek，2020a）。同样，教师也对项目的开展、项目对学生整体发展的益处持有非常积极的看法（Shek，Wu，& Chen，2018；Shek，Zhu，& Leung，2018）。更重要的是，通过一项准实验研究，研究团队发现加入田家炳"共创成长路"项目的学生比对照组学校的学生（没有参加项目的学生）发展状况更好（Zhu & Shek，2020b）。此外，研究团队收集的学生日记也表明学生对参与田家炳"共创成长路"项目有非常积极的体验和评价（Shek et al.，2019）。下面列举了一些摘自日记里的学生感想：

- "共创成长路"像一盏灯，给了我方向和指引。
- "共创成长路"像一把生命钥匙，打开了我的心门，让我的生活更加多彩。
- 我对自己更有信心了。学习过"共创成长路"后，我不再像从前一样害怕回答问题或在同学面前大声说话。现在我改变了很多，我能够大声回答问题，变得比之前更加勇敢。
- "共创成长路"教会了我如何与人沟通，让我更有同理心。我学到了在青春期，在与父母相处的过程中要注意自己的态度，并且懂得了从父母的角度换位思考。

● 这节课与其他所有的课有许多不同，充满欢乐以及很好的气氛，我在这节课中收获了许多。

● 活动设计很有内涵，充分体现了各位老师的用心准备，教育方式很独特，能激发学生的学习兴趣。

● （老师）积极地鼓励同学们的上进心，有创造性，能引起同学们的关注，能带起（班级）气氛，能让同学们缓解压力。

● 我觉得这一次的"共创田园"课非常生动有趣，老师准备得很充分，游戏也玩得很有意思，我希望下一次还会有这么有意思的活动，今天我学到了许多，也玩得开心！

● 在游戏中获得学习的快乐，让我们学习到在困难面前勇往直前、永不言弃的道理，鼓励孩子们获得自己独特的成功，也教会我们团结友爱。

● 老师有亲和力，对待学生的态度十分好……设计的活动十分有趣，氛围好，环境好。

● 暂时忘却了学习的压力，懂得了合作的重要性，获得了（和）同学之间的纯洁友情。

● 老师和蔼可亲，同学和睦相处。学校很积极地准备了此次活动（"共创成长路"），使我们感受到了"家"的温馨。所以，好，很好，非常好！

● 我认为"共创田园"非常有趣、放松。让我们在繁重的学业中得到放松的机会，游学游戏特别好玩……很难忘！

● 我觉得在田中上课十分轻松，不会像别的学校压力那么大。在田中，老师十分友善，而且氛围融洽，会因材施教。

● 自从上了共创课，我收获了很多，也了解到了很多自己（与）以前不一样的（地方）。比如，共创课让我了解到了田家炳老先生，他的善良、简朴、节约……共创课不仅仅让我们了解田家炳先生，也让我们学习生活中的知识和一些与人相处的方法……老师把每堂课都安排得非常好，（让我们）在一种很放松、很愉悦的氛围下学习跟文化课完全不同的知识。

● 这个课让我认清了人生目标，看清了自己的理想，更明白了自己内心深处的想法，知道自己现在更应该做什么，也看到了前进的目标，有了对以后的希望，感觉自己比以前更懂事了……变成一个尊敬师长和父母的孩子……变成一个和同学互帮互助、团结友爱（的人）……和越来越多的人认识、相处，和大家慢慢变熟，变得越来越有默契。

● 每节共创课的内容都能融入我们的生活，让我们知道生活中也需要团结、友爱，靠合作的力量把事情做得更完美；带着公平公正的态度处理事情，就是一种责任心。

● 共创活动内容很丰富，课上同学们都积极参与活动，同时老师也积极地加入活动之中……我更懂得要学会与同学交往，学会与家长沟通，更重要的是，让我明白自己以后到底想做什么。

● 活动的目标很清楚，教学活动也安排得很有条理，同学之间进行活动的氛围也很好……共创这门课对于同学们来说是唯一在繁忙的学习中能体会到轻松和快乐的课程，同学们常幽默地说"沮丧地进去，开心地出来"这一类的话。

● （这门课）鼓励我们加强与老师、同学及家人的联系；增强我们与人相处的能力；增强我们做出明智抉择的能力；（让我们）增强自信，帮助我们更积极地面对未来，总体来说，共创促进了我们的成长。

七　结论

为促进青少年的全面发展，"共创成长路"项目于 2005 年开始在香港实施。对项目不同实施周期的评估研究结果表明该项目能够有效地促进中学生的全面发展。随着该项目在香港的成功，"共创成长路"项目于2007年开始在内地实施，并取得了积极成果。2011~2018年，在田家炳基金会的资助下，该项目得到了进一步的支持和推广。系统评估结果表明，该项目成功地促进了内地学生的全面发展，同时也是实证为本的科学的青少年项目的先驱。当然，该项目迄今为止的成功经验都是基于城市学校的推广。因此，"共创成长路"是否同样适用于中国农村地区的学校和学生还值得进一步研究。这也是我们与西南财经大学合作开发农村版的"共创成长路"的原因。

参考文献

Alvarado, G., Skinner, M., Plaut, D., Moss, C., Kapungu, C., & Reavley, N. (2017). *A Systematic Review of Positive Youth Development Programs in Low- and Middle-income Countries*. Washington, DC: YouthPower Learning, Making Cents International.

Balázs, J., Miklõsi, M., Keresztény, Á., Hoven, C. W., Carli, V., Wasserman, C., et al. (2013). Adolescent subthreshold-depression and anxiety: Psychopathology, functional impairment and increased suicide risk. *The Journal of Child Psychology and Psychiatry and Allied Disciplines*, 54, 670-677.

Catalano, R. F., Fagan, A. A., Gavin, L. E., Greenberg, M. T., Irwin Jr, C. E., Ross, D. A., et al. (2012). Worldwide application of prevention science in adolescent health. *The Lancet*, 379 (9826), 1653-1664.

Catalano, R. F., Hawkins, J. D., Berglund, M. L., Pollard, J. A., & Arthur, M. W. (2002). Prevention science and positive youth development: Competitive or cooperative frameworks? *Journal of Adolescent Health*, 31 (Supplement 6), 230-239.

Dou, D., & Shek, D. T. L. (2021). Concurrent and longitudinal relationships between positive youth development attributes and adolescent internet addiction symptoms in Chinese Mainland high school students. *International Journal of Environmental Research and Public Health*, 18 (4), 1937.

Durlak, J. A. , Weissberg, R. P. , Dymnicki, A. B. , Taylor, R. D. , & Schellinger, K. B. (2011). The impact of enhancing students' social and emotional learning: A meta-analysis of school-based universal interventions. *Child Development*, 82 (1), 405-432.

Hinson, L. , Kapungu, C. , Jessee, C. , Skinner, M. , Bardini, M. , & Evans-Whipp, T. (2016). *Measuring Positive Youth Development Toolkit: A Guide for Implementers of Youth Programs.* Washington, DC: YouthPower Learning, Making Cents International.

Korpershoek, H. , Harms, T. , De Boer, H. , Van Kuijk, M. , & Doolaard, S. (2016). A meta-analysis of the effects of classroom management strategies and classroom management programs on students' academic, behavioral, emotional, and motivational outcomes. *Review of Educational Research*, 86 (3), 643-680.

Ma, C. M. S. , & Shek, D. T. L. (2017). Objective outcome evaluation of a positive youth development program: The Project P. A. T. H. S. in Hong Kong. *Research on Social Work Practice*, 29, 49-60.

Ma, C. M. S. , Shek, D. T. L. , & Leung, H. (2018). Evaluation of a positive youth development in Hong Kong: A replication. *Research on Social Work Practice*, 29 (7), 808-819.

Shek, D. T. L. (2006). Adolescent developmental issues in Hong Kong: Relevance to positive youth development programs in Hong Kong. *International Journal of Adolescent Medicine and Health*, 18 (3), 341-354.

Shek, D. T. L. (2019a). Impact of the Project P. A. T. H. S. in Hong Kong and China. *Neuropsychiatry (London)*, 9 (1), 2217-2219.

Shek, D. T. L. (2019b). The "ABCDE" of video gaming control: Arguments, basic research, conceptual models, documented lessons, and evaluation. *Journal of Behavioral Addictions*, 8, 3-6.

Shek, D. T. L. , & Han, X. Y. (2014). The relationship between subjective outcome evaluation and objective outcome evaluation findings: Evidence from China. *International Journal on Disability and Human Development*, 13 (4), 497–503.

Shek, D. T. L. , & Ma, C. M. S. (2012). Impact of the Project P. A. T. H. S. in the junior secondary school years: Objective outcome evaluation based on eight waves of longitudinal data. *The Scientific World Journal*, 2012, 170345.

Shek, D. T. L. , & Siu, A. M. H. (2019). "UNHAPPY" environment for adolescent development in Hong Kong [Editorial]. *Journal of Adolescent Health*, 64 (Supplement 6), S1–S4.

Shek, D. T. L. , & Sun, R. C. F. (2008). Implementation of a positive youth development program in a Chinese context: The role of policy, program, people, process, and place. *The Scientific World Journal*, 8, 424673.

Shek, D. T. L. , & Sun, R. C. F. (eds.). (2013a). *Development and Evaluation of Positive Adolescent Training Through Holistic Social Programs* (P. A. T. H. S.). Heidelberg: Springer.

Shek, D. T. L. , & Sun, R. C. F. (2013b). The Project P. A. T. H. S. in Hong Kong: Development, training, implementation, and evaluation. *Journal of Pediatric and Adolescent Gynecology*, 26 (3S), S2–S9.

Shek, D. T. L. , & Wu, F. K. Y. (2016). The Project P. A. T. H. S. in Hong Kong: Work done and lessons learned in a decade. *Journal of Pediatric & Adolescent Gynecology*, 29 (1), S3–S11.

Shek, D. T. L. , & Yu, L. (2012). Longitudinal impact of the Project P. A. T. H. S. on adolescent risk behavior: What happened after five years. *The Scientific World Journal*, 2012, 316029.

Shek, D. T. L. , & Zhu, X. (2020). Promotion of thriving among Hong Kong Chinese adolescents: Evidence from eight-wave data. *Research on Social Work Practice*, 30 (8), 870–883.

Shek, D. T. L. , Chung, C. K. , & Sun, R. C. F. (2017). Evaluation of a training program of the Tin Ka Ping P. A. T. H. S. Project in Mainland China. *International Journal of Child and Adolescent Health*, 10 (2), 177–187.

Shek, D. T. L. , Dou, D. , Zhu, X. , & Chai, W. (2019). Positive youth development: Current perspectives. *Adolescent Health, Medicine and Thera-peutics*, 18 (10), 131-141.

Shek, D. T. L., Han, X. Y., & Leung, T. Y. (eds.). (2018). Special issue on Tin Ka Ping P. A. T. H. S. Project in China. *Review on Child and Youth Family Social Work*, 5, 1-317. (in Chinese)

Shek, D. T. L., Han, X. Y., Lee, T. Y., & Yu, L. (2014). Subjective outcome evaluation of a positive youth development program in China. *International Journal on Disability and Human Development*, 13 (2), 275-283.

Shek, D. T. L., Lee, T. Y., & Wu, J. (2017). Subjective outcome evaluation of a training program of Tin Ka Ping P. A. T. H. S. Project in China. *International Public Health Journal*, 9 (3), 301-310.

Shek, D. T. L., Leung, J. T. Y., & Wu, J. (2017). Subjective evaluation of a training program of the Tin Ka Ping P. A. T. H. S. Project in Mainland China. *International Public Health Journal*, 9 (3), 311-323.

Shek, D. T. L., Leung, J. T. Y., Chen, M., & Chung, C. K. (2018). Evaluation of the training program of a positive youth development program: Tin Ka Ping P. A. T. H. S. project in China. *International Public Health Journal*, 10 (1), 91-103.

Shek, D. T. L., Ma, H. K., & Sun, R. C. (2011). A brief overview of adolescent developmental problems in Hong Kong. *The Scientific World Journal*, 11, 2243-2256.

Shek, D. T. L., Pu, E. X. P., & Wu, F. K. Y. (2017). Evaluation of the training program of the Tin Ka Ping P. A. T. H. S. project in Mainland China. *International Journal of Child and Adolescent Health*, 10 (2), 189-199.

Shek, D. T. L., Wu, F. K. Y., & Chen, M. T. (2018). Evaluation of the Project P. A. T. H. S. in Mainland China: Views of the program implementers in senior high schools. *International Public Health Journal*, 10 (1), 81-90.

Shek, D. T. L., Yu, L., Sun, R. C. F., Lee, T. Y., Han, X. Y., Li, X. X., et al. (2014). Objective outcome evaluation of a positive youth development program in China. *International Journal on Disability and Human Development*, 13 (2), 255-265.

Shek, D. T. L., Zhu, X., & Dou, D. (2019). Influence of family processes on internet addiction among late adolescents in Hong Kong. *Frontiers in Psychiatry*, 10, 1-17.

Shek, D. T. L., Zhu, X., & Leung, J. T. Y. (2017). Subjective outcome evaluation of the Tin Ka Ping P. A. T. H. S. project training program in Mainland China. *International Journal of Child and Adolescent Health*, 10 (2), 201-211.

Shek, D. T. L., Zhu, X., & Leung, J. T. Y. (2018). Evaluation findings of Tin Ka Ping P. A. T. H. S. Project implemented in junior secondary schools: Implementers' views. *International Journal of Child and Adolescent Health*, 11 (1), 99-108.

Shek, D. T. L., Zhu, X., Leung, J. T. Y., Lee, T. Y., & Wu, F. K. Y. (2019). Evaluation of the Project P. A. T. H. S. in Mainland China: Findings based on student diaries. *Research on Social Work Practice*, 29 (4), 410-419.

Steptoe, A., Ardle, J., Tsuda, A., & Tanaka, Y. (2007). Depressive symptoms, socio-economic background, sense of control, and cultural factors in university students from 23 countries. *International Journal of Behavioral Medicine*, 14, 97-107.

Taylor, R. D., Oberle, E., Durlak, J. A., & Weissberg, R. P. (2017). Promoting positive youth development through school-based social and emotional learning interventions: A meta-analysis of follow-up effects. *Child Development*, 88 (4), 1156-1171.

United Nations Children's Fund (UNICEF). (2021). *The State of the World's Children* 2021: *On My Mind-Promoting, Protecting and Caring for Children's Mental Health*. Retrieved from https://www.unicef.org/reports/state-worlds-children-2021.

World Health Organization. (2016). *INSPIRE: Seven Strategies for Ending Violence Against Children*. Geneva: World Health Organization Press.

World Health Organization Adolescent Mental Health. (2021). *Adolescent Mental Health*. Retrieved from https://www.who.int/news-room/fact-sheets/detail/adolescent-mental-health.

Zhou, Z, Shek, D. T. L. , Zhu, X. , & Dou, D. （2020）. Positive youth development and adolescent depression: A longitudinal study based on Mainland Chinese high school students. *International Journal of Environmental Research and Public Health*, 17 （12）, 4457.

Zhu, X. , & Shek, D. T. L. （2020a）. Subjective outcome evaluation of a positive youth development program in Mainland China. *Research on Social Work Practice*, 31 （3）, 285-297.

Zhu, X. , & Shek, D. T. L. （2020b）. Impact of a positive youth development program on junior high school students in Mainland China: A pioneer study. *Children and Youth Services Review*, 114, 105022.

第二章 共创成长路：精准服务低度发展地区农村学校学生

彭华民

一 共创成长路（农村版）的背景与意义

共创成长路团队有长期服务学校青少年的实务经验，有丰富的学校青少年正面成长研究成果。共创成长路（农村版）项目实施地从经济发达城市转向欠发达地区，从城市学校转向农村学校，从城市儿童转向面临多重困境的农村儿童，这三个转向具有宏观的社会经济背景，也有项目实施团队服务瞄准机制的定位。

（一）全球化进程中的中国反贫困战略

2000 年 9 月，在联合国千年首脑会议上，全球多个国家包括中国商定了一套有时限的目标和指标，即消除极端贫困和饥饿；普及初等教育；促进男女平等并赋予妇女权利；降低儿童死亡率；确保环境的可持续能力；等等。这些目标和指标是全球议程的核心，统称为《联合国千年发展目标》（Millennium Development Goals，MDGs）（UN，2000）。千年发展目标——从极端贫困人口比例减半，到普及初等教育，目标完成时间是 2015 年——这是由全世界所有国家和主要发展机构共同展现的蓝图。2015 年 7 月下旬，中国外交部与联合国驻华系统共同发布了《中国实施千年发展目标报告（2000—2015 年）》（中国外交部、联合国驻华系统，2015）。报告指出中国提前完成了多个千年发展目标：中国在减少贫困人口、减少饥饿人口以及推进卫生、教育、妇女权利发展等方面有明显提升，但在减少环境资源与生物多样性丧失、艾滋病感染等问题上仍存在挑战。

2015 年联合国可持续发展峰会在纽约总部召开，联合国 193 个成员国在峰会上正式通过 17 个可持续发展目标。《联合国可持续发展目标》（Sustainable Development Goals，SDGs）在联合国 2000~2015 年千年发展目标到期之后继续引导 2015~2030 年的全球发展工作（UN，2015）。可持续发展目标旨在 2015~2030 年以综合方式彻底解决社会、经济和环境三个维度的发展问题，转向可持续发展道路。其中的社会福利目标包括：SDGs 第 1 项在世界各地消除一切形式的贫困（No Poverty）；SDGs 第 3 项确保健康的生活方式、增进各年龄段人群的福祉（Good Health and Wellbeing）；SDGs 第 4 项确保包容、公平的优质教育，促进全民享有终身学习机会（Quality Education）；SDGs 第 5 项实现性别平等，为所有妇女、女童赋权（Gender Equality）；SDGs 第 11 项建设包容、安全、有风险抵御能力和可持续的城市和人类住区（Sustainable Cities and Communities）；等等。与之对应，国务院于 2019 年发布《国务院关于实施健康中国行动的意见》，成立健康中国行动推进委员会；中共中央、国务院（2019）印发《中国教育现代化 2035》；此外，还有多项关于中国妇女儿童发展的政策。

中国经济还不太发达，农村尤其不发达。2012 年，中国贫困人口不仅规模庞大，而且都分散在交通信息闭塞、经济发展落后、自然条件恶劣的地方。中国在 20 世纪 80 年代中期开始农村扶贫开发。此后，农村扶贫标准随着经济与社会发展和物价指数的变化而不断调整。按此计算，2019 年底农村贫困人口为 551 万人（国家统计局，2019）。中国农村贫困问题的特点之一是贫困地区分布集中，并且地区之间的差别较大。20 世纪 80 年代初期以来，在经济增长较快的沿海城市和中部地区的农村中，贫困率大幅降低，而剩下的贫困人口大部分集中在西部省份。中国农村贫困问题的特点之二是贫困问题的人口和社会特征突出。具体表现在农村中儿童的失学率高，贫困人口传染病和地方病的发病率高，婴儿死亡率和产妇死亡率高，残疾人及其家庭的贫困发生率高。通过努力，2021 年中国政府宣布现行标准下 9899 万农村贫困人口全部脱贫，832 个贫困县全部摘帽，12.8 万个贫困村全部出列，完成了消除绝对贫困的艰巨任务（国务院新闻办公室，2021；邱婧，2021）。

尽管中国的扶贫开发行动已经取得了巨大的成就，但仍然存在很多困难。首先，农村经济发展相对缓慢，影响了农村反贫困效果，贫困问题解决后的欠发达问题可能长期存在，解决该问题的难度相对较大。其次，在部分已经初步解决了温饱问题的地区，部分贫困人口在脱贫以后又出现返贫现象。儿童、老人、残疾人等群体的弱势给他们带来再次返贫的可能性。最后，如何将扶贫开发与社会救助更加有效地结合起来，进一步完善农村社会救助体系，使其更好地发挥反贫困的作用等问题是我国农村反贫困政策要解决的重要议题（彭华民，2020）。因此，建立针对欠发达地区学校学生的瞄准机制，提供精准服务，助力他们正面成长，是共创成长路（农村版）的主要目标。

（二）中国发展不平衡中的农村困境儿童

改革开放以来，部分农村地区仍然处于经济落后的状态。这些地区的儿童可能无法与城市儿童平等地享有受教育机会。为解决我国儿童发展不平衡问题，中共中央、国务院（2010）印发《国家中长期教育改革和发展规划纲要（2010—2020 年）》，提出推进义务教育均衡发展，加快缩小城乡和区域之间的教育发展差距，在财政拨款、学校建设、教师配置等方面向农村倾斜，加大对革命老区、民族地区、贫困地区义务教育的转移支付力度。国务院办公厅（2014）印发《国家贫困地区儿童发展规划（2014—2020年）》，主要从母婴安全、儿童健康和儿童教育三个方面着力提升集中连片特殊困难地区4000万儿童的发展水平。在全面建成小康社会、打赢脱贫攻坚战背景下，低度发展农村地区学校儿童的基本生存需要已经得到保障；站在推进乡村振兴战略的新起点上，农村儿童作为未来我国乡村振兴的中坚力量，其人力资本质量在很大程度上决定了乡村振兴的人力资本供给水平。因此，共创成长路项目从城市学校儿童转到农村学校儿童，从经济发达地区转到刚刚脱贫的欠发达地区，具有重要的社会政策和学术意义。

中国是联合国《儿童权利公约》的签约国。联合国（1989）《儿童权利公约》指出：世界各国都有生活在极端困难下的儿童（children living in especially difficult conditions）。联合国（2017）在《儿童生存、保护和发展世界宣言》中写道：世界上有无数儿童面临危险、因贫穷和经济危机遭受苦难，各国应该给予残疾儿童和处境非常困难的儿童更多的支持和照顾。困境儿童指有特殊需要的儿童（children with special needs）、脆弱的儿童（the most vulnerable children）、生活在困难处境中的儿童（children live under especially difficult circumstances）、处于危境中的儿童（children at risk）等。参考联合国有关政策，中国关于儿童的政策中针对困境儿童的内容越来越丰富。国务院妇女儿童工作协调委员会（1992）发布的《九十年代中国儿童发展规划纲要》中将困境儿童界定为处于困难条件下的儿童，主要包括农村的独生子女、女童、残疾儿童、单亲家庭儿童、流浪儿童、经济欠发达地区儿童和家庭经济困难儿童等。随着适度普惠型儿童福利制度的推进，民政部将首要保障人群分为孤儿、困境儿童、困境家庭儿童如贫困家庭的儿童（民政部，2013）。中国建立了组合式普惠儿童福利模式。教育福利普惠到每个儿童，特殊福利提供给困境儿童。生活在农村地区、没有父母或者可靠照料人陪伴的双亲留守儿童、单亲留守儿童、长期留守儿童等群体，他们面临的风险更大，更容易陷入贫困。在多维因素的影响下，这些儿童的权利不能充分实现，发展受到负面影响（高丽茹、彭华民，2015）。他们是中国反贫困政策和教育扶贫政策的重点服务对象。

（三）中国经济不均衡发展与儿童人口的不均衡分布

GDP 是地区经济发展水平的重要指标。中国人均 GDP 水平具有明显的地区差别。按中国六大地区进行比较，华北地区和华东地区处经济发展水平第一名和第二名，高于全国人均 GDP，是经济发达地区；东北地区略高于全国人均 GDP，是经济中等发展地区；华南地区、西北地区与西南地区低于全国人均 GDP，是经济欠发达地区。按照地区的经济发展水平阶梯划分可能忽略省区市的经济发展水平。进一步分析各个省区市的经济发展水平，发现天津、北京、上海、江苏、内蒙古、浙江、辽宁、广东和福建9 个省区市高于全国人均 GDP，属于经济发达省区市。河北、山西、吉林、黑龙江、湖北、重庆、陕西、宁夏、新疆、青海、湖南、海南 12 个省区市或上或下接近人均 GDP 水平，属于经济中等发展省区市。安徽、江西、河南、广西、海南、四川、贵州、云南、西藏、甘肃 10 个省区人均 GDP 低于平均值，属于经济欠发达省区。经济欠发达省区比较多地集中在西北和西南地区（Peng et al.，2020）。

中国儿童人口分布具有明显的地域特征。中国有 4 个省 0~14岁儿童人口在 2000 万及以上（河北、河南、广东、四川）；14 个省区 0~14 岁儿童人口在 1000 万~1999 万（山西、辽宁、江苏、浙江、安徽、福建、江西、山东、湖北、湖南、广西、贵州、云南、陕西）；13 个省区市 0~14 岁儿童人口低于 1000 万（北京、天津、内蒙古、吉林、黑龙江、上海、海南、重庆、西藏、甘肃、青海、宁夏、新疆）。根据中国儿童占总人口比数据可将其分成梯度板块，东北地区最低（11.75%）；华北地区（14.95%）和华东地区（15.41%）居中；华南地区（18.24%）、西北地区（19.13%）和西南地区（19.48%）不仅儿童绝对数量多，其儿童占总人口比也都高于全国平均水平（16.61%）。中国儿童抚养比也具有明显的地域特征。通过对中国分省区市儿童抚养比以及儿童占总人口比的分析，可看到各省区市儿童抚养比排序和儿童占总人口比排序一致的省区市有 12 个，不一致的有 19 个。对中国分省区市儿童抚养比进行分析可以发现，贵州、广西、江西、河南、宁夏、云南、青海儿童抚养比超过 30%；北京、天津、辽宁、黑龙江、吉林、上海、浙江、江苏、湖北儿童抚养比低于20%；另外 15 个省区市儿童抚养比介于 30% 和 20% 之间。儿童占总人口比较大的省区市同时也存在较大的儿童抚养压力（Peng et al.，2020）。

上述分析说明中国经济发展水平具有明显的地域特征，收入不平等具有地域特征，中国儿童人口数量和儿童抚养比也存在地域特征。经济发达的省区市儿童人口数量少，儿童抚养比低；相反，经济不发达的省区市儿童数量多，儿童抚养比高，儿童可能会面临经济资源严重缺乏的问题。因此，共创成长路（农村版）项目将服务定位在经济欠发达地区农村，定位在儿童人口数量多、儿童抚养比高的地区，将宏观经济-人口分析与微观服务定位结合，更有效地使用服务资源，服务有需要的农村儿童。

（四）中国教育资源的不平等分布

对教育福利资源类型Ⅰ进行分析，可以看到中国教育资源集中在华北地区和华东地区，华北地区校舍资源均值为 53.60，教学设备为 41.12，师资为 68.31，华东地区校舍资源均值为56.88，教学设备为 41.12，师资为 56.68，各项指标均排名靠前。这两个地区是优质教育福利资源集中的第一阶梯。东北地区和华南地区属于教育福利资源水平的第二阶梯，东北地区校舍资源均值为 48.61，教学设备为 34.56，师资为 41.06，华南地区校舍资源均值为 43.87，教学设备为 31.52，师资为 48.31，这两个地区各项指标居于中等水平（见表 2-1）。西北地区和西南地区各项指标均排名靠后，属于教育福利资源缺乏的第三阶梯。生活在教育福利资源缺乏地区的儿童不能享受优质教育或者失去某些教育机会，这是中国教育福利资源不平等分布带来的最大问题。

进一步分析各个省区市教育福利资源分布，发现按教育福利资源内容分类的校舍、教学设备和师资三个指标测算，拥有优质资源的省市非常集中。校舍指标得分 60 以上的有上海、北京、浙江、江苏、天津；教学设备指标得分 40 以上有北京、上海、浙江、广东、江苏、天津；师资指标得分 60 以上有北京、上海、天津、吉林、辽宁。相反，教育资源相对缺乏的省区市也非常集中。校舍指标得分 40 以下的有云南、安徽、贵州、甘肃、四川、青海、广西、重庆、河南、宁夏、江西、新疆；教学设备得分 30 以下的有贵州、云南、四川、广西、江西、安徽、宁夏、重庆、甘肃、河南、青海；师资得分 50 以下的有贵州、西藏、广西、甘肃、海南、四川、江西、安徽、河南、云南、广东、重庆、陕西、湖南（见表 2-1）。

通过对中国教育财政投入和中小学教育福利资源的深度分析（见表 2-1），可以看到中国优质教育资源集中在华北地区、华东地区和东北地区。同时，各地区中省区市的教育财政投入和中小学教育福利资源有明显的不均衡。共创成长路（农村版）项目团队基于上述分析，将帮助青少年正面成长的项目投向缺乏教育资源的地区，助力青少年正面成长。

二 共创成长路（农村版）项目启动与实施

共创成长路（香港版）和共创成长路（内地城市版）项目得

表2-1 中国分地区分省区市分类型的儿童教育财政投入和教育福利资源

地区	财政投入		教育福利资源类型 I			教育福利资源类型 II	
	小学生均财政（元/排序）	初中生均财政（元/排序）	校舍（指数/排序）	教学设备（指数/排序）	师资（指数/排序）	小学（指数/排序）	初中（指数/排序）
全国平均	5532.52	7083.66				45.36	44.33
华北地区	8362.70（1）	11502.50（1）	53.60（2）	41.12（1）	68.31（1）	59.25（1）	50.28（2）
北京	15361.76（2）	24203.46（1）	78.34（2）	78.08（1）	84.84（1）	87.15	64.29
天津	11575.94（3）	14914.89（3）	63.83（5）	45.55（6）	78.57（3）	67.68	58.98
河北	3836.26（19）	5343.92（18）	44.69（15）	38.18（8）	58.27（9）	52.83	47.44
山西	4129.49（16）	4889.85（20）	40.19（19）	32.76（13）	54.33（15）	40.93	37.87
内蒙古	6910.07（6）	8160.36（8）	40.93（17）	31.11（14）	65.56（6）	47.65	42.83
东北地区	5678.57（3）	6612.53（3）	48.61（3）	34.56（3）	41.06（6）	51.44（2）	48.21（3）
辽宁	5202.60（13）	7116.94（10）	49.70（9）	36.84（10）	68.21（5）	49.43	52.07
吉林	6270.17（8）	6931.71（11）	46.09（13）	36.88（9）	72.91（4）	55.18	48.28
黑龙江	5562.95（12）	5788.93（16）	50.04（7）	29.96（17）	64.20（7）	49.71	44.29
华东地区	6464.44（2）	8137.30（2）	56.88（1）	41.12（2）	56.68（2）	51.11（3）	51.56（1）
上海	16534.61（1）	20276.10（2）	87.47（1）	68.62（2）	82.16（2）	77.91	87.18
江苏	7390.71（5）	8585.05（4）	72.35（4）	48.74（5）	57.50（10）	62.51	56.95

续表

地区	财政投入		教育福利资源类型 I			教育福利资源类型 II	
	小学生均财政（元/排序）	初中生均财政（元/排序）	校舍（指数/排序）	教学设备（指数/排序）	师资（指数/排序）	小学（指数/排序）	初中（指数/排序）
浙江	6779.13 (7)	8455.78 (7)	73.78 (3)	54.01 (3)	56.83 (12)	56.34	65.15
安徽	3244.32 (27)	4109.50 (28)	29.85 (30)	23.09 (26)	46.89 (24)	34.13	31.40
福建	4842.44 (15)	5901.76 (15)	47.05 (12)	30.17 (16)	50.23 (17)	50.00	36.61
江西	2509.39 (30)	3477.13 (29)	38.38 (21)	21.14 (27)	46.76 (25)	34.03	35.86
山东	3950.53 (18)	6155.78 (13)	49.27 (10)	42.05 (7)	56.40 (13)	42.83	47.80
华南地区	3545.36 (6)	4622.25 (6)	43.87 (4)	31.52 (4)	48.31 (4)	40.92 (4)	38.57 (4)
河南	2201.37 (31)	3470.75 (30)	36.39 (23)	26.31 (22)	47.73 (23)	36.61	37.55
湖北	3253.81 (26)	4641.97 (22)	45.13 (14)	28.56 (18)	54.35 (14)	45.38	37.38
湖南	3061.86 (28)	5067.10 (19)	49.76 (8)	32.89 (12)	49.86 (18)	43.80	43.87
广东	3568.76 (21)	4111.73 (27)	55.18 (6)	49.77 (4)	48.65 (21)	48.09	45.05
广西	3412.66 (24)	4419.16 (25)	34.36 (25)	20.69 (28)	44.23 (29)	36.12	32.79
海南	5773.68 (10)	6022.78 (14)	42.42 (16)	30.87 (15)	45.02 (27)	35.50	34.77
西南地区	4401.46 (5)	4820.15 (5)	34.91 (6)	21.76 (6)	44.95 (5)	32.41 (6)	33.60 (6)
重庆	3725.08 (20)	4545.68 (24)	36.18 (24)	25.77 (24)	48.84 (20)	38.99	34.40
四川	3501.53 (23)	4308.86 (26)	31.22 (27)	20.61 (29)	45.39 (26)	31.64	31.45

续表

地区	财政投入		教育福利资源类型 I			教育福利资源类型 II	
	小学生均财政（元/排序）	初中生均财政（元/排序）	校舍（指数/排序）	教学设备（指数/排序）	师资（指数/排序）	小学（指数/排序）	初中（指数/排序）
贵州	2798.54（29）	3279.70（31）	30.20（29）	14.99（31）	39.33（31）	27.84	31.13
云南	3400.28（25）	4649.15（21）	29.28（31）	19.41（30）	47.86（22）	31.11	30.55
西藏	8581.87（4）	7317.37（9）	47.69（11）	28.04（19）	43.34（30）	32.45	40.46
西北地区	4825.64（4）	6689.63（3）	35.78（5）	28.02（5）	52.60（3）	38.08（5）	37.35（5）
陕西	4864.15（14）	5522.27（17）	40.81（18）	33.95（11）	48.93（19）	41.03	36.78
甘肃	3557.37（22）	4575.79（23）	30.50（28）	26.18（23）	44.44（28）	32.52	28.29
青海	5617.92（11）	8528.01（5）	31.47（26）	26.38（21）	53.60（16）	38.35	38.97
宁夏	4004.32（17）	6364.35（12）	37.66（22）	25.56（25）	58.64（8）	39.40	44.33
新疆	6084.43（9）	8457.75（6）	38.48（20）	28.04（19）	57.37（11）	39.10	38.36

资料来源：教育部发展规划司，2011：462～627。

到香港知名慈善家田家炳先生的资助，经过多年的实施，积累了丰富的经验，受惠中小学达上百所，参加项目的中小学学生达上万人。项目具有广泛的社会影响和学术影响（参见本书第一章）。

2019年，共创成长路项目首席专家石丹理教授受聘担任教育部长江学者讲座教授（西南财经大学）。在石丹理教授的指导下，香港理工大学共创成长路团队和西南财经大学共创成长路团队通过多次讨论，决定使用反贫困战略中的瞄准机制，在资源有限的情况下，启动共创成长路（农村版）项目服务。共创成长路（农村版）项目主要工作分为以下几个部分。

第一，共创成长路（农村版）团队建设。基于当时西南财经大学社会发展研究中心缺乏足够的开展共创成长路（农村版）项目人力资源的情况，彭华民教授邀请多位具有儿童服务和研究经验的大学老师和博士生参与项目，团队成员包括南京大学、西南财经大学、安徽大学、西北大学、湖南师范大学、华中师范大学、荷兰伊拉斯姆斯大学的教师和博士生等。

第二，共创成长路（农村版）编制。在石丹理教授的指导下，彭华民教授撰写了共创成长路（农村版）编制工作方案。将共创成长路（内地城市版）实务手册本土化为共创成长路（农村版）。团队通过讨论，决定增加金融能力和反贫困能力两章。共创成长路（农村版）有十五章，每章内容都进行了本土化调整。团队通过云会向石丹理教授汇报。在多次讨论和修订工作的基础上，共创成长路（农村版）部分内容在四川美姑县牛牛坝镇北辰社区学校、四川北川L中学、四川甘孜D中学、重庆城口县X中学和M中学开展了实施前的试行服务，评估服务效果后，项目团队对共创成长路（农村版）进行了完善，使之更适合农村学校学生。

第三，共创成长路（农村版）实施前的需要评估。需要评估以农村学校学生的问卷调查为主要方式。问卷核心内容采用石丹

理教授编制的青少年正面成长问卷（短版和长版），同时加入了
适合中国农村学校学生的问卷模块，如学校氛围模块、留守儿童
模块、亲子关系模块等。问卷调查和第一期服务结合起来。项目
调研组先后赴原属国家级贫困县（地区）的四川美姑县牛牛坝镇
北辰社区学校、四川北川 L 中学、四川甘孜 D 中学、重庆城口县
X 中学和 M 中学、安徽省岳西县河图镇 H 小学、安徽省金寨县双
河镇 S 中学、湖北恩施龙马镇 L 学校（九年一贯制学校）、江苏
省宿迁市洋河新区留守儿童聚集的 C 小学等五省市八地九所农村
中小学校，面向三年级到九年级的留守儿童以及老师开展了聚焦
小组、个案访谈和问卷调查，同时对农村儿童进行了发展能力培
训，收集了丰富的资料（见表2-2）。

表2-2　共创成长路（农村版）项目调研组服务与资料收集

单位：人，%

地区与学校	调查和服务	被调查者和服务者数量（占比）
四川美姑县牛牛坝镇北辰社区学校	被调查者/共创成长路服务	120（1.2）
四川北川 L 中学	被调查者/共创成长路服务	1063（10.8）
四川甘孜 D 中学	被调查者/共创成长路服务	794（8.1）
重庆城口县 X 中学和 M 中学	被调查者/共创成长路服务	2915（第一轮）+2740（第二轮）（57.6）
安徽省岳西县河图镇 H 小学	被调查者/个案与小组服务	309（3.1）
安徽省金寨县双河镇 S 中学	被调查者/个案与小组服务	350（3.6）
湖北恩施龙马镇 L 学校（九年一贯制学校）	被调查者/个案与小组服务	465（4.7）
江苏省宿迁市洋河新区 C 小学	被调查者/个案与小组服务	1061（10.8）
合计		9817（100）

第四，共创成长路（农村版）服务提供者培训。团队计划开
展针对实施共创成长路（农村版）学校老师的培训，通过老师将

共创成长路应用于经济落后地区的学校，促进农村学校学生的正面成长。在中国宣布消除了绝对贫困问题之前，国家反贫困战略明确划定了国家级贫困县（地区），这是我们定位的服务地区。这些地区的学校儿童更需要我们通过瞄准机制开展服务。由于新冠疫情，学校老师培训工作推迟。

第五，共创成长路（农村版）实务手册的编写、共创成长路（农村版）的服务和调查同时进行。项目团队发表多篇论文，形成了一系列研究成果。通过近三年编写的共创成长路（农村版）实务手册和提供的服务，比较共创成长路（内地城市版）和共创成长路（农村版），发现两个版本各有千秋（见表2-3）。

表2-3　共创成长路（内地城市版）和共创成长路（农村版）的比较

比较类型	共创成长路（内地城市版）	共创成长路（农村版）
地区	经济发展水平高	欠发达地区
	城市	农村
	儿童抚养比低	儿童抚养比高
	教育资源丰富	教育资源缺乏
服务对象	学校学生	面临多重困境的学校学生：留守儿童、贫困家庭儿童等
服务理念	青少年正面成长	青少年正面成长
服务类型	普惠型	补缺型
	学生+学校中心	学生+家庭+学校+社区中心
服务提供者	香港理工大学等共创成长路项目团队学校老师	香港理工大学西南财经大学等共创成长路项目团队为主
服务督导者	香港理工大学团队	香港理工大学团队
服务支持者	服务学校	服务学校+社区+社工机构

三 欠发达地区农村学校学生能力建设的建议

当前，农村学校困境学生的发展正由基本生存需要的满足向更高层次发展需要的满足迈进。通过对安徽、湖北、江苏三省四县（市、州）的四所农村中小学校进行调查，得到以下发现。第一，农村学校困境学生在亲社会属性、一般积极品质以及积极认同三个维度上并不存在明显短板，发展相对均衡，但在不同子维度上的优劣势体现得较为明显。第二，农村学校困境学生的家庭环境中仍存在经济匮乏、亲子沟通不足以及父母照顾缺失等风险；在学校环境中，农村学校困境学生感知到校园人际氛围和纪律氛围较好，但是他们普遍认为学校的安全水平较低且校园欺凌现象较为突出。第三，影响农村学校困境学生发展的因素是多重的，既有个体因素也有家庭环境和学校环境因素，而且在不同维度上，农村学校困境学生实现正面成长的机制有所不同。尽管家庭在儿童抚育过程中存在脆弱性，但学生的发展环境正逐步由以家庭为主转向"家庭-学校-社会"责任共担，乡村学校、爱心企业以及 NGO 组织在学生发展过程中正在同家庭一道形成合力促进学生发展。在未来的农村困境儿童共创成长路服务行动中，我们有如下建议。

（一）提供专业的农村困境儿童正面成长能力建设服务

为促进农村学校困境学生更好地实现正面成长，建议引入成熟且系统的学生发展服务计划，针对学生发展过程中所必需的能力设计对应的提升项目。调查中发现农村学校困境学生在自我效能感、自决能力、明确及正面的身份三个一阶维度上的发展水平亟待提升，为了能够更加贴合农村学校困境学生发展的实际需要，建议重点围绕以上三个维度开展相应的服务。此外，就学生发展服务计划的服务对象而言，应当秉持解决问题+预防风险+能力建设的理念，即在当下发展过程中有些农村学校困境学生没有表现出问题，但这并不代表他们有足够的能力抵抗未来可能遇到的风险，因而应当将全体农村学校困境学生列为服务计划的第一层介入服务对象，帮助农村学校困境学生巩固当前的发展成果并不断提升自身能力，为将来可能遇到的风险做好充足准备。第二层介入服务对象具有选择性，为第一层介入服务过程中辨识到的发展情况存在一定缺陷的农村学校困境学生。在此过程中，可以积极借助社会组织和公益机构的力量，为农村学校困境学生链接到专业的社会工作服务机构、社会工作师以及心理咨询师等资源，同时考虑到农村学校困境学生关爱服务行动的可持续性和覆盖范围，可以将帮扶重点向农村学校困境学生所在学校的教师和农村学校困境学生监护者倾斜，秉持"帮助帮助者"理念，通过影响农村学校困境学生的发展环境进而更长久、更可持续地帮助农村学校困境学生实现更好的发展。

（二）强化家庭为本的农村困境儿童发展服务

家庭是儿童实现社会化发展的第一环境，良好的家庭养育环境有助于儿童认知、语言、社会情感和运动能力发展。良好的家庭养育环境不仅包括良好的家庭物质环境，还包括良好的家庭情感养育环境和社会性养育环境，即父母对儿童的情感表达、对儿童行为的有效管理以及对儿童良好行为习惯的培养。就此来看，并不是为儿童提供了充足的物质资源就是尽到了抚育责任，农村学校困境学生的父母、祖父母或其他监护人在注重满足儿童基本物质需要的同时，也应当重视儿童的心理和精神发展需要。家庭情感养育环境的培育有赖于父母在陪伴儿童发展的过程中与儿童建立起和睦的亲子关系，而在父母双方或一方不在场的情况下，外出务工的父母应当通过多种渠道增加与农村学校困境学生之间的情感交流，增强亲子之间的凝聚力；丰富与子女之间的沟通内容，既应当关心农村学校困境学生的身体健康和学习情况，又要注重关怀农村学校困境学生的心理和情感发展情况；采取开放平等式的沟通方式，站在儿童的角度关心儿童的需要，使农村学校困境学生愿意表达内心诉求。

（三）优化学校环境提升学生正面成长能力

教育的效果取决于学校和家庭教育的一致性，这突出了建立家校合作伙伴关系的重要性，肯定了家庭和学校对学生发展共同承担责任。学校应当定期与农村学校困境学生父母建立联系，帮助农村学校困境学生父母及时掌握孩子在校动态；对留守家庭进行定期家访，对农村学校困境学生监护人开展知识培训，讲授与农村学校困境学生健康、心理和行为发展相关的知识，增强监护人的安全意识和责任意识；促进农村学校困境学生父母和其他监护人与农村学校困境学生之间的沟通交流。此外，师生关系、同学关系、学校参与度、期望清晰度以及规则公平度等因素都对农村学校困境学生正面成长存在影响，因而在未来的关爱服务行动中要注重学校补充作用的发挥，营造良好的校园氛围进而促进农村学校困境学生正面成长。同时，有鉴于农村学校困境学生感知到的校园欺凌现象较为突出，对于校园欺凌的防治不应止步于对施暴者的批评教育，而应将校园欺凌受害者纳入社会工作的干预范畴中，由专业的社会工作者或心理教师对其进行正确的心理引导，鼓励受害者勇敢地向老师、家长或其他同学求助，对其学业、社交或情绪问题进行有针对性的观察，引导受欺凌者积极应对校园欺凌，增强防范意识和自我保护意识，防止欺凌的反复发生，还可以开展关于反欺凌专题的小组工作，发动班集体共同抵制欺凌行为。

（四）整合企业资源提升困境儿童关爱服务的可及性

持续践行企业社会责任，进一步提升农村学校困境学生关爱服务的可及性。一方面，对于部分家境贫寒且父母文化程度不高的留守家庭学生而言，他们在信息获取方面可能处于劣势，对爱心企业和 NGO 组织所提供的帮扶项目以及如何申请救助和服务均不清楚。获取信息的能力不足制约了留守家庭学生等农村学校困境学生获取服务的机会，因此，爱心企业和 NGO 组织应加大对农村学校困境学生帮扶项目的宣传力度，加深农村学校困境学生及其家庭对帮扶项目的了解和认知，使其形成对帮扶项目的积极态度和主动求助意识，减少福利资源和服务在递送过程中的障碍，提升帮扶项目的可及性。另一方面，爱心企业和 NGO 组织应当关注社区作为联结政府与社会的基层平台的重要作用。社区承载了政府转移出来的部分职能，在地缘、社会动员、资源整合等方面具有优势，农村学校困境学生在学习、行为、关系、心理等方面的发展离不开社区环境的支持。在未来农村学校困境学生关爱保护行动中，爱心企业和 NGO 组织可以根据农村学校困境学生社区背景及类型，有针对性地提供农村社区支持服务，与农村社区合作并充分利用社区资源构建具有地缘特色的社区支持体系，促进农村学校困境学生更好地发展。

参考文献

高丽茹、彭华民，2015，《中国困境儿童研究轨迹：概念、政策和议题》，《江海学刊》第 4 期。

国家统计局，2019，《中华人民共和国 2018 年国民经济和社会发展统计公报》，http://www. stats. gov. cn/tjsj/zxfb/201902/t20190228 _ 1651265. html，2022 年 8 月 22 日。

国务院，2019，《国务院关于实施健康中国行动的意见》，http://www. gov. cn/zhengce/content/2019-07/15/content_5409492. htm，2022 年 8 月 22 日。

国务院办公厅，2014，《国务院办公厅关于印发国家贫困地区儿童发展规划（2014—2020 年）的通知》，http://www. gov. cn/zhengce/content/2015-01/15/content_9398. htm，2022 年 4 月 8 日。

国务院妇女儿童工作协调委员会，1992，《九十年代中国儿童发展规划纲要》，https://www. nwccw. gov. cn/2017-04-19/content _ 157196. htm，2022

年 8 月 22 日。

国务院新闻办公室，2021，《〈人类减贫的中国实践〉白皮书》，https：// www. gov. cn/zhengce/2021-04/06/content_5597952. htm，2022 年 4 月 8 日。

教育部发展规划司组编，2011，《中国教育统计年鉴（2010）》，北京：人民教育出版社。

联合国，1989，《儿童权利公约》，https：//www. unicef. org/zh/儿童权利公约，2022 年 4 月 8 日。

联合国，2017，《儿童生存、保护和发展世界宣言》，https：//www. un. org/zh/events/children/Action/Introduction. html，2024 年 8 月 10 日。

民政部，2013，《民政部关于开展适度普惠型儿童福利制度建设试点工作的通知》，mca. gov. cn/article/zwgk/tzl/201306/20130600478862. shtml，2022 年 8 月 22 日。

彭华民，2020，《社会救助政策与扶贫开发战略》，载关信平主编《社会政策概论》，北京：高等教育出版社。

彭华民、崔宝琛，2022，《低度发展地区农村学校困境儿童积极发展研究》，载苑立新主编《中国儿童发展报告（2022）》，北京：社会科学文献出版社。

邱婧，2021，《贫困县全部摘帽、贫困村全部出列……艰苦卓绝的伟大斗争锻造形成脱贫攻坚精神》，http：//m. news. cctv. com/2021/10/15/ARTIBg1zUSe1NIkWRxJlkXXZ211015. shtml，2022 年 4 月 8 日。

石丹理、马庆强，2007，《"共创成长路"青少年培育计划概念架构及课程设计手册》（上、下册），上海：学林出版社。

中共中央、国务院，2010，《国家中长期教育改革和发展规划纲要（2010—2020 年）》，http：//www. moe. gov. cn/srcsite/A01/s7048/201007/t20100729_171904. html，2022 年 4 月 8 日。

中共中央、国务院，2019，《中共中央、国务院印发〈中国教育现代化 2035〉》，http：//www. gov. cn/zhengce/2019-02/23/content_5367987. htm，2022 年 8 月 22 日。

中国外交部、联合国驻华系统，2015，《中国实施千年发展目标报告（2000—2015 年）》，https：//www. undp. org/zh/china/publications/中国实施千年发展目标报告（2000—2015 年），2022 年 8 月 22 日。

Peng, H. , Qi, L. , Wan, G. , Li, B. , & Hu, B. (2020). Child popula-tion, economic development and regional inequality of educational resources in China. *Children and Youth Services Review*, 110.

UN. (2000). *Millennium Development Goals*, https://www. un. org/millenni-umgoals/, 2022-08-22.

UN. (2015). *Sustainable Development Goals*, https://sdgs. un. org/goals, 2022-08-22.

第三章 青少年正面成长理论、模型和文化源流

石丹理　周靖婕　窦迪娅　彭华民

一　青少年正面成长（PYD）理论概述

在青少年研究的发展初期，关于青春期缺陷的观点塑造了青少年心理学的基础（Damon，2004）。例如，G. Stanley Hall（1904）认为青春期充满了"风暴与压力"，充斥着各种难以避免的混乱与问题。Hall 提出的基于问题与缺陷的青少年成长框架极大地影响了青少年心理学（Damon，2004）。长期以来，主流的青少年心理学普遍认为青少年在青春期"麻烦不断"，呈现诸多发展问题和危机。

几十年来，随着对青少年成长可塑性和多样性的重视，青少年正面成长（Positive Youth Development，PYD）框架越发受到关注。PYD 是由 Hamilton（1999）提出的一种全新、健康且积极的视角，关注青少年的发展优势，对青少年采取更加肯定和赞赏的态度（Damon，2004）。Lerner 等（Lerner，Almerigi et al.，2005）指出，在关注青少年发展问题时，应考虑到青少年正面成长的可能性，而非将其视为亟待解决的问题（Roth et al.，1998）。此外，青少年所具有的潜力和能力应被视为社会资源并得到进一步

的培育和发展（Lerner & Benson，2003）。PYD 理论注重培养青少年的健康发展、潜力及可塑性（Damon，2004）。许多理论和概念基础，特别是存在主义、人文主义和生态学等理论，影响了 PYD 的方法及理论建构（Shek，Zhu et al.，2019）。

虽然不同的理论模型在不同背景下应用 PYD 框架，但共同之处在于对以下方面的关注：青少年的潜力和能力；发展的可塑性；内部发展性资产（如社会情感能力）和外部发展性资产（如家庭和同伴的支持）对青少年成长的重要性（Sun & Shek，2012；Tolan et al.，2016）。在下文中，我们将讨论几种主要的理论模型，包括 Benson 的 40 项发展性资产、Lerner 的 5C/6C 模型、Catalano 的 15 个 PYD 构念，社会情感学习（Social Emotional Learning，SEL），以及有关青少年项目的本土文化资源和计划的未来发展方向。

（一）Benson 的 40 项发展性资产

Search Institute 提出的发展性资产理论框架认为，儿童和青少年具有宝贵的品质、能力及经验。Search Institute 于 1990 年首次提出了 PYD 模型，并于 1995 年进一步将其完善。该模型揭示了年轻人实现自我效能和发展所需要的重要品质（Benson，Scales，& Syvertsen，2011；O'Connor，Hoff，& Peterson，2014）。Benson（1992）将个人优势和环境资源定义为"发展性资产"。Search Institute 的学者进一步拓展了 40 项发展性资产的框架，以厘清青少年成长和发展过程中的关键因素（Scales & Leffert，1999），并强调青少年所具有的技能、优势和建设性的兴趣爱好的重要性（Damon，2004）。这 40 项发展性资产关注个人、家庭、学校、邻里、机构和社区因素在青少年正面成长中所发挥的重要作用（O'Connor，Hoff，& Peterson，2014）。具体来说，这 40 项发展性资产包括 20 项外部资产和 20 项内部资产。

外部资产是指青少年从外部世界获得的积极经验（Benson，

2006）。当青少年意识到自己拥有这些资产时，他们会"感到被关心和被照顾"（Rose，2006）。外部资产包括以下四个方面。

1. 支持

青少年需要体验来自他人、社区、组织和机构的支持、关怀、接纳和关爱，其中包括家庭支持、积极的家庭沟通、与其他成人间的关系、关爱的邻里环境、关怀的学校氛围，以及父母对学校教育的参与程度。科学研究普遍认为，发展性资产对于个人发展的重要性与社会支持的作用一致。

2. 赋权

青年人期望得到他人和群体的认可和重视，有能力、有机会为他人和社区做出贡献。赋权维度包括社区重视青年的价值、青年是社会资源、为他人服务和安全感等方面。青少年应客观上处于安全的环境之中，并在主观上感受到安全。"赋权"的概念表明了承认青少年优势和价值的重要性，这与青少年的自我认同和自我评价密切相关。

3. 界限与期望

青少年应对行为规范及越界行为引发的后果有清晰明确的认识。这些资产涉及家庭界限、学校界限、邻里界限、成人榜样、积极的同伴影响和高期望。识别出不同系统中的界限以及尊重不同领域的规范对于青少年发展至关重要。

4. 建设性地利用时间

这个维度通过创造性的活动、青年项目和与家庭成员共度美好时光等方式帮助青少年享受生活并发展新技能。该资产包括创造性活动、青少年发展项目和在家的时间等。身处数字时代的青少年广泛接触电子游戏，甚至可能出现游戏成瘾的现象。因此，建设性地利用时间对于青少年来说非常重要。

另外，塑造内在品质可以帮助青少年做出健康的决定，培养强烈的承诺感与积极的价值观，与外部发展性资产同样不可或缺

（O'Connor，Hoff，& Peterson，2014）。内部发展性资产代表了青少年积极的个人内在特征，可归纳为以下四个方面。

1. 对学习的承诺

青少年应理解终身教育和终身学习的意义，并坚信他们有潜力和能力实现自己的目标。对学习的承诺和信念不仅限于取得良好的学习成绩，还包括成就、动机、投入、家庭作业、学校依恋和快乐阅读。对学习的承诺是建立"人力资本"的关键，最终可以帮助一个人摆脱贫困和经济劣势。

2. 积极的价值观

积极的价值观对于青少年做出健康的决定也是至关重要的。这个维度包括关爱、平等和社会公正、正直、诚实、责任和克制。积极的价值观理论上是指导青少年行为的道德指南针。缺乏积极的价值观的青少年可能会面临价值混乱，继而产生反社会行为等问题。

3. 社交能力

实用的社交能力有助于青少年做出积极决策，建立良好的人际关系，并适应不断变化的环境（Scales & Leffert，2004）。这些能力包括计划和决策能力、人际交往能力、文化能力、拒绝的能力，以及和平解决冲突的能力。其他关注非认知技能、软技能和21世纪技能的发展模型也强调社交能力的重要性。

4. 正面的身份认同

培养坚实的自控能力、目的感、价值感、优势和潜力对青少年是至关重要的。其中包括个人权利、自尊和对自身前途的乐观态度等。当拥有这些资产时，青少年会感觉到清晰的目标、强大的控制力，以及乐观的心态（Rose，2006）。在存在主义相关文献中，拥有目的感和生活意义对指导年轻人的行为很重要。

研究人员广泛地使用这些发展性资产支持青少年的发展需求，并推动青少年更加建设性地使用这些资产（Scales，1999）。

具体来说，Search Institute 开发了发展性资产的测量工具，评估了有关发展性资产的研究文献，并在 200 多个社区进行了问卷调查。研究结果揭示了发展性资产和青少年正面成长之间的正相关关系（Scales，1999）。具体来说，研究表明，年轻人拥有的发展性资产越多，他们参与危险行为的概率越小，并能获得越积极的个人成长。此外，多项文献综述的结果表明，这些资产对于不同性别、种族和社会经济地位的青少年的积极作用是稳定一致的（Benson，Scales，& Syvertsen，2011）。研究结果进一步揭示，发展性资产的水平和类型对具有不同人口学特征的群体和个体的有效性也值得关注（Soares，Pais-Ribeiro，& Silva，2019）。此外，有关儿童发展的文献表明，发展性资产也与儿童正面成长密切相关（Scales，1999）。随着实证研究提供了对发展性资产结构和理论的坚实支持，越来越多的青少年干预项目正在应用这种方法来提升不同类型的发展性资产（Rose，2006）。

需要注意的是，青少年研究领域需要更多的实证研究和科学的测量工具来评估各项资产对预防和减少青少年问题行为的有效性。同样，亟待更多研究来呈现提升发展性资产的不同方式（Rose，2006），并探究何种发展性资产对于青少年特定的发展领域产生积极作用（Scales et al.，2000）。尽管有些评价性研究指出了发展性资产理论的局限性，但学者普遍认为 40 项发展性资产被认为是可以影响青少年发展的保护性因素。这个框架还应用了一个整体视角以促进青少年在心理、生理和社会情感技能等不同领域的发展（Soares，Pais-Ribeiro，& Silva，2019）。

（二）Lerner 的 5C/6C 模型

青少年正面成长理论认为，青少年作为社会资源可以被进一步培养和发展（Lerner，Almerigi et al.，2005）。社会环境指的是青少年生活的家庭、学校和社区组织，是其必不可少的发展性资产（Abdul & Mohd，2021）。研究者指出，PYD 项目可以通过提升五种品质来促进青少年发展，包括能力、自信、联系、品格和关心（Roth & Brooks-Gunn，2003）。Lerner 及同事（Lerner，Almerigi et al.，2005）进一步提出了 5C 模型，概括了青少年在心理、行为和社会方面的五个发展维度。他们强调，注重促进青少年与成人的健康人际关系、技能和领导力发展的项目可以促进 5C 的发展。更重要的是，他们认为高水平的 5C 可能推动第六个 C（贡献）的发展。

作为基本的 PYD 干预措施之一，5C 模型主要侧重于促进青少年的健康生活及社会贡献，进而使自身、家庭、社区和社会受益。具体来说，这五个 C 包括以下五个方面。

（1）能力（Competence）：指的是面对生活中挑战和压力的能力，包括认知、社会、学术、健康和职业能力（Lerner，Lerner et al.，2005）。具体来说，解决问题、逻辑思维和决策等能力被归纳为认知能力。社会能力则指代人际交往能力，如解决冲突的能力。学术能力通常表现为学生在学校的学习成绩、出席率以及测验结果。健康能力则表现为了解营养知识、注意保持运动习惯以及保证良好休息来维持身体健康。培养工作习惯和探索职业选择可被视为职业能力，如实践创业技能（Shek，Dou et al.，2019）。

（2）自信（Confidence）：代表对自我价值和能力的坚定信念和内在观感。自信的青少年坚信他们可以靠自己的能力应对挑战，并对社会产生影响（Bowers et al.，2015）。

（3）联系（Connection）：指个体与他人之间的积极联系，包括与家庭成员、同伴和社区之间的联系。当青少年感到自身价值被肯定时，他们会获得更积极的发展，并在社区和群体中获得强烈的归属感。积极的联系有助于青少年改善他们自己和周围人的生活（Bowers et al.，2015）。

（4）品格（Character）：代表了可以促进社会发展的文化规

范和积极行为的标准，包括成熟的道德观、正直守信和内部价值标准。无论他人是否在场，青少年都能坚守内部价值和道德标准（Bowers et al.，2015）。该模型对品格的强调也与促进青少年品格发展的社会呼吁相一致。

（5）关心（Caring/Compassion）：指青少年不仅关心自己的利益，还会对他人的感受和经历表现出同情心和同理心（Lerner，Lerner et al.，2005）。更重要的是，健康发展的青少年强烈认同关心他人的行为可以对他人的生活产生影响（Bowers et al.，2015）。此外，通过关心他人，青少年的其他个人素质也可以得到进一步提升。

尽管促进 PYD 并不能杜绝青少年的危险行为，但研究人员发现，相比之下，拥有 5C 并健康成长的青少年参与危险活动的程度较低（Lerner，Almerigi et al.，2005）。值得注意的是，如果年轻人想在生活中获得成功并为社会做出贡献，拥有 5C 是至关重要的。同时，5C 可以被视为帮助青少年远离青春期问题行为的保护因素。此外，Lerner 等（Lerner，Almerigi et al.，2005）进一步提出，充分发展的 5C 会促成第六个 C，即贡献（Contribution）。具体来说，贡献是指对自我、家庭、社区和社会的积极贡献。贡献维度揭示了青少年和环境之间的互动关系。一方面，支持性的环境有利于培养 PYD；另一方面，正面成长的年轻人更愿意积极参与社区和社会活动，并做出贡献。同样，通过为他人做出贡献，青少年的个人能力可以得到进一步发展。

如今，许多研究者、青少年工作者、前线工作者和家长在使用 5C 模型来概括青少年正面成长的重要品质（King et al.，2005）。研究者开展了大量定性和定量评估，以衡量 5C 模型的有效性。从实践来看，研究者设计了若干测量工具，包括 5C 问卷（Lerner，Lerner et al.，2005）、PYD 34 题简版问卷（PYD-SF）和 17 题极简版问卷（PYD-VSF）（Geldhof et al.，2015）等。然而，研究背景的多样性和特殊性可能会限制这些测量工具的适用性，因为特定的 C 对于不同背景下的青少年的影响存在差异（Bowers et al.，2015）。此外，这些工具主要用于研究和评估的目的，而非在导师式项目中使用以促进对话，以至于许多项目错误地应用了这些评估工具（Bowers et al.，2014）。为了填补这一空白，茁壮成长青年发展基金（Thrive Foundation for Youth）进一步开发了以灵活性著称的成长网格（Growth Grids）评分标准，将项目活动与培养 6C 品质联系起来（Napolitano et al.，2014）。为了确保准确性和可靠性，有效应用成长网格评分还需要持续培训和评估。

此外，一些研究考察了特定 C 如何影响问题或风险行为（Bowers et al.，2015）。Heck 和 Subramaniam（2009）比较了五个 PYD 模型在有效性、实用性和普适性方面的优缺点，其中包括"生活技能"（Hendricks，1996）、"发展性资产"（Benson，2006）、"四项核心要素"（Brendtro & Brokenleg，2009）、"5C"（Lerner，Lerner et al.，2005）以及"青少年发展社区行动框架"（Gambone，Klem，& Connell，2003）。有研究者认为，尽管 5C 模型有助于研究 PYD 的发展过程，但如何将核心要素在具体项目中落地实施还有待进一步阐释（Heck & Subramaniam，2009）。尽管存在争论，研究报告也指出，许多当代实证研究表明 5C/6C 模型具有良好的心理测量特性。除这篇综述外，其他研究也表明，5C/6C 模型可以促进青少年的发展。后续研究进一步表明，青少年在每个维度上的得分在整个青春期是稳定一致的（Geldhof et al.，2014）。更重要的是，Bowers 及其同事强调，人们应该意识到，青少年的发展过程受到他人和环境的影响，不可一概而论（Bowers et al.，2015）。

（三）15 个青少年正面成长（PYD）构念

为了研究不同的正面成长属性对青少年的作用，Catalano 及其同事（Catalano et al.，2004）评估了美国的 77 个 PYD 项目，并在卓有成效的项目中发掘出 15 个能够促进青少年不同品质发展的 PYD 构念（Shek，Zhu et al.，2019）。15 个 PYD 构念如下所示。

1. 促进与健康成人和益友的联系

青少年的情感依附及对家庭、同伴、学校、社区和文化的承诺均体现了这种联系。青少年应与健康成人、益友、学校、社会、文化建立情感关系，并投入这些互动关系中。如果青少年能与重要他人维持良好的联系，他们会体现出更积极的自我形象、更高水平的自信心以及更好地解决问题的能力和人际沟通技巧。研究表明，儿童及其照看者之间的联系会影响儿童与他人的关系（Howes & Aikins，2002）。积极的联系有助于儿童建立信任感，有效适应变化，并发展健康的习惯和行为。不充分或不健康的关系会导致儿童产生不安、自我怀疑、对自己和他人的不信任感，继而导致行为问题（Braucht，Kirby，& Berry，1978）。更重要的是，Caplan 等（1992）指出，促进积极联系和发展有关技能的计划可以减少青少年的反社会行为。

2. 培养抗逆力

抗逆力是指一个人以健康和灵活的方式适应变化、风险和压力的能力（Catalano et al.，2004）。抗逆力由内在保护因素和外在保护因素组成。内在保护因素包括正面的个人形象、自我效能感、乐观性格、幽默感、利他信念、良好的情绪管理，以及处理冲突的能力等。外在保护因素则包括与朋友、家人和社区维持良好的关系及归属感。抗逆力强的个体能以健康的态度去面对逆境。在面对逆境的过程中，抗逆力可以帮助青少年将心理健康调整到逆境发生前的相同甚至更高水平，展示出更加积极健康的心理状态，并在克服逆境后拥有更高水平的抗逆力。抗逆力可以防止青少年在危险状况下产生问题行为（National Research Council，

1997）。

3. 提升社交能力

青少年用于实现社交和人际关系目标的技能被称为社交能力（Caplan et al.，1992），包括与他人相处的各种技巧，例如，沟通、拒绝及处理纠纷的技巧等。社交能力可以帮助青少年建立积极健康的人际关系，培养清晰的自我认同感，发展积极的社交行为，并与他人和睦相处。另外，社交能力也有助于青少年接收和理解社会暗示，做出解决人际问题的决策，预见人际挑战的后果，并将决策付诸实际行动（Elias et al.，1994）。

4. 提升情绪控制和表达能力

情绪控制和表达能力包括识别自己和别人的感受，管理情绪反应和表达，以及建立自我管理策略来处理负面情绪和应对逆境。通过情绪控制和表达能力等技巧，青少年可以了解、处理自己和别人的情绪，更容易与他人建立积极联系，并有效地面对挑战及实现个人目标（Buckley，Storino，& Saarni，2003）。研究者针对情绪能力提出了不同的定义。例如，Salovey 和 Mayer（1990）将认识自己的情绪、管理情绪、激励自己、识别他人的情绪以及处理人际关系确定为情绪能力的五个要素。

5. 提升认知能力

认知能力是指自我对话、解决问题、决策、逻辑和分析思维，以及抽象推理的能力（Grant，1992）。提升青少年的创新及批判思维能力有助于帮助他们解决问题、接受信念，以及在日常生活中做出适当决策。通过体验式学习向青少年传授反思技巧可以帮助他们了解自己并促进自我成长。当不实报道和虚假信息在互联网上泛滥时，认知能力尤为重要。

6. 提升采取行动能力

行动能力是指进行语言或非语言交流并采取有效行动的能力（Grant，1992）。行动能力可以协助青少年有效地运用语言或非语言的沟通方法或技巧，表现出恰当行为，如赞赏、批评、道歉和拒绝，以及恰当有效地选择行为策略。拥有较高行动能力的青少年能清晰地使用语言或非语言的方式表达感受，迅速有效地与他人交往，并懂得展现被社会接纳的行为。这种能力对青少年来说至关重要，可以帮助他们远离违纪行为，并拒绝药物滥用等问题行为。

7. 提升分辨是非能力

这种能力指评估和应对道德问题的能力、利他行为的倾向，以及面对道德问题时进行深入思考并做出合理判断的能力（Catalano et al.，2004）。这种能力有助于促进青少年发展正义感及利他行为。分辨是非能力涉及两个主要概念：（1）利他主义，即个人自愿做出有利于他人的行为，并且不期望获得报酬（Ma，2012）；（2）道德判断的发展，即对规则及法律的取向、个人自律、道德良知、社会契约、基本权利和普遍正义的理解（Kohlgerg，1969）。根据道德发展理论，在儿童道德发展的不同阶段中，儿童逐渐理解社会对与错的标准，并对道德困境做出反应（Kohlberg，1969）。此外，Hoffman（1981）强调，激发同理心是道德的基础，有助于促进利他主义。分辨是非能力是道德的"指南针"，可以引导青少年在正确的道路上做出正确的选择。

8. 提升自决能力

这种能力指青少年根据自己的想法来订立目标及抉择的能力。提升自决能力的技巧与策略包括对个人优势及劣势的自我意识、订立目标及计划行动、解决问题、抉择及自我评估。拥有自决能力的学生会有较好的学习表现、能力感、自我价值感、自制能力和创新能力（Reeve，2002）。Ewalt 和 Mokuau（1995）认为，过于强调个体发展可能导致对群体导向的价值观的忽视。但与此同时，Deci 和 Ryan（1994）认为，自决与个体对能力、自主和关系的基本心理需求有紧密的联系。

9. 培养灵性

研究人员提出了灵性的不同定义（Shek，2012）。Stark 和 Bainbridge（2012）将灵性与青少年的道德推理和对社会秩序的承诺或信念联系起来。此外，意义感或目的感对青少年的正面成长很重要。灵性包括与他人及大自然的联系，建立个人信念及价值，以及寻找生命的意义等方面。灵性能帮助青少年欣赏及活出自己所认同的生命意义。它也是决定青少年是否积极参与社会活动的重要因素（Furrow，King，& White，2004）。

10. 培养自我效能感

自我效能感指一个人通过行动实现预期目标的能力，考虑自己并始终如一地回应这种想法的技能，以及对是否有能力妥善完成特定行动的判断（Catalano et al.，2004）。自我效能感至少受五种因素影响，包括个人的成功经验、从他人的成功经验中获得鼓舞、想象成功的经验、他人观感和意见，以及身心情绪状态（Bandura，2006；Gosselin & Maddux，2003）。Bandura（1986）指出，自我效能策略，如目标设定，会受到一个人对自己能力的评估的影响。Locke 等（1984）证明，更强的自我效能感与更高的目标设定和对目标更坚定的承诺有关。

11. 明确及正面的身份

这种能力指一种连贯的自我意识。它有助于解释儿童如何在各种文化和社会背景下建立自己的身份认同（Catalano et al.，2004）。Erikson（1968）将身份定义为一种自我结构，基于个体如何理解不同发展阶段的常见危机和挑战而构建。他进一步指出，不健康的身份可能会导致角色混乱。帮助儿童和青少年在早期阶段建立明确及正面的身份的方法包括建立自我价值和自尊，促进自我定义的探索及投入，缩小自我差距，培养角色的形成及增强成就感。在青少年发展的早期阶段，配合认知发展水平建立起明确及正面的身份有助于其成人期的发展（Kroger，2002）。

12. 培养对未来的信念

这种能力指对未来充满希望并抱有乐观态度，包括拥有具有价值和可达成的目标，规划目标导向的途径，在遇到困难时进行调整的能力，正面评价自己的能力和努力，以及对未来有正面和符合实际的期望。对未来抱有希望的儿童和青少年会感到受鼓舞、精力充沛、有自信，在追求目标时勇于接受挑战，有较高的自我评价、较低的抑郁感和较好的学业成绩（Snyder，Michael，& Cheavens，1999）。对未来充满信念表明对可能的结果充满希望（Catalano et al.，2004）。秉持这种信念，能让青少年尽其所能并珍爱生命。Wyman 等（1993）也表明，对未来充满信心有助于青少年更好地适应学校中的社会和情感变化，并保护儿童免受对自己能力的负面评价的影响。

13. 培养对正面行为的认同

对青少年的建设性行为建立响应机制可强化青少年的正面和亲社会行为。具体的做法包括表达认同正面行为，包括一些姿态（如眼神接触、亲切表情、微笑和拥抱等）、口头称赞、象征式奖励（如奖状），以及物质奖励（如奖品）。期望获得奖励和避免惩罚的动机可以强化正面行为，而厌恶刺激和失去奖励可以削弱行为。强化会影响个体未来进行类似行为的意愿（Akers et al.，1979）。

14. 推动参与公益活动

旨在通过不同情境下一系列具有计划性的活动，鼓励青少年做出亲社会行为，并维护亲社会规范。研究显示，经常参与公益活动的青少年会有正面的自我观感，掌握更多社交技巧，以及较少表现出反社会行为（O'Donnell et al.，1995；O'Donnell，Michalak，& Ames，1997）。积极的社会互动使儿童和青少年能够获得基本的人际交往技能（Hawkins et al.，2004）。在青春期与同伴、团体、家庭、学校和社区互动可以促进青少年的发展（Dryfoos，

1990）。

15. 培养亲社会规范

鼓励青少年发展健康的信念和积极的行为标准（Catalano et al.，2004）。明确、正面、健康，以及合乎道德的标准，有助于增强社群信念及引导社群行为（Hawkins，Catalano，& Miller，1992）。亲社会规范通常包括利他主义信念和团队精神等，可以促进助人、利他行为。青少年可以通过讨论道德风俗（包括品德关怀）与民间习俗（包括礼节行为和日常规则）学习亲社会规范。例如，Hawkins 等（Hawkins，Catalano，& Miller，1992）建议，针对处于青春期晚期的青少年的项目可以有效促进其学习积极和健康的亲社会规范，并鼓励青少年为自己制定标准。

尽管很多 PYD 项目重视青少年的正面成长品质，但大多数干预项目只涉及上述 15 个构念中的一个或几个。毋庸置疑，对多方面的行为进行干预对于促进青少年获得更好的发展至关重要（Catalano et al.，2004）。为了了解 PYD 项目及其评价的有效性，Catalano 等（2004）全面回顾了美国已发表和未发表的 PYD 项目，最终选取了 77 个符合标准的项目。结果显示，其中 25 个项目因良好的评估设计、可接受的标准、充分的方法细节和对促进 PYD 的显著效果等方面被确定为有效的。评审结果表明，针对 PYD 的项目确实对增加儿童的积极行为或减少问题行为有显著影响。

Catalano 等（2004）也为进一步研究提出了建议。首先，评估者应该使用标准化的测量工具，特别是积极的构架，以确保 PYD 项目的结果是适用的。其次，PYD 项目的效果应通过全面的测量工具来评估。此外，他们还认为，该领域应在方案设计、测量和信息方面达成更广泛的共识，以促进 PYD 方案评价数据库的建设。

Catalano 等（2004）的概念模型指导了香港的"共创成长路"

项目和内地的田家炳"共创成长路"项目的发展。有关框架建构的细节可参见 Shek、Sun 和 Merrick（2012）以及 Shek、Law、Zhu 和 Merrick（2022）。在香港的"共创成长路"项目中，我们认为"对正面行为的认同"应该全面体现在教师的日常教学中，因此，我们使用了除该构念外其余 14 个 PYD 构念来开发初中生的活动手册。在田家炳"共创成长路"项目中，我们专注于其中 8 个被内地同事和专家认为更重要的 PYD 构念来开发活动方案。

（四）社会情感学习

在教育工作中，促进儿童的社会、情感和身体发展的需求不断增加（Elias，1997）。基于社会信息处理理论、社会认知理论和情绪智力理论，社会情感学习（SEL）被认为是 PYD 的框架之一（Tolan et al.，2016）。具体来说，社会情感学习被定义为发展必要技能、态度和价值观，以获得社会情感能力的过程（Elias，1997）。社会情感能力包括了解自己、控制冲动情绪、与他人有效合作，以及关心自己和他人的感受和情绪。青少年在一生中不断发展这些能力，从而妥善处理生活任务，如发展人际关系、面对挑战和满足健康发展的要求（CASEL，2012）。

社会情感学习可以在教室、课外活动和社区服务等不同环境中得到促进（Hawkins，Smith，& Catalano，2004）。学术、社会和情感学习合作组织（CASEL）致力于推动学校环境中的社会情感学习的研究和实践。社会情感学习模式作为目前主流的社会情感学习框架之一，被认为是一种通用的 PYD 模式，可适用于不同的环境和发展阶段（Shek，Dou et al.，2019）。该模式将社会情感学习在概念上划分为五类基本技能，整合了认知、情感和行为能力，具体包括自我意识、社会意识、负责任的决策、自我管理和关系技能（CASEL，2012）。

● 自我意识：是以正确的方式识别自己的情绪、思想、价值观及其对自己行为的影响以及个人的优势和劣势的能力。包括识别情绪、准确的自我认知、优势认知、自信和自我效能感。

● 自我管理：是指在不同情况下能够成功调节自己的情绪、思想和行为，努力实现个人和学术目标。自我管理能力包括冲动控制、压力管理、自律、自我激励、目标设定和组织能力。

● 社会意识：是指了解他人的情况并对来自不同背景的人表示同情的能力，以及了解可用的资源和支持性网络。这一能力包括换位思考、同理心、欣赏多样性和尊重他人。

● 关系技能：是指发展和培养与他人的健康且富有成效的关系。该技能可以总结为沟通、社会参与、建立关系和团队合作。

● 负责任的决策：是指能够对个人活动和人际关系做出明确和建设性的决定。这些决定是建立在道德、伦理和社会规范、安全、后果评估以及自我和他人的福祉之上的。这一技能包括识别问题、分析问题、解决问题、评价、反思和承担道德责任。

社会情感学习理论主要应用于教育领域，旨在培养儿童和青少年与学校参与及学业成就相关的技能并采取干预措施（Tolan et al.，2016）。越来越多的教育工作者和从业者致力于评估社会情感学习能力和社会支持对教育成就的影响（例如，Elias & Haynes，2008；Walsh et al.，2022）。各种研究已经证明了社会情感学习项目对儿童和青少年的重要性。例如，Elias 和 Haynes（2008）建议，提升学生社会情感学习能力和加强教师支持的项目可以帮助弱势学生提高在校成绩。Vygotsky（2016）的研究表明，早期的社交互动为未来的发展奠定了基础。Saarni（2007）

指出，发展社交情感技能有助于建立有效的人际关系。Elias 和 Haynes（2008）进一步研究了社会情感能力对提升少数民族、低收入家庭背景及城市学童在校成绩的影响。此外，青少年也会较少参与危险和问题行为，从而更有可能获得积极的个人成长。

除了关注学术成就外，越来越多的研究人员将社会情感学习模型作为 PYD 框架的一种应用（Durlak，2015）。值得注意的是，Jagers 等（Jagers, Rivas-Drake, & Borowski, 2018）证明社会情感学习是预防犯罪、药物滥用和问题行为的实用框架。Trentacosta 和 Fine（2010）的综述研究发现，将核心社会情感技能纳入预防计划可以提高青少年的社会技能并预防风险和问题行为。Izard 等（2008）的研究也得出类似的结论。这些研究结果强调了面向儿童和青少年的社会情感学习项目的必要性。此外，社会情感学习计划也对教师大有益处。Collie 等（Collie, Shapka, & Perry 2012）发现，参与社会情感学习项目的教师教学效率和工作满意度更高，压力水平更低。教师的积极经验有助于培养师生关系，同时也有助于教师培养更深层次的效能，帮助和引导学生发展他们的社交情感能力。

二　青少年正面成长（PYD）项目对青少年发展的影响

（一）青少年正面成长的属性与青少年发展：研究依据

越来越多的研究表明，PYD 项目有助于培养个人保护因素，促进正面成长，减少问题行为，并提高青少年的幸福感（Benson & Saito，2001）。在该领域的评估研究发展初期，Conrad 和 Hedin（1981）针对 30 个 PYD 项目中的 4000 名参与者进行了调查，获得了非常积极的调查数据结果。例如，实验组学生的人际关系和人际交往及其发展、自尊和道德判断能力均得到提升。此外，Cognetta 和 Sprinthall（1978）证实了学生在自我发展和道德发展方面有所改善；Newman（1984）在早期研究中观察到研究对象社会责任和社会能力的增强。

随着时间的推移，学者们进行了更多的研究。Lerner 等（Lerner, Lerner et al.，2005）收集了大约 7000 名五年级学生的数据，并跟踪参与者直到十二年级。研究采用纵向序列的设计，证实 PYD 预防项目可以培养青少年的积极品质，减少风险和发展问题，继而帮助他们应对挑战并获得健康发展。Catalano 等（2004）的评估研究也提供了类似的证据。他们评估了 77 个 PYD 计划项目的效果，其中 25 个项目被确定为有效的。

除了评价不同的正面成长途径的有效性外，越来越多的研究开始关注培养特定正面成长构念的项目的有效性。这些研究发现了相关项目在促进青少年做出社会贡献、性健康及解决欺凌问题方面的作用（Levesque，2007）。Di Fabio 和 Palazzeschi（2015）指出，PYD 项目可提高生活满意度，减少抑郁和青少年不当行为。例如，在对 213 个以学校为本的社会情感学习课程的荟萃分析中，Durlak 等（2011）发现，学生的社交、情感和学习成绩以及情绪调整能力在课程结束后都得到了提升。Tolan 等（2016）在一篇综述中表明，提升 PYD 有关的能力可以同时促进全人发展并减少发展问题。Walsh 等（2022）认为，培养社交情感技能和人际关系的 PYD 项目可能有利于鼓励学生在高中期间做出更健康的决定并减少问题行为。

具体到中国的情况，有研究表明 PYD 架构在促进青少年发展方面有重要作用。尽管 PYD 方法中的一般社会心理能力等发展性资产可以促进青少年的健康发展并减少问题行为，但大多数研究是在西方进行的，中国的研究相对较少。因此，我们将提供一些示例来说明有关中国 PYD 的研究结果。

Sun 和 Shek（2010）对 7975 名青少年进行了一项关于正面成长属性和行为的开创性研究。研究结果表明，PYD 属性与生活满意度呈正相关，与青少年问题行为呈负相关，而生活满意度与问题行为之间存在双向关系。Sun 和 Shek（2012）的另一项研究也发现了 PYD 属性与生活满意度之间的正相关关系，以及 PYD 属性与青少年问题行为之间的负相关关系。Zhu 和 Shek（2020）研究了 2648 名中国中学生的正面成长属性与青少年犯罪之间的纵向关系，以及生活满意度的中介作用。结果显示，不同的正面成长属性与青少年犯罪在短期和长期均呈负相关。此外，生活满意度中和了正面成长属性对青少年犯罪的影响。该研究表明，培养正面成长属性是减少中国青少年犯罪的一种有希望的策略（Shek et al.，2022）。

（二）青少年正面成长的属性与青少年发展：基于干预项目的证据

实际上，大多数综述研究仅评估了在美国进行的 PYD 项目，对其他文化或地区开展的有关项目的评估相对较少，凸显了这一工作的必要性（Shek & Zhu，2020）。越来越多的研究人员正致力于填补这一研究空白。例如，一项系统评价了西班牙 18 项关于欺凌和网络欺凌保护因素的荟萃分析表明，遭受欺凌和暴力行为的青少年的保护因素可以来自社区、学校、家庭、同伴和个体属性层面（Zych，Farrington，& Ttofi，2019）。Shek 和 Yu（2011）通过实验或准实验研究评估了亚洲的 PYD 项目，并大体上证明了 PYD 项目的有效性。在一项关于 PYD 项目"共创成长路"的纵向研究中，Shek 等（Shek，Dou et al.，2019）提出，PYD 项目可以促进中国青少年的全面发展，改善其人际关系、家庭和社会能力。Shek 和 Chai（2020）研究发现，PYD 品质与学业满意度呈正相关，与学业压力呈负相关。此外，Shek 和 Zhu（2020）的研究表明，PYD 项目可以提升学生的社会心理能力。值得注意的是，Shek 等（2021）的评估表明，PYD 属性，如抗逆力、情感能力和灵性，可以成为处于压力下的青少年的保护因素。

此外，学者还研究了 PYD 预防项目的长期效果。在一项荟萃分析中，Taylor 等（2017）对 92 个社会情感学习项目进行了后续评估，发现对社交、情感技能和态度的促进是可以长期持续的。然而，在另一项研究中，结果表明，并非所有 PYD 项目的结果都能够长期持续。因此，需要更多的纵向设计研究来探究 PYD 项目对青少年是否有长期的正面影响。正如 Wade-Mdivanian 等（2016）所建议的那样，可以增加额外的全年跟进项目，以巩固 PYD 项目的积极影响，促进课程和技能发展。

三　青少年正面成长与中国文化源流

尽管中国已经历了大规模的工业化和城市化，巨大的社会经济变迁带来意识形态的变化，但中华民族传统美德仍然被视为要代代传承的中国文化，其主要包括：仁爱孝悌，谦和好礼，诚信知报，精忠爱国，克己奉公，修己慎独，见利思义，勤俭廉正，笃实宽厚，勇毅力行。这些文化引导青少年正面成长。

中华民族传统文化中的儒家思想是传统文化的瑰宝。儒家圣贤在回答人该怎么活，人与人之间是什么关系，人与自然又是什么关系问题时，认为对个体而言，应该遵循的原则是：仁、义、礼、智、圣（信）、恕、忠、孝、悌。"仁"是孔子思想的中心。每个人都有一种禀赋（指人所具有的智力、体魄、性格、能力等素质或者天赋），这个禀赋就是人性在每个不同的人身上的具体表现。仁就是指这个禀赋得到了很好的发展。

儒家的关键美德与西方文化中强调的优势视角和青少年正面成长有相通之处。共创成长路（农村版）项目是基于中国农村经济社会发展背景开展的，因此将源于中国古代的儒家思想整合到项目实施过程中，能够使项目更顺利地开展。通过文献回顾发现，儒家美德与青少年正面成长关系研究有一定的前期基础。这些结果表明，儒家思想中倡导的美德得到了不同程度的重视。这些美德包括八德（八种核心美德）、四维（四大社会价值）和五常（儒家五常）。八种核心美德包括忠、孝、仁、爱（情）、信、义、和、平。四大社会价值包括礼、义、廉、耻。儒家五常是仁、义、礼、智、信。五常是指人作为社会中的独立个体，为了自身的发展和社会的进步，而应该拥有的五种最基本的品格和德行。孔子最早提出仁、义、礼，孟子扩充提出仁、义、礼、智，董仲舒再次扩充为仁、义、礼、智、信，后称五常。这五常贯穿于中华伦理的发展中，成为中国文化价值体系中的核心因素。

前人的研究表明儒家思想中基本美德之一忠，不能定义为盲目忠诚，儒家思想中的忠体现了尽责（尽力尽职尽责）。"以忠诚为中心"是指竭尽全力完成工作，在做出决定时保持内心的公正。孝道是指一种对家庭的责任、义务感和对父母及其他长辈的尊重。

开展共创成长路青少年服务时，要将青少年正面成长内容与中国文化结合起来（见表3-1）。儒家美德是青少年人类行为的基础。美德建立在一个强大的道德基础上，定义什么是对的，什么是错的。这与西方关于青少年美德的观念与心理社会技能密切相关，应该在道德素质提升的基础上培养青少年正面成长中的自我认同、自信和自我效能感。青少年正面成长指标中的亲社会行为、积极身份、抗逆力、情绪管理等，也需要与中国文化结合，强调在中国文化的正义、廉洁和团结中自决和进行行为管理。

儒家美德可以被用作一个有用的框架，通过它发展青少年的美德，鼓励他们积极正面成长：促进社会融入和社会团结，培养抗逆力，提升社会能力，促进情绪能力、认知能力、行为能力发展，提升道德能力、人际交往技能、解决冲突能力，培养自我权威，提升积极精神，发展自我效能，等等。

表 3-1　儒家美德、品格优势和青少年正面成长（PYD）构念的比较

儒家美德	相关属性	品格优势	PYD 构念
1. 忠	忠诚	—	—
2. 孝	孝顺	—	—
3. 仁	仁慈	人性（仁慈）	社交能力；心灵素质
4. 爱	关爱	人性（爱）	社交能力；心灵素质
5. 信	信任	节制	社交能力；自我认同
6. 义	正义	正义	道德能力
7. 和	和谐	人性（社交能力）；节制（宽恕、谦逊）；超越（审美、感恩）	社交能力；亲社会规范；与健康成人和益友的联系
8. 平	和平	人性（社交能力）；节制（宽恕、谦逊）	社交能力；亲社会规范
9. 礼	礼节	谨慎（社交能力）	社交能力；亲社会规范
10. 智	智慧	智慧与知识	认知能力；心灵素质
11. 廉	正直	人性与正义（诚实、公平、自律）	道德能力
12. 耻	羞耻	节制	道德能力
—	—	公正（团队合作、领导才能、公平）	参与公益活动
—	—	勇气（坚持、勇敢）	采取行动能力；抗逆力
—	—	希望	建立目标和抉择能力
—	—	节制	情绪控制能力
—	—	—	明确及正面的身份
—	—	—	自我效能感
—	—	—	自决能力

资料来源：Shek, Yu, & Fu, 2013。

四　总结

PYD 作为一种基于青少年优势的方法，取代了年轻人的缺陷视角（例如，有问题、破碎和危险）。PYD 模型采用了更加积极的视角，即每个青少年都有能力高效完成任务，并成为社会资源。PYD 模型不仅关注促进青少年发展的优良品质，还深入探索

如何激发青少年在才能、兴趣和优势方面的全部潜力。青少年可以在不同的环境中学习和茁壮成长（Damon，2004）。不同的PYD模型关注不同主题并各有侧重。研究者在持续探索PYD的品质及其与发展成果的关系。

本章首先介绍了PYD的方向和发展。然后评述了四种PYD模型，包括40项发展性资产、5C/6C模型、15个青少年正面成长构念和社会情感学习模型，并展开讨论了不同模型的原创性、细节、有效性和论据。我们还探讨了美国和其他地区的PYD框架与项目对青少年发展的影响；讨论了青少年正面成长理论与中国传统文化的关系。研究表明，PYD项目与青少年的发展素质呈正相关，与风险和问题行为呈负相关（Catalano et al.，2012）。

实际上，相关研究需要通过荟萃分析设计评估有关项目的有效性，关注不同文化背景下项目的实施效果，以及考虑项目对青少年的长期影响。使用生命跨度分析方法可以评估青少年发展，并为建构统一的PYD模型提供实证支持（Tolan et al.，2016）。由于存在多种PYD模型，因此比较其有效性的深入研究至关重要。Shek及其同事指出，一些研究只关注一种或几种PYD品质，建议未来研究全面测量PYD结构（Shek，Zhu et al.，2019）。此外，利用比较测量模型来评估不同模型结构也极具研究价值。

最近的研究和评估可以帮助改进PYD干预项目、政策和实践。应用正面成长模型和构念的项目实践经验也证实，预防政策和项目的制定应适应青少年发展的需要（Lerner，Lerner et al.，2005）。此外，推动PYD发展依赖于研究者、教育工作者、组织、社区、青少年工作者、家长和青少年自身的共同努力。总之，随着PYD理论与实践的加强，健康发展的青少年可以与他人和社区建立互惠关系。青少年可以对自己、家庭、社区和社会产生积极影响（Lerner，Lerner et al.，2005）。因此，青少年茁壮成长和健康发展也会促进整个社会欣欣向荣。

本章的撰写由周大福慈善基金会和凯瑟克基金会以及研究资助局的研究配对基金资助（1.54.xx.52UK）。

参考文献

Abdul, Kadir N. B. , & Mohd, R. H. （2021）. The 5Cs of Positive Youth Development, purpose in life, hope, and well-being among emerging adults in Malaysia. *Frontiers in Psychology*, 12, 641876.

Akers, R. L. , Krohn, M. D. , Lanza-Kaduce, L. , & Radosevich, M. （1979）. Social learning and deviant behavior: A specific test of a general theory. *American Sociological Review*, 44 （4）, 636-655.

Bandura, A. （1986）. *Social Foundations of Thought and Action: A Social Cognitive Theory*. Prentice-Hall.

Bandura, A. （2006）. Guide for constructing self-efficacy scales. *Self-efficacy Beliefs of Adolescents*, 5 （1）, 307-337.

Benson, P. L. （1992）. Religion and substance use. *Religion and Mental Health*, 211-220.

Benson, P. L. （2006）. *All Kids Are Our Kids: What Communities Must Do to Raise Caring and Responsible Children and Adolescents* （2nd ed. ）. Jossey-Bass.

Benson, P. L. , & Saito, R. N. （2001）. The scientific foundations of youth development. *Trends in Youth Development: Visions, Realities and Challenges*, 135-154.

Benson, P. L. , Scales, P. C. , & Syvertsen, A. K. （2011）. The contribution of the developmental assets framework to positive youth development theory and practice. In *Advances in Child Development and Behavior* （pp. 197-230）, edited by R. M. Lerner, J. V. Lerner, & J. B. Benson. Amsterdam: Elsevier.

Bowers, E. P. , Geldhof, G. J. , Johnson, S. K. , Hilliard, L. J. , Hershberg, R. M. , Lerner, J. V. , & Lerner, R. M. （2015）. *Promoting Positive Youth Development: Lessons from the 4-H Study*. Springer.

Bowers, E. P. , John Geldhof, G. , Johnson, S. K. , Lerner, J. V. , & Lerner, R. M. (2014). Special issue introduction: Thriving across the adolescent years: A view of the issues. *Journal of Youth and Adolescence*, 43 (6), 859–868.

Braucht, G. N. , Kirby, M. W. , & Berry, G. J. (1978). Psychosocial correlates of empirical types of multiple drug abusers. *Journal of Consulting and Clinical Psychology*, 46 (6), 1463–1475.

Brendtro, L. , & Brokenleg, M. (2009). *Reclaiming Youth at Risk: Our Hope for the Future*. Solution Tree Press.

Buckley, M. , Storino, M. , & Saarni, C. (2003). Promoting emotional competence in children and adolescents: Implications for school psychologists. *School Psychology Quarterly*, 18 (2), 177.

Caplan, M. , Weissberg, R. P. , Grober, J. S. , Sivo, P. J. , Grady, K. , & Jacoby, C. (1992). Social Competence Promotion With Inner-City and Suburban Young Adolescents: Effects on Social Adjustment and Alcohol Use. *Journal of Consulting and Clinical Psychology*, 60 (1), 56–63.

Catalano, R. F. , Fagan, A. A. , Gavin, L. E. , Greenberg, M. T. , Irwin, C. E. , Ross, D. A. , & Shek, D. T. L. (2012). Adolescent Health 3: Worldwide application of prevention science in adolescent health. *The Lancet (British Edition)*, 379 (9826), 1653–1664.

Catalano, R. F. , M. Lisa Berglund, Jean A. M. Ryan, Heather S. Lonczak, & Hawkins, J. D. (2004). Positive youth development in the United States: Research findings on evaluations of positive youth development programs. *The Annals of the American Academy of Political and Social Science*, 591 (1), 98–124.

Cognetta, P. V. , & Sprinthall, N. A. (1978). Students as teachers: Role taking as a means of promoting psychological and ethical development during adolescence. *Character Potential: A Record of Research*.

Collaborative for Academic, Social, and Emotional Learning (CASEL). (2012). *2013 CASEL Guide: Effective Social and Emotional Learning Programs—Preschool and Elementary School Edition*. Chicago, IL: Author.

Collie, R. J. , Shapka, J. D. , & Perry, N. E. (2012). School climate and social-emotional learning: Predicting teacher stress, job satisfaction, and teaching efficacy. *Journal of Educational Psychology*, 104 (4), 1189–1204.

Conrad, D., & Hedin, D. (1981). *National Assessment of Experiential Education. A Final Report*.

Damon, W. (2004). What is Positive Youth Development? *The Annals of the American Academy of Political and Social Science*, 591 (1), 13–24.

Deci, E. L., & Ryan, R. M. (1994). Promoting self-determined education. *Scandinavian Journal of Educational Research*, 38 (1), 3–14.

Di Fabio, A., & Palazzeschi, L. (2015). Hedonic and eudaimonic well-being: The role of resilience beyond fluid intelligence and personality traits. *Frontiers in Psychology*, 6, 1367–1367.

Dryfoos, J. G. (1990). *Adolescents at Risk: Prevalence and Prevention*. Oxford University Press.

Durlak, J. A. (2015). *Handbook of Social and Emotional Learning: Research and Practice*. The Guilford Press.

Durlak, J. A., Weissberg, R. P., Dymnicki, A. B., Taylor, R. D., & Schellinger, K. B. (2011). The impact of enhancing students' social and emotional learning: A meta-analysis of school-based universal interventions. *Child Development*, 82 (1), 405–432.

Elias, M. J. (1997). *Promoting Social and Emotional Learning Guidelines for Educators*. Association for Supervision and Curriculum Development.

Elias, M. J., & Haynes, N. M. (2008). Social competence, social support, and academic achievement in minority, low-income, urban elementary school children. *School Psychology Quarterly*, 23 (4), 474–495.

Elias, M. J., Weissberg, R. P., Hawkins, J. D., Perry, C. L., Zins, J. E., Dodge, K. A., & Wilson-Brewer, R. (1994). The school-based promotion of social competence: Theory, research, practice, and policy. *Stress, Risk and Resilience in Children and Adolescence: Processes, Mechanisms, and Interventions*, 269–315.

Erikson, E. H. (1968). *Identity: Youth, and Crisis*. W. W. Norton & Company.

Ewalt, P. L., & Mokuau, N. (1995). Self-determination from a pacific perspective. *Social Work* (*New York*), 40 (2), 168-175.

Furrow, J. L. , King, P. E. , & White, K. (2004). Religion and Positive Youth Development: Identity, meaning, and prosocial concerns. *Applied Developmental Science*, 8 (1), 17-26.

Gambone, M. A. , Klem, A. , & Connell, J. P. (2003). *Finding out What Matters for Youth: Testing Key Links in a Community Action Framework.* Philadelphia, PA: Youth Development Strategies, Inc.

Geldhof, G. J. , Bowers, E. P. , Boyd, M. J. , Mueller, M. K. , Napolitano, C. M. , Schmid, K. L. , Lerner, J. V. , & Lerner, R. M. (2014). Creation of Short and Very Short Measures of the Five Cs of Positive Youth Development. *Journal of Research on Adolescence*, 24 (1), 163-176.

Geldhof, G. J. , Bowers, E. P. , Mueller, M. K. , Napolitano, C. M. , Callina, K. S. , Walsh, K. J. , Lerner, J. V. , & Lerner, R. M. (2015). The Five Cs Model of Positive Youth Development. In *Promoting Positive Youth Development.*

Gosselin, J. T. , & Maddux, J. E. (2003). Self-efficacy. *Handbook of Self and Identity*, 218-238.

Grant, W. T. (1992). Consortium on the school-based promotion of social competence: Drug and alcohol prevention curricula. In Hawkins, J. D. , & Catalano, R. F. , Jr. (eds.), *Communities That Care* (pp. 129-148). San Francisco: Jossey-Bass.

Hall, G. S. (1904). *Adolescence: Its Psychology and Its Relations to Physiology, Anthropology, Sociology, Sex, Crime, Religion, and Education*, vol. I. D. Appleton and Company.

Hamilton, S. F. (1999). *A three-part definition of youth development.* Unpublished manuscript, Cornell University College of Human Ecology, Ithaca, NY.

Hawkins, J. D. , Catalano, R. F. , & Miller, J. Y. (1992). Risk and protective factors for alcohol and other drug problems in adolescence and early adulthood: Implications for substance abuse prevention. *Psychological Bulletin*, 112 (1), 64-105.

Hawkins, J. D. , Smith, B. H. , & Catalano, R. F. (2004). Social development and social and emotional learning. *Building Academic Success on Social and Emotional Learning*：*What Does the Research Say*，135-150.

Heck，K. E.，& Subramaniam，A.（2009）. *Youth development frameworks* ［*Monograph*］. Davis，CA：4-H Center for Youth Development，University of California.

Hendricks，P. A.（1996）. *Targeting Life Skills Model*. Lowa State University Extension.

Hoffman，M. L.（1981）. Is altruism part of human nature? *Journal of Personality and Social Psychology*，40（1），121-137.

Howes，C.，& Aikins，J. W.（2002）. Peer relations in the transition to adolescence. In *Advances in Child Development and Behavior*（Vol. 29，pp. 195 - 230）. JAI.

Izard，C. E.，King，K. A.，Trentacosta，C. J.，Morgan，J. K.，Laurenceau，J. -P.，Krauthamer-Ewing，E. S.，& Finlon，K. J.（2008）. Accelerating the development of emotion competence in head start children：Effects on adaptive and maladaptive behavior. *Development and Psychopathology*，20（1），369-397.

Jagers，R. J.，Rivas-Drake，D.，& Borowski，T.（2018）. Equity & social and emotional learning：A cultural analysis. *CASEL Assessment Work Group Brief Series*.

King，P. E.，Dowling，E. M.，Mueller，R. A.，White，K.，Schultz，W.，Osborn，P.，Dickerson，E.，Bobek，D. L.，Lerner，R. M.，Benson，P. L.，& Scales，P. C.（2005）. Thriving in adolescence：The voices of youth-serving practitioners，parents，and early and late adolescents. *The Journal of Early Adolescence*，25（1），94-112.

Kohlberg，L.（1969）. Stage and sequence：The cognitive-developmental approach to socialization. *Handbook of Socialization Theory and Research*，347，480.

Kroger，J.（2002）. Identity processes and contents through the years of late adulthood. *Identity*：*An International Journal of Theory and Research*，1（1），81-99.

Lerner，R. M.，& Benson，P. L.（2003）. *Developmental Assets and Asset-Building Communities*：*Implications for Research*，*Policy*，*and Practice*. Kluwer

Academic/Plenum Publishers.

Lerner, R. M. , Almerigi, J. B. , Theokas, C. , & Lerner, J. V. (2005). Positive Youth Development: A view of the issues. *The Journal of Early Adolescence*, 25 (1), 10-16.

Lerner, R. M. , Lerner, J. V. , Almerigi, J. B. , Theokas, C. , Phelps, E. , Gestsdottir, S. , Naudeau, S. , Jelicic, H. , Alberts, A. , Ma, L. , Smith, L. M. , Bobek, D. L. , Richman-Raphael, D. , Simpson, I. , Christiansen, E. D. , & von Eye, A. (2005). Positive Youth Development, Participation in Community Youth Development Programs, and Community Contributions of Fifth-Grade Adolescents: Findings from the First Wave of the 4-H Study of Positive Youth Development. *The Journal of Early Adolescence*, 25 (1), 17-71.

Levesque, R. J. (2007). *Advancing Responsible Adolescent Development*. Springer.

Locke, E. A. , Frederick, E. , Lee, C. , & Bobko, P. (1984). Effect of self-efficacy, goals, and task strategies on task performance. *Journal of Applied Psychology*, 69 (2), 241-251.

Ma, H. K. (2012). Moral competence as a positive youth development construct: A conceptual review. *The Scientific World Journal*, 2012.

Napolitano, C. M. , Bowers, E. P. , Arbeit, M. R. , Chase, P. , Geldhof, G. J. , Lerner, J. V. , & Lerner, R. M. (2014). The GPS to success growth grids: Measurement properties of a tool to promote intentional self-regulation in Mentoring Programs. *Applied Developmental Science*, 18 (1), 46-58.

National Research Council. (1997). Youth Development and Neighborhood Influences: Challenges and Opportunities.

Newman, R. S. (1984). Children's achievement and self-evaluations in mathematics: A longitudinal study. *Journal of Educational Psychology*, 76 (5), 857-873.

O'Connor, A. , Hoff, N. , & Peterson, R. L. (2014). *Developmental Assets. Strategy brief*. Student Engagement Project, University of Nebraska-Lincoln and the Nebraska Department of Education.

O'Donnell, J. , Hawkins, J. D. , Catalano, R. F. , Abbott, R. D. , &

Day, L. E. (1995). Preventing school failure, drug use, and delinquency among low-income children: Long-term intervention in elementary schools. *American Journal of Orthopsychiatry*, 65 (1), 87-100.

O'Donnell, J., Michalak, E. A., & Ames, E. B. (1997). Inner-city youths helping children: After-school programs to promote bonding and reduce risk. *Children & Schools*, 19 (4), 231-241.

Reeve, J. (2002). Self-determination theory applied to educational settings. *Handbook of Self-determination Research*, 2, 183-204.

Rose, H. A. (2006). Asset-based development for child and youth care. *Reclaiming Children and Youth*, 14 (4), 236.

Roth, J., Brooks-Gunn, J., Murray, L., & Foster, W. (1998). Promoting Healthy Adolescents: Synthesis of Youth Development Program Evaluations. *Journal of Research on Adolescence*, 8 (4), 423-459.

Roth, J. L., & Brooks-Gunn, J. (2003). What exactly is a youth development program? Answers from research and practice. *Applied Developmental Science*, 7 (2), 94-111.

Saarni, C. (2007). The development of emotional competence: Pathways for helping children to become emotionally intelligent. *Educating People to Be Emotionally Intelligent*, 16, 15-35.

Salovey, P., & Mayer, J. D. (1990). Emotional intelligence: Imagination, cognition and personality. *Imagination, Cognition and Personality*, 9 (3), 1989-1990.

Scales, P. C. (1999). Reducing risk and building developmental assets: Essential actions for promoting adolescent health. *The Journal of School Health*, 69 (3), 113-119.

Scales, P. C., & Leffert, N. (1999). *Developmental Assets*. Minneapolis, MN: Search Institute.

Scales, P. C., & Leffert, N. (2004). *Developmental Assets: A Synthesis of the Scientific Research on Adolescent Development* (2nd ed.). Minneapolis, MN: Search Institute.

Scales, P. C., Benson, P. L., Leffert, N., & Blyth, D. A. (2000).

Contribution of developmental assets to the prediction of thriving among adolescents. *Applied Developmental Science*, 4 (1), 27-46.

Shek, D. T. L. , Sun, R. C. F. , & Merrick, J. (2012). Development of Chinese adolescents: Assessment, issues, and intervention. *The Scientific World Journal*, 2012, 935096.

Shek, D. T. L. (2012). *Spirituality as a Positive Youth Development Construct: A Conceptual Review*.

Shek, D. T. L. , & Chai, W. Y. (2020). The impact of Positive Youth Development attributes and life satisfaction on academic well-being: A longitudinal mediation study. *Frontiers in Psychology*, 11, 2126.

Shek, D. T. L. , & Yu, L. (2011). A review of validated youth prevention and positive youth development programs in Asia. *International Journal of Adolescent Medicine and Health*, 23 (4), 317-324.

Shek, D. T. L. , Yu, L. , & Fu, X. (2013). Confucian virtues and Chinese adolescent development: A conceptual review. *International Journal of Adolescent Medicine and Health*, 25 (4), 335-344.

Shek, D. T. L. , & Zhu, X. Q. (2020). Promotion of thriving among Hong Kong Chinese adolescents: Evidence from eight-wave data. *Research on Social Work Practice*, 30 (8), 870-883.

Shek, D. T. L. , Dou, D. Y. , Zhu, X. Q. , & Chai, W. Y. (2019). Positive youth development: Current perspectives. *Adolescent Health, Medicine and Therapeutics*, 10, 131-141.

Shek, D. T. L. , Law, M. Y. M. , Zhu, X. , & Merrick, J. (2022). *Positive Youth Development: The Tin Ka Ping P. A. T. H. S. Project in Mainland China*. Nova Science Publishers.

Shek, D. T. L. , Zhao, L. , Dou, D. , Zhu, X. , & Xiao, C. (2021). The impact of positive youth development attributes on posttraumatic stress disorder symptoms among Chinese adolescents under COVID - 19. *Journal of Adolescent Health*, 68 (4), 676-682.

Snyder, C. R. , Michael, S. T. , & Cheavens, J. S. (1999). Hope as a psychotherapeutic foundation of common factors, placebos, and expectancies. In

M. A. Hubble, B. L. Duncan, & S. D. Miller (eds.), *The Heart and Soul of Change: What Works in Therapy* (pp. 179-200). American Psydnological Association.

Soares, A. S., Pais-Ribeiro, J. L., & Silva, I. (2019). Developmental assets predictors of life satisfaction in adolescents. *Frontiers in Psychology*, 10, 236.

Stark, R., & Bainbridge, W. S. (2012). *Religion, Deviance, and Social Control*. Routledge.

Sun, R. C. F., & Shek, D. T. L. (2010) Life satisfaction, Positive youth development, and problem behaviour among Chinese adolescents in Hong Kong. *Social Indicators Research 95*, 455-474.

Sun, R. C. F., & Shek, D. T. L. (2012). Positive youth development, life satisfaction and problem behaviour among Chinese adolescents in Hong Kong: A replication. *Social Indicators Research*, 105 (3), 541-559.

Taylor, R. D., Oberle, E., Durlak, J. A., & Weissberg, R. P. (2017). Promoting positive youth development through school-based social and e-motional learning interventions: A meta-analysis of follow-up effects. *Child Development*, 88 (4), 1156-1171.

Tolan, P. H., Ross, K., Arkin, N., Godine, N., & Clark, E. (2016). Toward an integrated approach to positive development: Implications for intervention. *Applied Developmental Science*, 20 (3), 214-236.

Trentacosta, C. J., & Fine, S. E. (2010). Emotion knowledge, social competence, and behavior problems in childhood and adolescence: A meta-analytic review. *Social Development (Oxford, England)*, 19 (1), 1 29.

Vygotsky, L. S. (2016). *The Collected Works of LS Vygotsky: Problems of General Psychology, Including the Volume Thinking and Speech*. Springer.

Wade-Mdivanian, R., Anderson-Butcher, D., Newman, T. J., Ruderman, D. E., Smock, J., & Christie, S. (2016). Exploring the long-term impact of a positive youth development-based alcohol, tobacco and other drug prevention program. *Journal of Alcohol and Drug Education*, 60 (3), 67-90.

Walsh, S., Jenner, E., Qaragholi, N., Henley, C., Demby, H., Leger, R., & Burgess, K. (2022). The impact of a high school-based positive youth development program on sexual health outcomes: Results from a randomized controlled trial. *The Journal of School Health*, 92 (12), 1155-1164.

Wyman, P. A. , Cowen, E. L. , Work, W. C. , & Kerley, J. H. (1993). The role of children's future expectations in self-system functioning and adjustment to life stress: A prospective study of urban at-risk children. *Development and Psychopathology*, 5 (4), 649-661.

Zhu, X. , & Shek, D. T. L. (2020). Predictive effect of positive youth development attributes on delinquency among adolescents in Mainland China. *Frontiers in Psychology*, 11, 615900.

Zych, I. , Farrington, D. P. , & Ttofi, M. M. (2019). Protective factors against bullying and cyberbullying: A systematic review of meta-analyses. *Aggression and Violent Behavior*, 45, 4-19.

第四章　青少年正面成长的研究趋势、热点与前沿

齐少杰　花逢瑞　周　正　石丹理

一　引言

青少年发展是一个涉及生理、心理和社会关系的复杂互动过程（Waid & Uhrich，2019）。因此，青春期通常被认为是一个人发展不健康和不安全行为风险增加的时期。药物滥用、酒精滥用、吸烟、缺乏锻炼、不安全性行为、暴力和伤害以及残疾都是这一时期的常见风险（Johnson & Jones，2011；Kann et al.，2016）。在过去，关于青少年发展问题的科学研究主要基丁问题视角（Hall，1904）。从这一观点来看，青少年期是一个充满危险的时期，青少年易受到心理问题的困扰以及心理混乱的威胁（Anthony，1969；Freud，1969）。20世纪90年代，青少年正面成长（Positive Youth Development，PYD）的新观点开始出现（Lerner et al.，2019）。这一观点源于对长期存在的问题导向模式的批评，强调健康和全面的发展，而不是强调减少问题行为，从而以更积极的角度重新定义了青少年发展（Lerner，2002，2004）。

研究中主要提出了几种PYD理论（Shek，Dou，& Zhu，2019）。所有PYD理论都侧重于人类潜力、个人能力和可塑性

（Shek，Dou，& Zhu，2019），但形式略有不同。这些理论包括 Benson 的外部和内部发展性资产理论（Benson，2007），Lerner 的 5C/6C 理论（Lerner，2006）、社会情感学习（SEL）和 Catalano 等的 15 个 PYD 结构（Catalano et al.，2004）。Catalano 等（2004）从有效的 PYD 项目中提出并确定了包括心理社会能力、抗逆力、灵性和亲社会参与等在内的 15 个 PYD 结构。因此，PYD 的理论、研究和应用发展对于提高青少年的生活质量具有重要意义。

在过去的 20 多年里，研究人员在 PYD 领域开展了众多相关研究，主要涉及 PYD 的内涵、影响和测量以及 PYD 在提高生活质量方面的应用等（Shek，Dou，& Zhu，2019；Zhou et al.，2020）。同时，在 20 世纪 90 年代，PYD 方法的出现对心理学、教育学、社会服务、社会工作和公共卫生的理论和实践发展也产生了深远的影响。此外，联合国儿童基金会、世界银行等机构对 PYD 研究也越来越感兴趣（UNICEF，2005，2017；World Bank，2000，2007），并证实了 PYD 理论在全球青少年发展中的重要作用（Lerner et al.，2019）。因此，分析该领域的合作网络、研究热点和前沿不仅可以让学者了解当前的研究状况，还能帮助从业者制定提高青少年生活质量的相关计划，尤其是提高心理社会能力和社会生活技能方面的计划（Shek，2020）。另外，相关研究结果还可以促使决策者优先考虑青少年发展的相关政策与服务。因此，本章试图对 PYD 领域出版物的发展进行科学计量分析。

为了突破上述研究局限，本章对 PYD 领域出版物进行了深入的科学计量审查，以绘制 PYD 领域的知识结构和发展趋势。科学计量是使用统计的计算方法来研究科学活动的输入（例如，研究人员、研究基金）、输出（例如，论文、专利、期刊）和过程（例如，信息传播、通信网络）。科学计量方法目前已应用于许多学科的知识结构分析、学科进化分析、科学产出评估和其他方面

（Aleixandre-Benavent et al.，2019；Ekundayo & Okoh，2018；Wang，Zhao，& Wang，2018）。同时，近年来的信息可视化技术与传统科学计量学引文分析相结合的知识图谱也得到了广泛应用。通过数据挖掘、信息处理和图形制作，不仅可以探索科学知识的发展脉络及其相互关系（Chen et al.，2008；Shiffrin & Borner，2004），还能以此评估相关领域的研究局限，从而为未来的研究和发展提供可能的参考方向。

　　本章旨在通过对 PYD 研究的科学计量分析来回答三个重要问题。第一，哪些国家/地区、机构和作者在 PYD 研究领域最具生产力和影响力？这个问题旨在确定国家和地区之间的发展差异，以及 PYD 是否由全球特定领域的机构和学者主导。这个问题的答案很重要，因为社会科学研究经常被批评为有偏的，即研究对象大多受过高等教育，来自西方、工业化、富裕的民主社会（Nielsen et al.，2017）。第二，这一领域的研究热点是什么，它们是如何发展的？本问题旨在确定该领域最受关注的主题和项目。第三，PYD 最近的发展趋势和研究前沿是什么？本问题旨在寻找近年来发表的最受欢迎的相关学术文章，这些文章在不久的将来可能会继续影响该领域。这些问题的答案对于与生活质量相关的学术和应用研究非常重要。

　　为了回答上述问题，本章的研究以三个关键目标为指导。第一个目标是按国家/地区、机构和作者确定 PYD 研究的主要贡献者；第二个目标是基于关键词和共引文献绘制知识图谱，以了解 PYD 领域的研究热点；第三个目标是绘制基于突发引用视角的知识图谱，以揭示 PYD 的研究前沿和发展趋势。本章将在以下方面对 PYD 领域进行不同于以往的综述研究。首先，本章以整体的方式回顾 PYD 研究，而非强调某些子领域；其次，本章分析了文献数据库中几乎所有的相关文章和综述，而不是专注于特定期刊的关键文章；最后，为了补充之前的综述，本章采用了文献计量可视化方法来回顾 PYD 研究。

二　研究方法

（一）研究工具

CiteSpace 是一种用于绘制可视化知识图谱的科学计量学工具。相对于其他可视化工具而言，这一工具通过使用各种可视化分析功能，可以提供更清晰、更易于解释的可视化效果（Chen，2006）。近年来，CiteSpace 的应用不仅局限于信息科学领域，其在心理学、教育科学、社会学、医学、环境科学等学科中也得到了广泛的应用（Chen et al.，2012；Guo et al.，2019；Jiang, Ritchie, & Benckendorff，2019；Taskin & Aydinoglu，2015；Xu, Williams, & Gu，2020）。它可以提供对特定时期相关研究的广泛且深入的了解，帮助研究人员更好地认识该领域的整体性质，并确定未来的研究方向。因此，为了系统地回顾 PYD 领域研究，本章主要使用 CiteSpace 的三种技术：合作网络分析、文献共引分析和关键词共现分析。这些技术通常被应用于该领域的其他研究（Chen，2006；Wang et al.，2019）。

（二）数据收集

使用 CiteSpace 分析工具进行数据收集主要包括两个步骤。第一步是确定数据源。Web of Science（WoS）被认为是科学计量研究的理想数据源（Van，2006）。因此，本章选择搜索 WoS 的核心数据集。核心数据集包括六个在线数据库：SCI 扩展（1900～2020 年）、SSCI（1900 年至今）、A & HCI（1975 年至今）、CPCI-S（1990 年至今）、CPCI-SSH（1990 年至今）和 ESCI（2015 年至今）。从 1900 年 1 月至 2020 年 4 月 26 日，通过使用 "Positive-Youth-Development" 一词进行检索，共获得 1585 篇与 PYD 相关的学术论文。本章通过应用以下条件进一步细化了搜索结果：语言 = English；文件类型 = article + review。优化后获得文献 1436

篇。这些结果于 2020 年 4 月 26 日以"完整记录和引用文件"的形式下载。随后，将 1436 篇文献导入 CiteSpace，使用其除重功能获得 1435 条文献作为绘制知识图谱的最终数据。而且，这 1435 篇论文中的参考文献也创建了一个包含 48025 条记录的引文数据集，包括 34735 篇原创文章、390 本书籍的章节、2210 篇综述文章和 10690 篇其他类型的文章。这一引文数据集用于后续的文献共引分析。

三　研究结果

（一）青少年正面成长研究现状

1. 发文数量

出版物数量的增加表明了该领域科学知识的增加。基于 1436 篇文献的检索结果创建了 PYD 研究领域发布的论文数量的直方图（见图 4-1），以描述 1995~2020 年发表的与 PYD 相关论文的进展。根据发表论文数量的年度变化，本章将 PYD 领域的发展分为两个阶段。第一阶段是 1995~2005 年，学者刚刚开始关注 PYD，发表的论文数量增长缓慢；第二阶段是 2006~2020 年，随着 PYD 研究的逐步深入，发表的论文数量也迅速增加，大大促进了 PYD 领域的发展。2018 年发表的论文数量达到 194 篇，2019 年达到 233 篇，这表明 PYD 研究取得了好的发展势头，似乎在未来几年将保持活跃。

2. 学科分布

根据 WoS 数据库的数据，本章评估了 PYD 研究中涉及学科的出版趋势。本章选择了参与 PYD 研究的前十个学科（见表 4-1），学科排名如下：心理学（$n=731$）；社会科学（其他）（$n=209$）；公共、环境和职业健康（$n=193$）；社会工作（$n=175$）；教育（$n=147$）；家庭研究（$n=139$）；科学/技术（其他）（$n=96$）；体育科学（$n=87$）；环境科学/生态学（$n=75$）；儿科学（$n=$

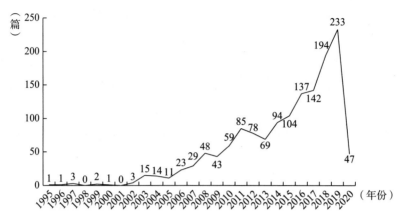

图 4-1　1995~2020 年 PYD 发文趋势

说明：在过去的 26 年里，在 WoS 的核心数据集中，共发表了 1436 篇关于 PYD 的文章。

70)。学科分布表明，心理学，社会科学（其他），公共、环境和职业健康，以及社会工作等学科的研究在该领域最为活跃。

表 4-1　PYD 研究学科出版量前十名

单位：篇，%

学科	频次	占比	学科	频次	占比
心理学	731	50.91	家庭研究	139	9.68
社会科学（其他）	209	14.55	科学/技术（其他）	96	6.69
公共、环境和职业健康	193	13.44	体育科学	87	6.06
社会工作	175	12.19	环境科学/生态学	75	5.22
教育	147	10.24	儿科学	70	4.87

3. 期刊分布

通过在 WoS 中搜索 PYD 出版物，发现已有 100 多家期刊发表了与 PYD 相关的研究成果。表 4-2 列出了发文量最多的十种期刊。*Scientific World Journal*（Multidisciplinary Sciences）在 1995~2020 年发表了 91 篇文章，其次是 *Journal of Youth and Adolescence*（Psychology，Developmental）（$n=65$）、*Journal of Youth Development*

（Category Unavailable）（ *n* = 48），*Journal of Adolescent Research*（Psychology，Developmental）（ *n* = 41）和 *Journal of Adolescence*（Psychology，Developmental）（ *n* = 39）等。期刊分类主要参考了《WoS 2018 年期刊引文报告》。排名靠前的期刊主要来自发展心理学领域。

表 4-2　PYD 研究期刊出版量前十名

期刊	频次（篇）	占比（%）	影响因子（2018 年）
Scientific World Journal	91	6. 34	1. 46
Journal of Youth and Adolescence	65	4. 53	3. 26
Journal of Youth Development	48	3. 34	3. 26
Journal of Adolescent Research	41	2. 86	3. 96
Journal of Adolescence	39	2. 72	2. 35
Applied Development Science	36	2. 51	1. 84
Children and Youth Services Review	36	2. 51	1. 68
American Journal of Community Psychology	30	2. 09	1. 78
Journal of Adolescent Health	27	1. 88	3. 96
Journal of Research on Adolescence	24	1. 67	2. 07

（二）青少年正面成长研究的合作网络

合作网络主要分析合作创造科学知识的学者（Sylvan & Ben，1997）。CiteSpace 主要提供了三个层次的合作网络分析：宏观的国家/地区合作（共同国家/地区）、中观的机构合作（共同机构）和微观的作者合作（共同作者）。本章进一步分析了过去 26 年跨学科合作的演变。合作网络表示研究领域的细化程度，合作越频繁，发展就越深入。在实践中，合作网络可以为新的研究人员以及那些在 PYD 领域寻求潜在合作机会的人提供有用的指导。

1. 国家/地区合作网络

为了分析国家/地区之间的合作，CiteSpace 中合作网络分析的参数设置如下：（1）时间切片，1995~2020 年（每年一个切片）；（2）节点类型＝国家；（3）选择每个切片的前 50 个为最频繁节点；（4）修剪＝默认设置。合作网络分析侧重于 PYD 领域的主要研究国家/地区。结果表明，PYD 研究中发表的论文数量因国家/地区而异。本章找到了发表论文数量排名前十的国家，结果如下：美国、中国、加拿大、英国、澳大利亚、荷兰、意大利、葡萄牙、新西兰和挪威（见表 4-3）。美国作为发表论文数量最多的国家，发表了 956 篇论文；其次是中国，发表了 191 篇论文。图 4-2 显示了具有 33 个节点和 91 条连线的国家/地区合作网络，这意味着 33 个国家/地区参与了 PYD 研究的合作。合作网络图谱中的节点大小表示按国家/地区发表的论文数量排序，节点之间的边缘反映了国家/地区之间的合作关系。具有黑色外圈的节点具有较高的中介中心性（BC）指数，这表明该节点做出了重大的合作贡献。BC 的范围是 0~1，值越大，节点的贡献越大。高 BC 节点通常被视为该领域的关键点（Chen，2006）。如图 4-2 所示，美国、加拿大和英国对 PYD 领域的研究有很大影响（BC>0.1）。一般来说，PYD 研究的发展需要全球合作。

表 4-3　最具生产力的 10 个国家、机构和作者

单位：篇

国家/地区	频次	机构	频次	作者	频次
美国	956	Tufts University	106	Daniel T. L. Shek	118
中国	191	The Hong Kong Polytechnic University	103	Richard M. Lerner	80
加拿大	152	Kiang Wu Nursing College of Macau	62	Jacqueline V. Lerner	35
英国	57	East China Normal University	61	Rachel C. F. Sun	35
澳大利亚	41	Boston College	54	Edmond P. Bowers	25
荷兰	24	University of California System	51	Peter C. Scales	22

续表

国家/地区	频次	机构	频次	作者	频次
意大利	23	Chinese University of Hong Kong	48	Camiré Martin	20
葡萄牙	22	Pennsylvania Commonwealth System of Higher Education Pcshe	46	Geldhof G. John	20
新西兰	20	University of Kentucky	46	Lee Tak Yan	19
挪威	18	State University System of Florida	41	Forneris Tanya	18

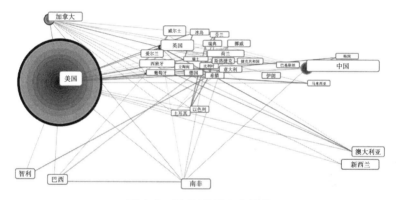

图4-2 国家/地区合作网络

说明：在过去26年中，33个国家/地区参与了PYD研究。每个节点代表一个国家/地区，节点的大小表示该国家/地区出版物数量的多少。每条连线表示国家/地区之间的合作关系。

2. 机构合作网络

对于机构合作网络的分析，除节点类型选择为机构以外，其他参数选择与国家/地区合作网络分析一致。研究结果显示，已有206家机构参与发表了与PYD相关的研究论文。在表4-3中，本章根据发表论文的数量列出了十大研究机构。塔夫茨大学的贡献最大，发表了106篇论文，其次是香港理工大学，发表了103篇论文。图4-3显示了机构合作网络，其具有206个节点和457条连线。节点越大，表示机构发表的论文越多。根据图4-3，美国内部和东亚国家/地区内部的许多机构存在合作关系，但东西方世界之间的机构合作相对较少。此外，塔夫茨大学、波士顿学院和宾夕法尼亚州立大学都有厚厚的黑色外圈（BC>0.1），这意味着这些机构在合作网络中发挥了重要作用。

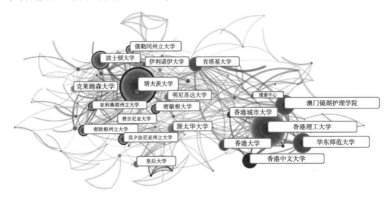

图 4-3　机构合作网络

说明：在过去的 26 年里，206 个机构参与了 PYD 的合作研究。每个节点代表一个机构，节点的大小表示该机构出版物数量的多少。每条连线表示两个机构之间的合作关系。

3. 作者合作网络

对于作者合作网络的分析，除节点类型选择为作者以外，其他参数选择与国家/地区合作网络分析一致。表 4-3 列出了 PYD 研究中按发表论文数量排序的前 10 位作者。表 4-3 显示，Daniel T. L. Shek 是 PYD 领域最多产的作者，贡献了 118 篇文章，其次是 Richard M. Lerner（$n=80$）、Jacqueline V. Lerner（$n=35$）、Rachel C. F. Sun（$n=35$）、Edmond P. Bowers（$n=25$）和 Peter C. Scales（$n=22$）等。通过分析作者合作网络，本章发现学者在这一领域合作较为密切。作者合作网络由 255 位作者和 552 条连线组成，如图 4-4 所示。由 Daniel T. L. Shek、Richard M. Lerner 和 Martin Camiré 领导的三个典型作者合作群体构成了 PYD 研究的重要部分。

由 Daniel T. L. Shek 带领的研究团队发起了一个叫作"P. A.

图 4-4 作者合作网络

说明：在过去的 26 年里，255 位作者参与了 PYD 的合作研究。每个节点代表一位作者，节点的大小表示作者的出版物数量。每条连线表示两位作者之间的合作关系。

T. H. S."（共创成长路）的长期 PYD 研究项目，以促进香港的青少年发展（Shek，Ma，& Merrick，2010）。为了评估香港青少年在项目期间的发展情况，他们根据美国 PYD 研究项目中成功验证的 15 个 PYD 结构（Catalano et al.，2004），开发了一个包含 80 个项目的中国青少年正面成长量表（Shek，Sin，& Lee，2007）。研究发现，这一量表具有较高的心理测量质量（Shek & Ma，2010）。该量表试图将 PYD 应用于中国香港地区，并已根据其适用性进行了验证。该研究团队还对内地青少年的 PYD 发展进行了纵向研究（Zhou et al.，2020；Zhou，Shek，& Zhu，2020）。

由 Richard M. Lerner 及其同事领导的研究团队专注于美国青少年的正面成长，并评估和修订了测量 5C 的量表（Bowers et al.，2010；Geldhof et al.，2014；Lerner et al.，2005；Phelps et al.，2009）。Lerner 等的模型使用了与积极青少年作为五个 C 发挥作用相关的五个特征：能力、信心、性格、关心和联系（Lerner et al.，2005）。同时，Lerner 及其同事发现，当青少年具备 5C（Competence，Confidence，Character，Caring，Connection）特征

时，可以培养另一个 C，即贡献（Lerner et al.，2005）。研究还发现，5C 与青少年早期的行为问题有关（Jelicic et al.，2007）。

Martin Camiré 和同事将 PYD 框架整合到体育活动计划中。他们的研究证实了 PYD 在体育背景下如何得到有效的促进（Bean et al.，2018；Camiré & Santos，2019；Santos，Camiré，& Campos，2018）。Camiré 还研究了教练在促进正面成长和向年轻体育参与者传授生活技能（如领导和决策）方面的作用（Santos et al.，2019）。从 PYD 的角度来看，Camiré 专注于干预、健康促进和研究方法，并成功地将 PYD 应用于体育。

4. 学科合作网络

除了分析整个跨学科合作网络外，本章有兴趣确定跨学科合作网络是如何随时间演变的。因此，本章基于 200 个最常见节点的跨学科合作演变，每五年评估一次。在这种情况下，合作网络分析中使用的参数如下：（1）时间切片，1995～2019 年（每 5 年一个切片）；（2）节点类型＝类别；（3）选择每个切片的前 200 个为最频繁节点；（4）修剪＝默认设置。图 4-5 显示了 PYD 在过去 25 年中的学科合作网络。结果表明，PYD 研究随着时间的推移变得更加跨学科。虽然 PYD 研究在过去 25 年中主要在心理学领域进行，但 PYD 的跨学科合作随着时间的推移发生了变化。在该领域探索的前五年（1995～1999 年），心理学和其他学科（如教育和社会工作）的研究相对独立。从 21 世纪开始，心理学研究人员开始与公共、环境和职业健康以及儿科学等领域的研究人员合作。2005～2009 年，合作网络变得更加复杂和多样化，甚至酒店管理等小规模学科也开始与其他学科合作。自 2010 年以来，随着 PYD 发文量的快速增加，合作网络规模继续扩大且速度显著加快。在过去五年中，心理学，社会工作，环境科学/生态学，公共、环境和职业健康以及家庭研究是跨学科合作中最活跃的领域。

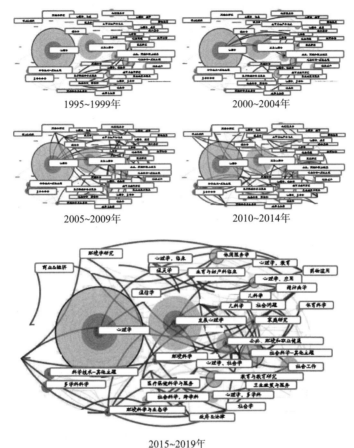

图 4-5 学科合作网络

说明：每个节点表示一个类别，节点越大，表示发表的论文越多。每条连线表示两个学科之间的合作关系。

（三）青少年正面成长的网络结构

1. 关键词共现分析

关键词用于总结学术论文的主要内容。学者可以从出版物的关键词中获得有用信息，如目标、方法和观点（Tian et al.，2018）。因此，关键词的频率分析对于调查特定领域的热点话题和发展至关重要（Wang, Zhao, & Wang, 2018）。CiteSpace 的关键词共现分析主要包括两个步骤：（1）提取关键词并通过分类计算关键词的出现频率；（2）通过获取提取的关键词的共现矩阵进行关键词共现分析（Chen，2004，2006）。分析中使用的关键词包括作者提供的"作者关键词"和期刊提供的"关键词+"。这种情况下的分析参数具体如下：（1）时间切片，1995～2020年（每年一个切片）；（2）节点类型＝关键词；（3）选择每个切片的前50个为最频繁节点；（4）修剪＝默认设置。在这些设置下生成的知识图谱由289个节点和2437条连线组成（见图4-6）。PYD的关键词共现网络包括两个关键特征：频率和BC。频繁出现的关键词由较大的节点表示。BC值高的关键词在连接网络图中的其他关键词时起着重要作用。

就共现频率而言，前两个关键词（见表4-4）是"青少年正面成长"（$n = 843$；BC = 0.12）和"青少年"（$n = 376$；BC = 0.06）。青少年是PYD研究的主要对象。关键词"青少年""计划""行为""风险""学校""参与"具有较高的BC值，表明这些节点在关键词共现网络中发挥了重要作用。根据以往的科学计量研究发现（Sun et al.，2020；Wang et al.，2019），高频关键词可以被视为PYD研究的出版热点。然而，该方法确定的热点是宏观的，并且该分析仅限于找到特定的热点。为了更好地呈现PYD研究的热点主题，本章使用CiteSpace进行了文献共引分析。

2. 文献共引分析

当后期研究同时引用两个早期文献时，就会出现共引关系（Small，1973）。与引文分析相比，共引分析通过挑选优质的文章，可以提供对知识领域更可靠的评价（Mustafee，Katsaliaki，& Fishwick，2014）。本章中使用的参考文献知识网络包括高引用参考文献、高BC值参考文献和强引用突发参考文献（突发引用）。CiteSpace中文献共引分析的参数如下：（1）时间切片，1995～2020年（每年一个切片）；（2）节点类型＝参考文献；（3）从每个切片

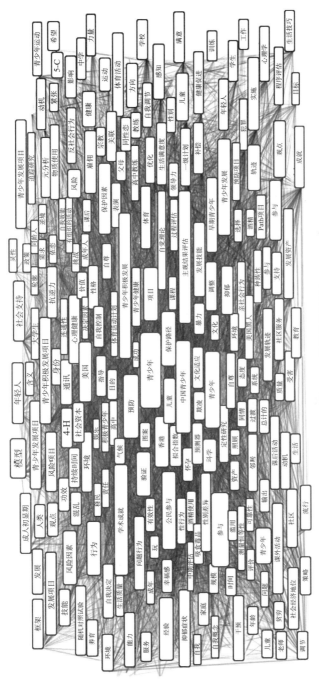

图 4 - 6　关键词共现网络

说明：每个节点代表一个关键词。节点越大，表示关键字的频率越高。每条连线表示两个关键字之间的共现关系。

表 4-4　PYD 领域频次最高的前 20 个关键词

排序	频次	中心值	关键词	排序	频次	中心值	关键词
1	843	0.12	青少年正面成长	11	123	0.04	经验
2	376	0.06	青少年	12	121	0.07	学校
3	188	0.04	计划	13	108	0.07	青年
4	186	0.04	儿童	14	104	0.05	影响
5	170	0.05	参与	15	103	0.05	干预
6	170	0.04	行为	16	102	0.01	运动
7	168	0.11	青春期	17	88	0.08	心理健康
8	138	0.01	预防	18	85	0.02	物质使用
9	134	0.04	风险	19	83	0.06	模型
10	130	0.05	健康	20	79	0.04	抗逆力

中选择前 200 个最频繁的节点；（4）修剪 = 默认设置。运行
CiteSpace 后，创建了一个由 2199 个节点和 10154 条连线组成的
网络图谱，以可视化 26 年的时间段。

　　如果参考文献具有较高的 BC 值，则说明其对研究领域的发
展十分重要（Chen，2006）。表 4-5 显示了 PYD 领域共引频次最
多的前十篇参考文献，表 4-6 显示了 PYD 领域 BC 值最高的前十
篇参考文献。

表 4-5　PYD 领域共引频次最多的前十篇参考文献

作者	年份	期刊	共引频次	参考文献题目
Richard M. Lerner et al.	2005	*The Journal of Early Adolescence*	100	Positive Youth Development，Participation in Community Youth Development Programs，and Community Contributions of Fifth-Grade Adolescents：Findings from the First Wave of the 4-H Study of Positive Youth Development

续表

作者	年份	期刊	共引频次	参考文献题目
Edmond P. Bowers et al.	2010	*Journal of Youth and Adolescence*	74	The Five Cs Model of Positive Youth Development: A Longitudinal Analysis of Confirmatory Factor Structure and Measurement Invariance
Peter L. Benson et al.	2006	*Handbook of Child Psychology*	59	Positive Youth Development: Theory, Research, and Applications
Jacquelynne S. Eccles et al.	2003	*Journal of Social Issues*	56	Extracurricular Activities and Adolescent Development
Nicholas L. Holt et al.	2017	*International Review of Sport & Exercise Psychology*	55	A Grounded Theory of Positive Youth Development Through Sport Based on Results from a Qualitative Meta-study
W. Damon	2004	*Annals of the American Academy of Political and Social Science*	47	What is Positive Youth Development?
Joseph A. Durlak et al.	2011	*Child Development*	47	The Impact of Enhancing Students' Social and Emotional Learning: A Meta-Analysis of School-Based Universal Interventions
E. Phelps et al.	2009	*Journal of Applied Developmental Psychology*	47	The Structure and Developmental Course of Positive Youth Development (PYD) in Early Adolescence: Implications for Theory and Practice
Richard M. Lerner et al.	2005	*The Journal of Early Adolescence*	45	Positive Youth Development—A View of the Issues
Peter L. Benson et al.	2011	*Advances in Child Development & Behavior*	44	The Contribution of the Developmental Assets Framework to Positive Youth Development Theory and Practice

表 4-6　PYD 领域 BC 值最高的前十篇参考文献

作者	年份	期刊	共引频次	参考文献题目
D. T L. Shek	2010	*Social Indicators Research*	0.08	Introduction: Quality of Life of Chinese People in a Changing World
G. J. Geldhof et al.	2014	*Journal of Research on Adolescence*	0.08	Creation of Short and Very Short Measures of the Five Cs of Positive Youth Development
Lacey J. Hilliard et al.	2014	*Journal of Youth and Adolescence*	0.08	Beyond the Deficit Model: Bullying and Trajectories of Character Virtues in Adolescence
Richard M. Lerner et al.	2005	*The Journal of Early Adolescence*	0.06	Positive Youth Development, Participation in Community Youth Development Programs, and Community Contributions of Fifth-Grade Adolescents: Findings from the First Wave of the 4-H Study of Positive Youth Development
Jacquelynne S. Eccles et al.	2003	*Journal of Social Issues*	0.05	Extracurricular Activities and Adolescent Development
Jonathan Cohen et al.	2009	*Teachers College Record*	0.05	School Climate: Research, Policy, Practice, and Teacher Education
W. Damon	2004	*Annals of the American Academy of Political and Social Science*	0.05	What is Positive Youth Development?
Richard M. Lerner et al.	2005	*The Journal of Early Adolescence*	0.04	Positive Youth Development—A View of the Issues
David L. DuBois et al.	2011	*Psychological Science in the Public Interest*	0.04	How Effective Are Mentoring Programs for Youth? A Systematic Assessment of the Evidence
Nansook Park	2004	*Annals of the American Academy of Political and Social Science*	0.04	The Role of Subjective Well-Being in Positive Youth Development

为了更好地描述 PYD 的研究热点，将文献共引网络划分为
27 个聚类（见图 4-7），这些聚类名称由标题词自动标记。从最
大的聚类 0、第二大聚类 1 开始，依次按聚类大小降序对聚类进
行编号。一个节点表示一个引用的参考文献，一条连线表示一个
共引关系。该网络的模块化 Q 值为 0.7851（Q>0.7），这非常高，
表明这一网络图谱的聚类可靠性较高。平均轮廓 S 值为 0.2601
（S<0.3），相对较低，主要是由于存在大量小的聚类，影响了总
体轮廓值。

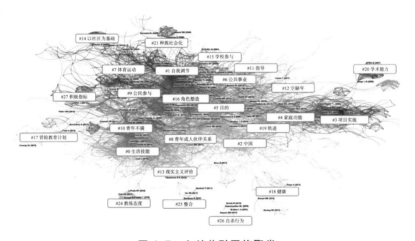

图 4-7　文献共引网络聚类

说明：图中总共生成了 27 个聚类。每个节点表示一个参考文献，每条连
线表示一个共引关系。

突发检测是一种有用的研究方法，因为它可以帮助学者识别
在一定时期内引起特别关注的主题（Zhou et al.，2018）。因此，
本章使用 CiteSpace 的共引文献突发检测技术，共生成了 220 篇突
发文章。表 4-7 列出了 PYD 领域共引频次最多的前 20 篇参考文
献。如果引用频率急剧增加，则参考文献会形成突现（Zhou et
al.，2018）。表 4-8 列出了近期突现参考文献（2015~2020 年）。
这些参考文献可用于调查研究前沿和预测研究趋势（Liu et al.，
2019）。

表 4-7　PYD 领域共引频次最多的前 20 篇参考文献

排序	突现强度	作者	年份	参考文献题目	开始	结束
1	31.31	R. M. Lerner et al.	2005	Positive Youth Development—A View of the Issues	2005	2013
2	28.58	J. S. Eccles	2003	Extracurricular Activities and Adolescent Development	2004	2010
3	17.67	W. Damon	2004	What is Positive Youth Development?	2007	2012
4	17.52	N. L. Holt et al.	2017	A Grounded Theory of Positive Youth Development Through Sport Based on Results from a Qualitative Meta-study	2018	2020
5	16.26	R. F. Catalano	2003	Raising Healthy Children Through Enhancing Social Development in Elementary School: Results After 1.5 Years	2009	2012
6	16.25	J. L. Roth et al.	2003	Youth Development Programs: Risk, Prevention and Policy	2005	2011
7	16.22	R. M. Lerner et al.	2005	Positive Youth Development, Participation in Community Youth Development Programs, and Community Contributions of Fifth-grade Adolescents: Findings from the First Wave of the 4-H Study of Positive Youth Development	2005	2012
8	15.51	D. T. L. Shek	2007	A Longitudinal Study of Perceived Parental Psychological Control and Psychological Well-being in Chinese Adolescents in Hong Kong	2007	2010
9	14.45	D. T. L. Shek et al.	2007	The Chinese Positive Youth Development Scale: A Validation Study	2007	2010
10	13.23	D. T. L. Shek	2006	Effectiveness of the Tier 1 Program of the Project P. A. T. H. S.: Preliminary Objective and Subjective Outcome Evaluation Findings	2007	2010
11	12.86	P. L. Benson & P. C. Scales	2009	The Definition and Preliminary Measurement of Thriving in Adolescence	2009	2015

续表

排序	突现强度	作者	年份	参考文献题目	开始	结束
12	12. 15	D. Gould & S. Carson	2008	Life Skills Development Through Sport：Current Status and Future Directions	2012	2016
13	11. 54	R. W. Larson	2000	Toward a Psychology of Positive Youth Development	2003	2008
14	11. 39	D. T. L. Shek et al.	2010	Objective Outcome Evaluation of the Project P. A. T. H. S. in Hong Kong：Findings Based on Individual Growth Curve Models	2011	2012
15	11. 04	D. T. L. Shek et al.	2006	Adolescent Developmental Issues in Hong Kong：Relevance to Positive Youth Development Programs in Hong Kong	2006	2012
16	10. 95	D. T. L. Shek & L. Yu	2011	Prevention of Adolescent Problem Behavior：Longitudinal Impact of the Project P. A. T. H. S. in Hong Kong	2012	2013
17	10. 62	D. T. L. Shek & R. C. F. Sun	2007	Subjective Outcome Evaluation of the Project P. A. T. H. S.：Qualitative Findings Based on Experiences of Program Implementers	2008	2010
18	10. 58	S. Gestsdóttir & R. M. Lerner	2007	Intentional Self-regulation and Positive Youth Development in Early Adolescence：Findings from the 4－h Study of Positive Youth Development	2009	2011
19	10. 58	D. T. L. Shek	2006	EDITORIAL：Construction of a Positive Youth Development Project in Hong Kong	2007	2010
20	10. 37	D. T. L. Shek & L. Yu	2007	Subjective Outcome Evaluation of the Project P. A. T. H. S：Descriptive Profiles and Correlates	2008	2010

表 4-8　近期突现参考文献（2015~2020 年）

	突现强度	作者	年份	参考文献题目	开始	结束
1	4. 15	M. R. Weiss et al.	2013	"More Than a Game"：Impact of the First Tee Life Skills Programme on Positive Youth Development：Project Introduction and Year 1 Findings	2015	2020

续表

	突现强度	作者	年份	参考文献题目	开始	结束
2	3.35	C. Trottier & S. Robitaille	2014	Fostering Life Skills Development in High School and Community Sport：A Comparative Analysis of the Coach's Role	2015	2020
3	4.93	N. L. Holt et al.	2017	A Grounded Theory of Positive Youth Development Through Sport Based on Results from a Qualitative Meta-study	2017	2020
4	3.87	P. L. Benson et al.	2011	The contribution of the Developmental Assets Framework to Positive Youth Development Theory and Practice	2016	2020
5	3.53	L. Strachan et al.	2011	A New View：Exploring Positive Youth Development in Elite Sport Contexts	2016	2020
6	3.41	M. H. McDonough et al.	2013	Social Responsibility among Low-Income Youth in Physical Activity-Based Positive Youth Development Programs：Scale Development and Associations with Social Relationships	2016	2020
7	9.41	J. Turnnidge et al.	2014	Positive Youth Development from Sport to Life：Explicit or Implicit Transfer?	2017	2020
8	7.56	J. L. Roth & J. Brooks-Gunn	2016	Evaluating Youth Development Programs：Progress and Promise	2017	2020
9	6.10	M. Camiré et al.	2012	Coaching and Transferring Life Skills：Philosophies and Strategies Used by Model High School Coaches	2017	2020
10	4.26	D. Hellison	2011	Teaching Personal and Social Responsibility Through Physical Activity (3rd edition)	2017	2020
11	3.95	A. E. Chinkov & N. L. Holt	2016	Implicit Transfer of Life Skills Through Participation in Brazilian Jiu-Jitsu	2017	2020
12	3.65	K. Armour & R. Sandford	2013	Positive Youth Development Through an Outdoor Physical Activity Programme：Evidence from a Four-year Evaluation	2017	2020
13	3.48	G. Allen et al.	2015	Enablers and Barriers for Male Students Transferring Life Skills from the Sports Hall into the Classroom	2017	2020

续表

	突现强度	作者	年份	参考文献题目	开始	结束
14	3.34	M. Camiré et al.	2013	A Case Study of a High School Sport Program Designed to Teach Athletes Life Skills and Values	2017	2020
15	17.52	N. L. Holt et al.	2017	A Grounded Theory of Positive Youth Development Through Sport Based on Results from a Qualitative Meta-study	2018	2020
16	8.86	C. Bean & T. Forneris	2016	Examining the Importance of Intentionally Structuring the Youth Sport Context to Facilitate Positive Youth Development	2018	2020
17	8.75	R. D. Taylor et al.	2017	Promoting Positive Youth Development Through School-Based Social and Emotional Learning Interventions: A Meta-Analysis of Follow-Up Effects	2018	2020
18	7.81	N. L. Holt	2016	Positive Youth Development Through Sport（Second Edition）	2018	2020
19	7.60	S. Pierce et al.	2017	Definition and model of life skills transfer	2018	2020
20	6.30	B. Smith & K. R. McGannon	2018	Developing Rigor in Qualitative Research: Problems and Opportunities Within Sport and Exercise Psychology	2018	2020
21	4.33	O. Ciocanel et al.	2017	Effectiveness of Positive Youth Development Interventions: A Meta-Analysis of Randomized Controlled Trials	2018	2020
22	4.33	C. Bean & T. Forneris	2016	Is Life Skill Development a By-Product of Sport Participation? Perceptions of Youth Sport Coaches	2018	2020
23	3.93	B. G. Tabachnick & L. S. Fidell	2013	Using Multivariate Statistics	2018	2020
24	3.80	P. Tolan et al.	2016	Toward an Integrated Approach to Positive Development: Implications for Intervention	2018	2020
25	3.54	J. Coakley	2016	Positive Youth Development Through Sport: Myths, Beliefs, and Realities	2018	2020

续表

	突现强度	作者	年份	参考文献题目	开始	结束
26	3.42	R. M. Lerner et al.	2014	Using Relational Developmental Systems Theory to Link Program Goals, Activities, and Outcomes: The Sample Case of the 4-H Study of Positive Youth Development	2018	2020

四 讨论

（一）青少年正面成长研究合作网络

近年来，人们越来越认识到科学合作的重要性。通过科学合作，可以解决复杂的科学问题，促进知识创造（Sonnenwald，2007）。合作网络分析对于理解学术交流和知识传播至关重要（Chen，2006）。为了提供合作网络和对 PYD 研究的学术影响，本章采用了四种类型的合作网络分析：国家/地区分析、机构分析、作者分析和学科分析。

这项研究表明，关于 PYD 研究的科学出版物主要在美国、中国和加拿大。主要的研究机构也来自中国和美国，这证实了它们对 PYD 贡献的重要性。这一发现与上述"怪异"现象相一致。塔夫茨大学（Tufts University）和香港理工大学（The Hong Kong Polytechnic University）是最具生产力和影响力的机构，因为两家大学的学者发表的有关 PYD 的文章最多，具有很高的价值。与此同时，亚洲国家的机构对 PYD 研究越来越感兴趣。美国和中国等国家（地区）内部的机构之间有着密切的合作。然而，东西方机构之间的跨国合作相对较少。三位杰出的作者组成了三个主要的研究团队。然而，本章发现三个研究团队之间的合作关系并不牢固。香港理工大学石丹理（Daniel T. L. Shek）和塔夫茨大学理查德·勒纳（Richard M. Lerner）是 PYD 研究中最具生产力和影响力的作者，但他们没有直接的合作。在 PYD 研究的初期，跨学科合作是罕见的，但最近，它开始蓬勃发展，涵盖更多领域。在过去五年中，心理学，社会工作，环境科学/生态学，公共、环境和职业健康，家庭研究是跨学科合作的活跃领域。跨学科合作应该是 PYD 未来研究的一个趋势。

（二）青少年正面成长的研究热点

本章通过分析关键词共现和共引文献聚类确定了 PYD 领域的热点话题。从 PYD 定义、PYD 评估和 PYD 理论探索等方面讨论了研究热点。

1. 青少年正面成长（PYD）的定义和内涵

PYD 是一个内涵丰富的广义概念。一些研究者根据他们的不同侧重点对其进行了定义。首先，Damon（2004）指出 PYD 关注个人的潜力，关注优势、能力、兴趣，而不是能力缺陷。Hamilton 等（Hamilton，Hamilton，& Pittman，2004）扩展了这一定义，并阐述了 PYD 的概念，包括发展过程、方法和原则以及实践。Catalano 等（2004）结合现有研究，提出了发展目标/结果导向的定义，包括 15 个方面的目标：联结、抗逆力、行为能力、社会能力、情绪能力、认知能力、道德能力、自决、灵性、自我效能感、明确和积极的身份、未来信念、积极行为认知、亲社会参与和亲社会规范。Lerner 等（2005）还将 PYD 定义为一种朝着全面、健康和成功方向发展的努力。然而，PYD 的概念主要基于西方概念，很少有人尝试跨文化整合相关概念。

2. 青少年正面成长（PYD）的评估方法

PYD 的评估一直是学者关注的问题。PYD 的评估已经从最初的定性研究和对 PYD 某些维度的问卷调查的探索，发展到形成成熟的测量工具。然而，由于 PYD 有多种定义和结构，研究人员通常采用不同的调查问卷。现在常用多指标独立测量或多维综合测量。对于多指标独立测量，采用两个或多个 PYD 指标进行独立测量。其中，5C 结构包括五个维度（能力、信心、联系、性格和关心），是最常用的工具之一（Lerner et al.，2005）。该量表具有坚实的理论基础和完善的结构，具有良好的信度和效度，并已经通过长期追踪研究得到了验证。此外，还开发了简略版本和超简略版本，这些版本具有较高的适用性和可推广性（Geldhof et al.，2014）。除评估外，PYD 项目在香港地区（Ma，Shek，& Chen，2019）和内地（Zhu & Shek，2020）的评估研究也越来越普遍。

3. 青少年正面成长（PYD）的相关理论探索

随着研究的不断发展，PYD 的理论基础正在形成。其理论核心主要基于以下三个问题：如何概念化 PYD；如何推广 PYD；促进 PYD 的机制。因此，PYD 相关理论的发展借鉴了发展系统理论的关键概念，形成了一系列关键思想，涵盖了个人与环境之间的相互作用，以及基于经验证据的最优发展的实现。抗逆力（Lerner et al.，2013；Leipold & Greve，2009；Masten，2007）、发展性资产（Benson，2007；Sesma，Mannes，& Scales，2005）、发展情境主义（Bronfenbrenner，2001；Lerner，2006）和发展关系系统（Bateson & Gluckman，2011；Lerner，2006；Overton，2013）在过去几年一直是 PYD 的研究热点。

4. 心理社会干预与教育实践

青少年正面成长的科学干预强调整合个人和环境（如家庭、学校、社区）的资源，加强个人和环境之间的积极互动。近年来，大量青少年发展机构开展了有影响力的长期 PYD 推广项目。美国的 4H（Hand，Head，Health，Heart）项目是这些项目中最有影响力的。该项目旨在提高公民意识、领导力、责任感和生活技能，并通过长期跟踪研究关注青少年的正面成长（Lerner et al.，2009）。此外，佛罗里达国际大学的"改变生活"项目帮助年轻人处理行为和情绪问题，形成完美的自我认同，并设定学术和职业目标以促进其正面成长（Eichas et al.，2010）。该项目侧重于解决问题，培养技能和优势，以促进全面发展。香港的"共创成长路"项目是中国文化背景下的 PYD 干预项目。该项目为中国香港的初中生开发了一个校本化的 PYD 推广项目。它整合了各种资源，包括研究机构、各级政府、学校和非政府机构，并强调了项目、人员、流程、政策和实施地，以确保质量（Shek & Sun，2013）。该项目是 PYD 理论、科学干预和教育实践有机结合的良好范例。

（三）青少年正面成长的研究前沿

本章通过文献共引分析，对青少年正面成长研究的发展趋势和未来方向进行了评价。2005～2010 年的 PYD 研究趋势侧重于 PYD 的概念（Damon，2004；Lerner et al.，2005）和测量评估方法（Shek，Sin，& Lee，2007；Shek，2007）。2011～2015 年，重点转移到不同机构的项目评估，如 4H（Lerner et al.，2009）和共创成长路（Shek，2007）。2016～2020 年，PYD 的理论逐渐多样化，重点关注发展性资产（Benson，Scales，& Syvertsen，2011）、社会情感学习（Durlak & Dupre，2008）等。此外，通过实际项目，开发了 5C（Competence，Confidence，Character，Connection，Caring）模型（Bowers et al.，2010）。还有一些研究人员关注青少年在体育项目中的发展（Bean & Forneris，2016）。简而言之，PYD 研究已经从对发展资源和结构的基础理论研究转向干预方案的实际应用。

此外，本书认为在过去五年（2015～2019 年）内经历了突现的参考文献是 PYD 研究的最新前沿。表 4-8 中的 26 个近期突现参考文献包括 Holt 等（2017）、Camiré 等（2013）、Benson 等（2011）和 Tolan 等（2016），预计这些文献在未来将继续具有重要意义，因为突现通常是后续研究趋势的预测因子（Fu et al.，2019）。关注 PYD 的应用十分重要，因为 PYD 属性正向影响青少年的发展（Shek，2020），包括学业调整。

（四）青少年正面成长研究中的研究局限

虽然青少年正面成长研究已经取得了丰硕的成果，并进行了理论完善，但仍存在两个研究不足。第一，这项研究一直由西方研究人员和机构主导。最具生产力的作者和机构大多来自西方国家，调查结果和评估主要基于西方儿童和青少年。由于 PYD 模型大多是在西方背景下开发的（Shek, Dou, & Zhu, 2019），而文化是影响青少年发展的一个重要维度（Benson et al., 2006），因此有必要在非西方背景下进行更多研究。Wiium 和 Dimitrova（2019）认为，研究人员应考虑年轻人生活的环境，以确保发展性资产的普遍化。近年来，中国香港的一组研究人员将 PYD 模型应用于中国文化背景下（Shek, Sin, & Lee, 2007；Shek, Ma, & Merrick, 2010；Shek, Dou, & Zhu, 2019；Zhou, Shek, & Zhu, 2020；Zhou et al., 2020）。然而，对来自其他文化背景下青少年的研究仍然缺乏。如果本书希望应用西方 PYD 理论和模型来提高非西方文化背景下青少年的生活质量，那么在未来 PYD 研究中关注文化多样性是很重要的。

第二，必须整合不同学科的知识。虽然 PYD 已经研究了 20 多年，但大规模的跨学科合作仅在最近几年才开始。正如 Cantor 等（2018）所言，对青少年发展的全面理解需要心理学、生物学、神经科学和其他社会科学的整合，需要跨学科合作，以充分利用现有知识的广度和深度。在过去几十年中，由于跨学科工作的重要性越来越得到认可，跨学科研究变得越来越普遍（Noorden, 2015）。正如 Noorden（2015）所指出的，跨学科研究比非跨学科研究具有更长期的影响。因此，跨学科的合作和整合对于 PYD 研究至关重要。

五　结论

本章的研究是对过去二十多年来全球青少年正面成长（PYD）

研究进行的一次科学计量分析。使用 WoS 的数据库，本书发现 PYD 研究已经引起了不同学科研究人员越来越多的关注。本书通过 CiteSpace 使用了多种方法来解决三个研究问题，调查包括以下内容：（1）确认了对 PYD 研究贡献最大的国家/地区、机构和作者，并使用合作网络方法分析了跨学科合作的趋势；（2）通过文献共引分析和关键词共现分析相结合，揭示了 PYD 研究的热点和研究趋势；（3）通过共引文献突发分析，探讨了 PYD 的研究前沿和发展趋势，可视化工具提供了对 PYD 研究领域的深入理解。这些结果为 PYD 研究人员和从业者提供了有价值的信息。

　　然而，研究存在一些局限性。第一，本书只使用了六个在线数据库，因此可能难以考虑到所有的 PYD 研究成果。第二，"Positive-Youth-Development" 是唯一的检索词，该方法有待改进。未来的研究应该使用更灵活的检索词来检索相关研究成果。第三，因为数据库中没有涵盖书籍和书籍章节，所以合作网络分析侧重于期刊文章。此外，一些组织以报告和网络信息的形式发表了成果，也并未纳入本次研究数据集。因此，未来的研究可以纳入更多不同来源的数据进行科学计量分析。

参考文献

Aleixandre-Benavent, R., Aleixandre-Tudò, J. L., Castelló-Cogollos, L., & Aleixandre, J. L. (2019). Trends in scientific research on climate change in agriculture and forestry subject areas (2005-2014). *Journal of Cleaner Production*, 147, 406-418.

Anthony, E. J. (1969). The reactions of adults to adolescents and their behavior. In G. Caplan, & S. Lebovici (eds.), *Adolescence: Psychosocial Perspectives* (p. 2017). New York: Basic Books.

Bateson, P., & Gluckman, P. (2011). *Plasticity, Development and Evolution*. Cambridge: Cambridge University Press.

Bean, C. , & Forneris, T. (2016). Examining the importance of intention-ally structuring the youth sport context to facilitate positive youth development. *Journal of Applied Sport Psychology*, 28 (4), 410-425.

Bean, C. , Kramers, S. , Camiré, M. , Fraser-Thomas, J. , & Forneris, T. (2018). The Program Quality Assessment in Youth Sport (PQAYS) measure development: Initial validity and reliability evidence. *Cogent Social Sciences*, 4, 1-35.

Benson, P. L. (2007). Developmental assets: An overview of theory, re-search, and practice. In R. K. Silbereisen & R. M. Lerner (eds.), *Approaches to Positive Youth Development* (pp. 33-58). America: SAGE Publications Ltd.

Benson, P. L. , Scales, P. C. , & Syvertsen, A. K. (2011). The contribu-tion of the developmental assets framework to positive youth development theory and practice. *Advances in Child Development & Behavior*, 41 (18), 197-230.

Benson, P. L. , Scales, P. C. , Hamilton, S. F. , & Sesman, A. (2006). Positive youth development: Theory, research and applications. In R. M. Lerner, (ed.), *Handbook of Clinical Psychology: Theoretical Models on Human Develop-ment* (Vol. 1, pp. 894-941). New York: Wiley.

Bowers, E. P. , Li, Y. , Kiely, M. K. , et al. (2010). The five Cs model of positive youth development: A longitudinal analysis of confirmatory factor structure and measurement invariance. *Journal of Youth & Adolescence*, 39 (7), 720-735.

Bronfenbrenner, U. (2001). The bioecological theory of human develop-ment. In Author (ed.), *Making Human Beings Human: Bioecological Perspectives on Human Development* (pp. 3-15). Thousand Oaks, CA: Sage Publications.

Camiré, M. , & Santos, F. (2019). Promoting positive youth development and life skills in youth sport: Challenges and opportunities amidst increased profes-sionalization. *Journal of Sport Pedagogy & Research*, 5, 27-34.

Camiré, M. , Kendellen, K. , Rathwell, S. , & Charbonneau, Felber E. (2018). Evaluation of the pilot implementation of the coaching for life skills pro-gram. *International Sport Coaching Journal*, 5, 227-236.

Camiré, M. , Trudel, P. , & Bernard, D. (2013). Coaching and transferring life skills: Philosophies and strategies used by model high school coaches. *Sport Psychologist*, 27 (2), 188-200.

Cantor, P. , Osher, D. , Berg, J. , Steyer, L. , & Rose, T. (2018). Malleability, plasticity, and individuality: How children learn and develop in context. *Applied Developmental Science*, 23 (4), 307-337.

Catalano, R. F. , Breglund, M. L. , Ryan, J. A. , Lonczak, H. S. , & Hawkins, J. D. (2004). Positive youth development in the United States: Research findings on evaluations of positive youth development Programs. *Annals of the American Academy of Political and Social Science*, 591 (1), 98-124.

Catalano, R. F. , Mazza, J. J. , Harachi, T. W. , et al. (2003). Raising healthy children through enhancing social development in elementary school: Results after 1.5 years. *Journal of School Psychology*, 41 (2), 143-164.

Chen, C. M. (2004). Searching for intellectual turning points: Progressive knowledge domain visualization. *Proceedings of the National Academy of Sciences of the United States of America*, 101 (1), 5303-5310.

Chen, C. M. (2006). CiteSpace Ⅱ: Detecting and visualizing emerging trends and transient patterns in scientific literature. *Journal of the American Society for Information Science and Technology*, 57 (3), 359-377.

Chen, C. M. , Hu, Z. , Liu, S. , & Tseng, H. (2012). Emerging trends in regenerative medicine: A scientometric analysis in CiteSpace. *Expert Opinion on Biological Therapy*, 12 (5), 593-608.

Chen, C. M. , Song, I. Y. , Yuan, X. , & Zhang, J. (2008). The thematic and citation landscape of data and knowledge engineering (1985-2007). *Data & Knowledge Engineering*, 67, 234-259.

Damon, W. (2004). What is positive youth development? *Annals of the American Academy of Political and Social Science*, 591 (1), 13-24.

Durlak, J. A. , & Dupre, E. P. (2008). Implementation matters: A review of research on the influence of implementation on program outcomes and the factors affecting implementation. *American Journal of Community Psychology*, 41 (3), 327-350.

Eichas, K. , Albrecht, R. E. , Garcia, A. J. , Ritchie, R. A. , Varela,

A. , Garcia, A. , & Kurtines, W. M. （2010）. Mediators of positive youth de-velopment intervention change: Promoting change in positive and problem out-comes? *Child & Youth Care Forum*, 39 （4）, 211-237.

Ekundayo, T. C. , & Okoh, A. I. （2018）. A global bibliometric analysis of plesiomonas-related research （1990-2017）. *Plos One*, 13 （11）, e0207655.

Freud, A. （1969）. Adolescence as a developmental disturbance. In G. Caplan & S. Lebovici （eds. ）, *Adolescence* （pp. 5-10）. New York: Basic Books.

Fu, L. P. , Sun, Z. H. , He, L. P. , Liu, F. , & Jing, X. L. （2019）. Global long-term care research: A scientometric review. *International Journal of Environmental Research and Public Health*, 16, 2077.

Geldhof, G. J. , Bowers, E. P. , Boyd, M. J. , et al. （2014）. Creation of short and very short measures of the five Cs of positive youth development. *Journal of Research on Adolescence*, 24 （1）, 163-176.

Guo, F. , Li, F. , Lv, W. , & Liu, L. （2019）. Bibliometric analysis of affective computing researches during 1999-2018. *International Journal of Human-Computer Interaction*, 36 （4）, 1-14.

Hall, G. S. （1904）. *Adolescence: Its Psychology and Its Relations to Physi-ology, Anthropology, Sociology, Sex, Crime, Religion, and Education.* New York: Appleton.

Hamilton, S. F. , Hamilton, M. A. , & Pittman, K. J. （2004）. Principles for youth development. In S. F. Hamilton & M. A. Hamilton （eds. ）, *The Youth De-velopment Handbook: Coming of Age in American Communities.* Thousand Oaks, CA: Sage Publications.

Holt, N. L. , Neely, K. C. , Slater, L. G. , et al. （2017）. A grounded theory of positive youth development through sport based on results from a qualita-tive meta-study. *International Review of Sport & Exercise Psychology*, 10 （1）, 1-49.

Jelicic, H. , Bobek, D. L. , Phelps, E. , Lerner, R. M. , & Lerner, J. V. （2007）. Using positive youth development to predict contribution and risk behaviors in early adolescence: Findings from the first two waves of the 4-H study of positive youth development. *International Journal of Behavioral Development*, 31

(3), 263-273.

Jennifer, T. , Jean, C. , & David, J. H. （2014）. Positive youth development from sport to life: Explicit or implicit transfer? *National Association for Physical Education in Higher Education*, 66 （2）, 203-217.

Jiang, Y. , Ritchie, B. W. , & Benckendorff, P. （2019）. Bibliometric visualisation: An application in tourism crisis and disaster management research. *Current Issues in Tourism*, 22 （16）, 1925-1957.

Johnson, S. B. , & Jones, V. C. （2011）. Adolescent development and risk of injury: Using developmental science to improve interventions. *Injury Prevention*, 17 （1）, 50-54.

Kann, L. , McManus, T. , Harris, W. A. , et al. （2016）. Youth risk behavior surveillance—United States, 2015. *MMWR Surveillance Summaries*, 65 （6）, 1-174.

Leipold, B. , & Greve W. （2009）. Resilience: A conceptual bridge between coping and development. *European Psychologist*, 14 （1）, 40-50.

Lerner, R. M. （2002）. *Concepts and Theories of Human Development* （3rd ed.）. Mahwah, NJ: Lawrence Erlbaum Associates.

Lerner, R. M. （2004）. *Liberty: Thriving and Civic Engagement among American Youth*. Thousand Oaks, CA: Sage.

Lerner, R. M. （2006）. Developmental science, developmental systems, and contemporary theories of human development. In R. M. Lerner & W. Damon （eds.）, *Handbook of Child Psychology: Theoretical Models of Human Development* （pp. 1-17）. New Jersey: John Wiley & Sons Inc.

Lerner, R. M. , Agans, J. P. , Desouza, L. M. , & Gasca, S. （2013）. Describing, explaining, and optimizing within-individual change across the life span: A relational developmental systems perspective. *Review of General Psychology*, 17 （2）, 179-183.

Lerner, R. M. , Lerner, J. V. , Almerigi, J. B. , et al. （2005）. Positive youth development, participation in community youth development programs, and community contributions of fifth-grade adolescents: Findings from the first wave of the 4-H study of positive youth development. *The Journal of Early Adolescence*, 25

(1), 17-71.

Lerner, R. M. , Tirrell, J. M. , Dowling, E. M. , et al. (2019). The end of the beginning: Evidence and absences studying positive youth development in a global context. *Adolescent Research Review*, 4, 1-14.

Lerner, R. M. , Von Eye, A. , Lerner, J. V. , & Lewin, Bizan, S. (2009). Exploring the foundations and functions of adolescent thriving within the 4-H study of positive youth development: A view of the issues. *Journal of Applied Developmental Psychology*, 30 (5), 567-570.

Liu, W. , Wang, J. , Li, C. , Chen, B. , & Sun, Y. (2019). Using bibliometric analysis to understand the recent progress in agroecosystem services research. *Ecological Economics*, 156, 293-305.

Ma, C. M. S. , Shek, D. T. L. , & Chen, J. M. T. (2019). Changed in the participants in a community-based positive youth development program in Hong Kong: Objective outcome evaluation using a one-group pretest-posttest design. *Quality of Life Research*, 14, 961-979.

Maslow, G. R. , & Chung, R. J. (2013). Systematic review of positive youth development programs for adolescents with chronic illness. *Pediatrics*, 131 (5), 1605-1618.

Masten, A. S. (2007). Resilience in developing systems: Progress and promise as the fourth wave rises. *Development and Psychopathology*, 19 (3), 921-930.

Mustafee, N. , Katsaliaki, K. , & Fishwick, P. (2014). Exploring the modelling and simulation knowledge base through journal co-citation analysis. *Scientometrics*, 98 (3), 2145-2159.

Niazi, M. , & Hussain, A. (2011). Agent-based computing from multi-agent systems to agent-based models: A visual survey. *Scientometrics*, 89 (2), 479-499.

Nielsen, M. , Haun, D. , Kärtner, J. , & Legare, C. H. (2017). The persistent sampling bias in developmental psychology: A call to action. *Journal of Experimental Child Psychology*, 162, 31-38.

Noorden, R. V. (2015). Interdisciplinary research by the numbers. *Nature*, 525 (7569), 306-307.

Overton, W. F. (2013). A new paradigm for developmental science: Relationism and relational-developmental systems. *Applied Developmental Science*, 17 (2), 94-107.

Phelps, E. , Zimmerman, S. , Warren, A. E. A. , et al. (2009). The structure and developmental course of Positive Youth Development (PYD) in early adolescence: Implications for theory and practice. *Journal of Applied Developmental Psychology*, 30 (5), 571-584.

Santos, F. , Camiré, M. , & Campos, H. (2018). Youth sport coaches' role in facilitating positive youth development in Portuguese field hockey. *International Journal of Sport and Exercise Psychology*, 16, 221-234.

Santos, F. , Camiré, M. , MacDonald, D. J. , Campos H. , Conceição, M. , & Silva, A. (2019). Process and outcome evaluation of a positive youth development-focused online coach education course. *International Sport Coaching Journal*, 6, 1-12.

Sesma, A. , Mannes, M. , & Scales, P. C. (2005). *Positive Adaptation, Resilience, and the Developmental Asset Framework*. New York: Springer US.

Shek, D. T. L. (2007). A longitudinal study of perceived parental psychological control and psychological well-being in Chinese adolescents in Hong Kong. *Journal of Clinical Psychology*, 63 (1), 1-22.

Shek, D. T. L. (2012). Spirituality as a positive youth development construct: A conceptual review. *Scientific World Journal*, 2012, 1-8.

Shek, D. T. L. (2020). Perceptions of adolescents, teachers and parents of life skills education and life skills in high school students in Hong Kong. *Applied Research in Quality of Life*, 16, 1847-1860.

Shek, D. T. L. , & Chai, W. Y. (in press). *The Impact of Positive Youth Development Attributes and Life Satisfaction on Academic Well-being: A Longitudinal Mediation Study*. Frontiers in Psychology.

Shek, D. T. L. , & Ma, C. (2010). Dimensionality of the Chinese positive youth development scale: Confirmatory factor analyses. *Social Indicators Research*, 98, 41-59.

Shek, D. T. L. , & Sun, R. C. (2013). The project P. A. T. H. S. in Hong

Kong: Development, training, implementation, and evaluation. *Journal of Pediatric & Adolescent Gynecolog*, 26 (3), 2-9.

Shek, D. T. L., Dou, D. Y., & Zhu, X. Q. (2019). Positive youth development: Current perspectives. *Adolescent Health Medicine and Therapeutics*, 10, 131-141.

Shek, D. T. L., Ma, Hing K., & Merrick, J. (2010). *Positive Youth Development: Implementation of a Youth Program in a Chinese Context.* New York Hauppauge: Nova Science Publishers.

Shek, D. T. L., Sin, A., & Lee, T. (2007). The Chinese positive youth development Scale: A validation study. *Research on Social Work Practice*, 17, 371-380.

Shiffrin, R. M., & Borner, K. (2004). Mapping knowledge domains. *Proceedings of the National Academy of Sciences*, 101 (1), 5183-5185.

Small, H. (1973). Co-citation in the scientific literature: A new measure of the relationship between two documents. *Journal of the American Society for Information Science*, 24 (4), 265-269.

Song, J. B., Zhang, H. L., & Dong, W. L. (2016). A review of emerging trends in global PPP research: Analysis and visualization. *Scientometrics*, 107 (3), 1111-1147.

Sonnenwald, D. H. (2007). Scientific collaboration. *Annual Review of Information Science and Technology*, 41 (1), 643-681.

Sun, J. F., Zhou, Z. C., Huang, J., & Li, G. X. (2020). A bibliometric analysis of the impacts of air pollution on children. *International Journal of Environmental Research and Public Health*, 17 (4), 1277.

Sylvan, J. K., & Ben, R. M. (1997). What is research collaboration? *Research Policy*, 26 (1), 1-18.

Taskin, Z., & Aydinoglu, A. U. (2015). Collaborative interdisciplinary astrobiology research: A bibliometric study of the NASA astrobiology institute. *Scientometrics*, 103 (3), 1003-1022.

Tian, X., Geng, Y., Sarkis, J., & Zhong, S. (2018). Trends and features of embodied flows associated with international trade based on bibliometric analysis. *Resources Conservation & Recycling*, 131, 148-157.

Tolan, P. , Ross, K. , Arkin, N. , et al. (2016). Toward an integrated approach to positive development: Implications for intervention. *Applied Developmental Science*, 20 (3), 214-236.

UNICEF. (2005). *Childhood under Threat: The State of the World's Children*. New York: United Nations Children's Fund.

UNICEF. (2017). *A Familiar Face: Violence in the Lives of Children and Adolescents*. New York: United Nations Children's Fund.

Van, L. T. (2006). The application of bibliometric analyses in the evaluation of social science research. Who benefits from it, and why it is still feasible. *Scientometrics*, 66 (1), 133-154.

Waid, J. , & Uhrich, M. (2019). A scoping review of the theory and practice of positive youth development. *The British Journal of Social Work*, 0, 1-20.

Waid, J. , & Uhrich, M. (2020). A scoping review of the theory and practice of positive youth development. *The British Journal of Social Work*, 50 (1), 5-24.

Wang, M. X. , Liu, P. , Gu, Z. L. , et al. (2019). A scientometric review of resource recycling industry. *International Journal of Environmental Research and Public Health*, 16 (23), 46-54.

Wang, Z. H. , Zhao, Y. D. , & Wang, B. (2018). A bibliometric analysis of climate change adaptation based on massive research literature data. *Journal of Cleaner Production*, 199, 1072-1082.

Wiium, N. , & Dimitrova, R. (2019). Positive youth development across cultures: Introduction to the special issues. *Child Youth Care Forum*, 48, 147-153.

World Bank. (2000). *World Development Report 2000-2001: Attacking Poverty*. Washington. DC: World Bank Group.

World Bank. (2007). *World Development Report 2007: Development and the Next Generation*. Washington. DC: World Bank Group.

Xu, M. , Williams, P. J. , & Gu, J. J. (2020). Hotspots and trends of technology education in the international journal of technology and design education: 2000-2018. *International Journal of Technology and Design Education*, 30

(2), 207-224.

Yu, D. J. (2015). A scientometrics review on aggregation operator research. *Scientometrics*, 105 (1), 115-133.

Zhou, W. , Kou, A. Q. , Chen, J. , & Ding, B. Q. (2018) . A retrospective analysis with bibliometric of energy security in 2000-2017. *Energy Report*, 4, 724-732.

Zhou, Z. , Shek, D. T. L. , & Zhu, X. (2020). The importance of positive youth development attributes to life satisfaction and hopelessness in Mainland Chinese adolescents. *Frontiers in Psychology*, 11, Article 553313.

Zhou, Z. , Shek, D. T. L. , Zhu, X. , & Dou, D. (2020) . Positive youth development and adolescent depression: A longitudinal study based on mainland Chinese high school students. *International Journal of Environment Research and Public Health*, 17, 44-57.

Zhu, X. , & Shek, D. T. L. (2020) . Impact of a positive youth development program on junior high school students in Mainland China: A pioneer study. *Children and Youth Services Review*, 114, Article 105022.

第五章　通过服务学习提升服务领导力：以农村青少年正面成长项目为例

周　正　穆莉萍　齐少杰

一　引言

大学的使命是教育大学生，培养他们成为更好的公民。随着全球产业转移，制造业与服务业深度融合，我们需要提升适应服务性经济需求的领导能力。石丹理等（Shek，Chung，& Leung，2015）认为，制造业和服务性经济中对领导力的期望和要求有很大的不同。特别是，一般能力、道德品质和关怀倾向的领导素质是有效服务领导者所要具备的内在素养（Shek & Lin，2015；Shek et al.，2018；Zhu & Shek，2021）。虽然在制造业和服务性经济下，领导能力有重叠（例如，解决问题的能力和抗逆力），但一些其他能力要求是不同的。例如，人际沟通技巧在服务性经济中尤其重要，因为简单的下命令和接受命令是不够的。此外，道德品质（如诚信和公平）和关怀在服务性经济中起着非常重要的作用（Shek & Lin，2015）。简而言之，服务领导力（Service Leadership）被定义为在服务性经济下的领导力特质，特指一般的能力、性格和关怀力，通常指在服务他人和社区的过程中展现出来的领导力（Shek，Ma，& Yang，2020）。

服务学习（Service Learning，SL）作为一种教育策略，通过参与社区服务的实践活动，使学生能够在真实世界的情境中应用课堂上学到的知识，同时发展领导力、团队合作、沟通等多方面的技能（Eyler & Giles，1999）。这种实践活动为服务领导力的培养提供了丰富的土壤。高校学生应积极参与社区服务并寻求社会各界对服务学习的支持和帮助（游柱然，2009）。

香港理工大学团队将服务学习的理念积极贯彻到课程中，采用了两种方法来培养本科生的服务领导力素质。首先，他们开发了一门名为"服务领导力"的课程，教授服务领导力的内容，包括领导能力、性格和关怀。在这个课程中，使用体验式的教学和学习方法来最大限度地增加师生之间的互动。大量研究表明，该课程能够增强学生的幸福感和目标感（Leung，Shek，& Dou，2021；Li & Shek，2019；Lin & Shek，2019；Zhu，Shek，& Chan，2021）。该课程曾在 2016 年获得 Quacquarelli Symonds（QS）教学大赛铜奖，并于 2021 年获得金奖。

在此基础上，该团队还开发了另一门名为"通过服务有特殊需要的儿童和家庭来进行服务领导力训练"的服务学习课程。在该课程中，学生首先学习有关服务领导力的基本理论和概念。然后，他们运用在该课程中获得的知识，反思自己的领导能力、性格和关怀他人的能力。以往的研究表明，服务学习可以对学生的服务领导力素质、正面成长特质和幸福感产生积极影响，在新冠疫情发生后亦是如此（Celio，Durlak，& Dymnicki，2011；Lin & Shek，2021；Yorio & Ye，2012）。这门课程还获得了一些著名的国际教学奖项（例如，2017 年 QS 重塑教育金奖）。

虽然"促进青少年全面发展"的概念已经被中国政府提出多年，但中国的教育体系一直被批评为过分强调学术成果，而不是培养学生的实践能力（陈虹霖、张莹，2021）。例如，中国高等教育中的教育教学法大多注重课堂教学，对学生的评价大多基于课程成绩。在学习环境中缺乏社会实践和社区服务，导致学生脱离社区，大学生的社会责任感也较低（陈虹霖、张莹，2021）。研究人员还指出了学生发展成果的一些不足：缺乏理论与实践的整合，学生对社会需求不敏感，职业认同低等（陈虹霖、张莹，2021；李迎生、韩文瑞、黄建忠，2011；姚进忠、蒋尚源，2021）。姚梅林和郭芳芳（2015）特别指出，内地的教育体系对 SL 的重视程度不够，使服务学习课程设计大多不专业，学生往往无法在服务活动中做充分的投入和反思。例如，对中国一所大学的一门服务学习课程的评估发现，尽管本科生的研究能力有所提高，但他们的社交能力和自我评价能力并没有得到显著提高（朱健刚，2020）。简而言之，虽然内地的一些大学提供服务学习课程，但课程体系不系统，评估标准欠缺。在此背景下，将服务学习教育方法引入中国高等教育并开展相关评估具有十分重要的意义（Hong et al.，2020；彭华民、陈学锋、高云霞，2009）。

二　在中国西南农村民族地区推动青少年正面成长项目的重要性

2020 年，全国 0~17 岁少数民族儿童规模为 3459 万人，其中彝族儿童人口在 100 万以上，位居少数民族儿童人口数量第四位（国家统计局等，2023），其规模较为庞大。在中国，彝族人口主要分布在西南地区的凉山彝族自治州，该地区曾是全国的特困地区之一，具有自然条件差、经济基础弱、贫困程度深的复杂特点，相对于其他地区而言，该地区发展较为缓慢。贫困的青少年在认知能力、心理社会能力和学业成就方面极易存在较大风险（Dashiff et al.，2009；杨科，2018）。研究表明，彝族青少年面临许多方面的挑战，如心理健康（马巍莹、郭成，2017）、学习能力（柳娟，2014）、自我评价（陈瑞等，2007）、负面情绪体验（周天梅、龚群英，2011）、辍学（邓诗琪，2019）等。近年来，中国政府高度重视提升凉山彝族居民的生活质量，持续深化针对性的发展举措。搬迁作为扶贫时期的一项重要措施，在当时对该地区的社会发展和人口管理起到了关键作用。然而，搬迁引发的社区融合与适应问题成为影响社区居民及青少年的新挑战（吴晓萍、刘辉武，2020）。

如何促进彝族青少年的全面健康发展？关注彝族青少年的发展问题，并采取一定的预防措施十分必要。有学者认为，许多青少年发展问题出现的共同根源是缺乏发展性资产，如心理社会能力。在过去的几十年里，越来越多的研究集中于促进青少年的正面成长（PYD）（Leman，Smith，& Petersen，2017；Qi et al.，2020；Smith et al.，2013；Synder & Flay，2012）。青少年可以通过建立外部资产（如家庭关系和社区支持）或内部资产（如技能和价值）来获得积极的发展成果（Benson et al.，1998；Shek，Dou et al.，2019；Shek，Ma，& Yang，2020）。Catarano 等（2004）提出了一个青少年正面成长（PYD）理论框架，包括 15 种心理能力，如与健康成人和益友的联系及社交能力等。基于中国青少年的研究表明，PYD 属性可以提高青少年的生活满意度，并与抑郁和绝望呈负相关（Zhou，Shek，& Zhu，2020；Zhou et al.，2021；Zhu & Shek，2020a）。

目前，PYD 干预项目已经在不同的国家和地区开展实施（Taylor et al.，2017）。近年来，香港和内地实施的 PYD 项目在促进青少年健康发展方面也取得了成功（Shek，2014；Shek & Wu，2016；Zhu & Shek，2020a）。例如，自 2005 年以来，"共创成长路"项目已在香港 200 多所高中和社区实施（Shek & Wu，2016）。采用准实验设计对项目进行评估，结果表明，与对照组学生相比，该项目提高了实验组学生的心理能力，减少了其越轨行为（Ma，Shek，& Chen，2019；Ma，Shek，& Leung，2018；Shek & Ma，2012）。在田家炳基金会的资金支持下，内地从 2011~2012 学年开始引入本土化版"共创成长路"项目（Shek，Zhu et al.，2019；Zhu & Shek，2020b）。前后测评估结果显示，该项目对参与者的发展有积极的影响（Shek et al.，2014；Zhu & Shek，2020b）。此外，客观结果评估（Shek & Law，2014）和主观结果评估（Shek，Dou et al.，2019）也表明，该项目有利于参与者的发展。

由于田家炳"共创成长路"项目的课程手册主要用于城市或城镇环境，因此这些材料可能不完全适合中国的农村地区。鉴于此，研究团队成立了一个由香港理工大学和西南财经大学的老师组成的合作研究小组，为学生开展服务学习课程，以开发农村版的田家炳"共创成长路"项目。在农村版项目开发中，来自香港理工大学和西南财经大学的研究人员提供督导，参加服务学习课程的学生对田家炳"共创成长路"项目进行必要的修改，以适应彝族社区的文化和社会经济背景。修改内容主要包括措辞和资料等，具体包括：（1）城市背景下使用的措辞被修改为农村背景下使用的措辞；（2）具有城市社会文化特征的材料被适合农村背景的材料所取代（如在城市背景下引入的学生榜样被另一个成功的农村榜样所取代）。

通过服务学习项目，我们期望服务提供者（大学生）巩固他们的学习（领导能力、品格和关怀的重要性），并对自己的服务领导力品质进行反思。从概念上讲，"共创成长路"农村版的项目内容与服务领导力理论保持一致。例如，项目中所涵盖的心理社会能力与服务领导力理论中的能力因素非常一致，社交能力、灵性和亲社会规范也与服务领导力理论中的"关怀"元素非常契合，在服务领导力中对性格的关注也与青少年正面成长文献中的"道德能力"和"灵性"相一致。

三 本研究

本研究通过服务领导力课程在中国西南少数民族农村社区为青少年提供了"共创成长路"项目服务。该社区是位于大凉山腹地美姑县的易地扶贫搬迁社区，山坡陡，山谷深，交通闭塞，公共服务滞后，曾是凉山最贫困、最困难的扶贫地区。直到2020年5月，该县易地扶贫搬迁工程全部验收竣工，10694户53223人走出大山。如何确保这些搬迁社区居民，特别是青少年，适应新的生活方式和参与社区建设已成为亟须关注的问题。因此，在社区中为彝族青少年开展"共创成长路"项目将有助于他们在这个关键时刻获得更好的发展。

在这项研究中我们希望回答以下几个问题。

（1）参加该项目后，参与者有何变化？

（2）彝族青少年对服务学习项目的整体认知是什么？

（3）参与者对干预项目中的课程有什么看法？

（4）客观结果评估是否与主观结果评估相关？

（5）对于服务提供者（大学生）而言，他们如何看待自己的表现和收获？

四 研究方法与资料收集

（一）参与者和程序

在2020~2021学年，西南财经大学为在校硕士研究生提供了一门名为"儿童青少年社会工作与服务学习"的服务学习课程。课程的内容主要包括：（1）9小时的服务领导力线上课程，包括服务领导力的概念和理论以及积极青少年发展模式；（2）15小时的服务规划和准备协作学习研讨会；（3）在一所邻近中学为青少年进行9小时的服务实践。课程结束后，参与课程的硕士研究生运用课堂所学知识，设计了针对少数民族青少年的服务方案，并于 2021 年 7 月进入少数民族当地社区招募参与者，最终招募了 95 名彝族青少年参加该项目。随后，7 名社会工作专业的硕士研究生向彝族青少年提供了为期 7 天的青少年正面成长的服务（每天 2 小时）（见表 5-1）。最后，共有 79 名彝族青少年参加了所有小组活动，并完成了前测、后测和主客观结果评估（平均年龄 = 14.31 岁，其中女性 48 名）。服务提供者（$N=7$）在服务结束时也使用主客观结果评估表进行了相应的测量。

表 5-1　为期 7 天的青少年正面成长学习项目

	主题	构念	目标	反思问题
1	破冰	介绍	1. 介绍活动的目标、基本原理和一般形式。 2. 建立学生、教师之间的联系并达成协议	
2	EC1.1 EC1.2	情绪控制和表达能力	1. 理解情绪的意义。 2. 尽量用丰富的语言表达不同的情绪，提高情绪管理能力	心情不好后我该怎么办？
3	BO1.1 RE1.1	联结 抗逆力	1. 在学生与导师、乐于助人的朋友和家庭成员之间建立积极的联系。 2. 挖掘来自朋友、家人等的保护因素，增强抗逆力	面对逆境时该怎么办？
4	SE1.1 SE1.2	自我效能感	1. 从学习、衣着和生活习惯等多方面识别和评估自我效能感	成功的意义是什么？
5	ID1.1 BF1.1	明确及正面的身份未来信念	1. 鼓励学生以积极乐观的态度找到自己的人生方向。 2. 强调未来信念的重要性	未来想做什么？如何实现？
6	PN1.2 PI1.1	亲社会规范亲社会参与	1. 引导学生了解自己的社区和文化，形成对家乡和社区的归属感和认同感。 2. 帮助学生了解他们可以为社区做出什么贡献以及它的积极影响	我能为家乡的发展做些什么？
7	结束	总结	总结学生的成长经历，肯定学生成长的变化	

（二）基于服务对象的评估

1. 客观结果评估

在服务前后，参与者完成了包括青少年正面成长品质和生活满意度等在内的一系列测量，如中国青少年正面成长量表的前后测（Shek，Siu，& Lee，2007）。中国青少年正面成长量表共有45个项目，包括联结（4个项目，如"我相信我的家人会在我需要的时候帮助我"）、抗逆力（3个项目，如"我相信生活中的问题可以解决"）、社交能力（3个项目，如"我知道如何与他人沟通"）、积极行为认知（3个项目，如"我帮助他人时，我的同学会接受和支持我"）、情绪控制和表达能力（3个项目，如"当我不开心时，我可以适当地表达我的情绪"）、认知能力（3个项目，如"我知道如何找到问题的原因和解决方案"）、采取行动能力（3个项目，如"我可以表达与他人不同的观点"）、道德（3个项目，如"我履行承诺"）、抉择能力（3个项目，如"我对自己的决定有信心"）、自我效能感（2个项目，如"我能设法做我决定做的事"）、明确及正面的身份（3个项目，如"我有信心"）、未来信念（3个项目，如"我有信心解决未来的任何困难"）、亲社会参与（3个项目，如"我将尽我最大努力为学校和社会做出贡献"）、亲社会规范（3个项目，如"我遵守学校的规则"）和灵性（3个项目，如"我找到了我的人生目标"）。评分为从1（强烈不同意）到6（强烈同意），除了3个灵性项目。对于测量灵性的3个项目，参与者对项目的评分为从1到7。

生活满意度则是通过"生活满意度量表"（SWLS）5个项目进行测量（Diener et al.，1985）。参与者被要求对量表中的项目进行评分，从1（强烈不同意）到6（强烈同意），以报告他们对生活的总体满意度，作为主观幸福感的认知方面，如"我的生活条件非常好"。

2. 主观结果评估

服务结束后，我们使用主观结果评估量表（SOES-SR）（Shek，Ma，& Yang，2020）来评估服务对象对活动质量、教师素质和活动有效性的感知。对活动质量的感知包括 10 个项目，如"活动设计很好""总的来说，我非常喜欢这次活动"。对教师素质的感知包括 10 个项目，如"讲师为上课做了充分的准备""总的来说，我对讲师的评价非常积极"。这两个指标为 6 分制，答案从"强烈不同意"（1）到"强烈同意"（6）。对活动有效性的感知包括 16 个项目，评估积极青少年发展质量的主观改善情况，如"它提高了我的社交能力""它增强了我的自信心"。这是一个 5 分制的量表，要求参与者将他们的意见进行表达，从"毫无帮助"（1）到"非常有帮助"（5）。问卷中增加了三个问题，表现为：（1）你会建议你的朋友参加这个项目吗？（2）你将来还会参加类似的项目吗？（3）总的来说，你对项目满意吗？所有答案均按 5 分制评分。

3. 基于农村版"共创成长路"项目的定性评估

每堂课结束后，要求所有参与者写下他们取得的学习成果，以反映活动的有效性。问题是"你从今天的活动中学到了什么?"，参与者的答案被编码为"肯定"、"否定"和"中性"。一名不知道研究目的的外部评分者被要求对从记录中随机选择的 20% 的答案进行编码。在 85 个编码单元中，只有一个对响应的积极性不一致，可靠性为 98.8%。此外，还根据参与者反映的成果内容将答案编码为不同类别。

（三）基于服务提供者的评估

服务活动完成后，要求服务提供者根据服务提供者主观结果评估量表（SOES-SI）报告他们的感知（Zhu & Shek，2021）。该量表包括三个部分：第一部分询问服务提供者对服务活动（10 项）和自己的表现（10 项）的看法，答案从 1（强烈不同意）到

6（强烈同意）；第二部分要求服务提供者将其对项目的感知有效性进行评分，从1（根本没有帮助）到5（非常有帮助）；第三部分是一个开放性问题，服务提供者可以通过该问题记录他们的反馈（如效果、优势和困难等）。

五　研究结果分析

（一）基于服务对象的评估

首先通过分析参与者青少年正面成长品质和生活满意度的变化来评估项目的有效性，作为客观结果评估（Shek，2014；Li & Shek，2019）。只有完成前测和后测的参与者才被纳入后续分析。参与者的人口统计信息如表5-2所示。表5-2还报告了每个亚组之间青少年正面成长品质（预测试）的差异。如表5-2所示，除母亲受教育水平外，每个亚组之间没有显著差异。

表5-2　参与者的人口统计信息（$N=79$）

变量	类别	人数（人）	占比（%）	PYD（$M\pm SD$）	p
性别	男	31	39.2	4.87±0.54	0.36
	女	48	60.8	4.98±0.55	
民族	汉族	1	1.3	4.50	0.40
	彝族	77	98.7	4.95±0.53	
年级	五年级	18	22.8	4.99±0.37	0.90
	六年级	25	31.6	4.94±0.65	
	七年级	23	29.1	4.92±0.49	
	八年级	11	13.9	4.84±0.58	
	九年级	2	2.5	5.20±0.35	
户籍	农村	60	85.7	4.93±0.51	0.54
	城镇	10	14.3	5.04±0.55	

变量	类别	人数（人）	占比（%）	PYD（$M\pm SD$）	p
寄宿情况	是	43	54.4	4.88±0.52	0.36
	否	36	45.6	4.99±0.53	
父母婚姻状况	在婚	63	79.7	4.99±0.52	0.33
	丧偶	9	11.4	4.64±0.57	
	重组	3	3.8	4.87±0.29	
	其他	4	5.1	4.86±0.54	
父亲受教育水平	小学及以下	58	78.4	4.96±0.53	0.20
	初中/中专	10	13.5	4.87±0.37	
	高中/职高	4	5.4	4.66±0.59	
	大专	1	1.4	5.76	
	本科及以上	1	1.4	4.16	
母亲受教育水平	小学及以下	66	85.7	4.99±0.51	0.01
	初中/中专	7	9.1	4.84±0.43	
	高中/职高	4	5.2	4.13±0.46	
家庭孩子数量	2~4 个	29	36.7	5.00±0.46	0.18
	5~7 个	46	58.2	4.93±0.52	
	8 个及以上	4	5.1	4.48±0.91	

　　为了测试参与者青少年正面成长品质和生活满意度的变化，我们使用重复测量方差分析比较了参与者在测试前和测试后的测量分数，结果如表 5-3 所示。总的来说，参与者的总体青少年正面成长品质显著提高。具体而言，参与者的采取行动能力、明确及正面的身份两个构念在参与项目后显著提高。在四个高阶因子中，参与者的积极认同显著提高，但其他高阶因子的变化不显著。此外，参与者的人口统计数据（年龄、性别和父母受教育水平）对该项目的有效性没有显著影响。

表 5-3　参与者在测试前后的结果变化

变量	前测 M（SD）	后测 M（SD）	F
青少年正面成长品质（总体水平）	4.94（0.53）	5.02（0.58）	4.075 *
高阶因子			
认知行为能力	4.84（0.60）	4.94（0.64）	3.274
亲社会属性	5.06（0.58）	5.14（0.75）	1.446
积极认同	4.71（0.66）	4.86（0.72）	5.862 *
一般 PYD 质量	4.98（0.56）	5.05（0.57）	2.178
具体因子			
联结	5.17（0.57）	5.14（0.64）	0.337
抗逆力	5.15（0.77）	5.16（0.68）	0.028
社交能力	4.83（0.73）	4.84（0.75）	0.021
积极行为认知	4.94（0.69）	4.94（0.73）	0.001
情绪控制和表达能力	4.75（0.63）	4.82（0.84）	0.877
认知能力	4.90（0.66）	4.96（0.76）	0.698
采取行动能力	4.78（0.77）	5.00（0.74）	8.368 **
道德	4.67（0.80）	4.82（0.78）	3.375
抉择能力	4.86（0.77）	4.87（0.72）	0.037
自我效能感	4.90（0.68）	4.96（0.80）	0.497
明确及正面的身份	4.45（0.77）	4.66（0.81）	6.137 *
未来信念	4.96（0.72）	5.06（0.75）	1.946
亲社会参与	5.01（0.64）	5.06（0.78）	0.449
亲社会规范	5.11（0.62）	5.21（0.80）	1.867
灵性	5.46（1.41）	5.68（1.16）	3.639
生活满意度	4.22（0.88）	4.24（0.92）	0.058

* $p<0.05$；** $p<0.01$。

分析参与者对 SOES-SR 的反应，以评估他们对活动内容和活动实施者的主观满意度。他们对活动质量、教师素质和活动有效性的感知平均分数分别为 5.12（$SD=0.67$）、5.40（$SD=0.59$）和 4.31（$SD=0.64$），表明他们对活动质量、教师素质和活动有效性的感知非常积极（见表5-4）。

表5-4 对该项目给予积极评价的学生占比（$N=79$）

单位：人，%

主观评价	积极评价数量 （占比）
对活动质量的感知	
活动目标非常明确	76（96.2）
活动设计很好	76（96.2）
活动安排得很仔细	76（96.2）
课堂气氛非常愉快	76（96.2）
学生之间有很多互动	76（96.2）
上课时我积极参与	65（82.3）
我被鼓励尽全力	75（94.9）
我遇到的学习经历提升了我对活动的兴趣	76（96.2）
总的来说，我对这个项目有非常积极的评价	71（89.9）
总的来说，我非常喜欢这个项目	76（96.2）
对教师素质的感知	
讲师对项目很精通	74（93.7）
讲师为上课做了充分的准备	77（97.5）
讲师的教学技能良好	75（94.9）
讲师表现出良好的专业态度	78（98.7）
讲师非常投入	76（96.2）
讲师鼓励学生参与活动	77（97.5）
讲师关心学生	79（100）
讲师准备在需要时为学生提供帮助	76（96.2）
讲师与学生有很多互动	76（96.2）
总的来说，我对讲师的评价非常积极	77（97.5）
对活动有效性的感知	
它提高了我的社交能力	74（93.7）
它提高了我表达和处理情绪的能力	78（98.7）
它鼓励我与家人、老师和其他参与者加强联系	74（93.7）
它提高了我做出明智选择的能力	72（91.1）

续表

主观评价	积极评价数量 （占比）
它帮助我区分是非	76（96.2）
它增强了我在不利条件下的应变能力	74（93.7）
它增强了我的自信心	72（91.1）
它帮助我以积极的态度面对未来	73（92.4）
它帮助我反思生活	72（91.1）
它提高了我的分析能力	75（94.9）
它增强了我拒绝不良影响的能力	76（96.2）
它帮助我培养了同情心和对他人的关心	74（93.7）
它加深了我对自己的了解	75（94.9）
它鼓励我参与和关心社区	72（91.1）
它增强了我为社会服务的责任感	76（96.2）
它促进了我的全面发展	77（97.5）
总体满意度	
总的来说，你对这个项目满意吗？	76（96.2）
你会建议你的朋友参加这个项目吗？	72（91.1）
你将来还会参加类似的项目吗？	70（88.6）

　　每节活动后，要求参与者用自己的话写下对所学内容的看法。学生的反应被编码为"积极回应"、"消极回应"和"中立回应"。结果表明，大多数学生对每次活动都有积极回应（见表5-5）。需要指出的是，项目质量评价是按照最初参加的学生人数，即95人作为基数进行分析的。

表5-5　对项目做出不同回答的学生人数及占比

单位：人，%

小组活动质量 评价（PC）	积极回应 人数 （占比）	消极回应 人数 （占比）	中立回应 人数 （占比）	缺失值	有效值
小组活动2	81（88.0）	0（0）	11（12.0）	3	92
小组活动3	86（95.6）	0（0）	4（4.4）	5	90

续表

小组活动质量 评价（PC）	积极回应 人数 （占比）	消极回应 人数 （占比）	中立回应 人数 （占比）	缺失值	有效值
小组活动 4	78（91.8）	0（0）	7（8.2）	10	85
小组活动 5	86（100）	0（0）	0（0）	9	86
小组活动 6	81（97.6）	0（0）	2（2.4）	12	83

此外，根据项目内容将定性评估进一步分为几个类别（见表 5-6）。最常见的收获主要表现在自我效能感（"学会了通往成功的道路"，93.0%）、积极的社区参与（"提高了对社区发展责任的认识"，80.7%）以及情绪控制和表达能力（"找到了处理不良情绪的好方法"，78.3%）等方面。例如，在自我效能感方面，一名学生反思了如何努力实现自己的目标，并表示："老师在课堂上的每一句话对我都有启发。老师说，只有努力的人才配拥有更好的生活，在不久的将来通过自己的努力可能会取得一些成功，当然，我们必须坚持。"

表 5-6　服务接受者感知收获的分类

单位：个，%

类别	收获	案例数量 （占比）
情绪控制和 表达能力 （$N=92$）	1. 增强了识别和处理情绪的能力 （如失望、愤怒）	68（73.9）
	2. 找到了处理不良情绪的好方法（例如，找到合理的方式表达情绪；学会沟通；与他人分享；不伤害他人；发泄情绪）	72（78.3）
联结 （$N=90$）	1. 更好地理解父母	40（44.4）
	2. 学会爱和照顾他人	28（31.1）
	3. 增强协作能力	12（13.3）
抗逆力 （$N=90$）	1. 面对逆境时更主动地寻求帮助	48（53.3）
	2. 了解父母是他们的重要保护因素	14（15.6）

续表

类别	收获	案例数量 （占比）
自我效能感 （$N=86$）	1. 学会了通往成功的道路（例如，有目标；勇敢；有信心；自信；乐观；努力工作；与老师多交流；有毅力；管理自己）	80（93.0）
未来信念 （$N=86$）	1. 引发对未来的思考	46（53.5）
积极的社区参与 （$N=83$）	1. 提高了对社区发展责任的认识	67（80.7）
	2. 提出建设家乡的具体措施（例如，保护环境；发展旅游业；保护民族文化）	48（57.8）
一般收获 （$N=92$）	1. 感到高兴	21（22.8）
	2. 提高自我认知能力	16（17.4）
	3. 交了很多朋友	22（23.9）

此外，我们还分析了学生的主观结果评估是否与他们在后测中的积极青少年发展质量相关。在控制人口统计信息和测试前青少年正面成长品质后，回归分析结果表明，参与者主观感知显著预测了青少年正面成长品质的变化，主观感知越积极，青少年的变化越显著。

（二）基于服务提供者的评估

基于服务提供者的主观评估结果如表 5-7 所示。7 位服务提供者对课程质量、他们的表现和课程有效性都给予了积极评价。此外，他们还从服务中获得提升，如表达技能、教学能力和自我成长的提高。

表 5-7　服务提供者对项目给予积极评价的比例

单位：人，%

主观评价	积极评价人数（占比）
课程质量感知	
课程目标非常明确	7（100）

主观评价	积极评价数量（占比）
课程设计很好	7（100）
活动安排得很仔细	7（100）
课堂气氛非常愉快	6（85.7）
参与者之间有很多互动	7（100）
上课时我积极参与	7（100）
该课程具有坚实的理论基础	7（100）
我遇到的学习经历提升了我对课程的兴趣	7（100）
总的来说，我对这个项目有非常积极的评价	7（100）
总的来说，我非常喜欢这门课程	7（100）
自我感知	
我对课程有很好的掌握	7（100）
我为上课做了充分的准备	7（100）
我的教学技能很好	7（100）
我表现出良好的职业态度	7（100）
我很投入	7（100）
我从教学中学到了很多	7（100）
我关心学生	7（100）
我准备好在需要的时候帮助学生	7（100）
我和参与者有很多互动	7（100）
总的来说，我对自己有非常积极的评价	7（100）
对课程有效性的感知	
它提高了参与者的社交能力	7（100）
它提高了参与者表达和处理情绪的能力	7（100）
它鼓励参与者加强与家人、教师和其他参与者的联系	7（100）
它提高了参与者做出明智选择的能力	7（100）
它帮助参与者区分是非	7（100）
它增强了参与者在不利条件下的应变能力	7（100）
它增强了参与者的自信心	7（100）
它帮助参与者以积极的态度面对未来	7（100）

续表

主观评价	积极评价数量（占比）
它帮助参与者反思生活	7（100）
它提高了参与者的分析能力	7（100）
它增强了参与者拒绝不良影响的能力	7（100）
它帮助参与者培养同情心和关心他人	7（100）
它加深了参与者对自己的了解	7（100）
它鼓励参与者参与和关心社区	7（100）
它增强了参与者服务社会的责任感	7（100）
它促进了参与者的全面发展	7（100）
总体满意度	
你会建议学生选修这门课程吗？	7（100）
你将来还会参加类似的课程吗？	7（100）
总的来说，你认为本课程的实施是否会促进你的专业发展（如提高你的工作技能）？	7（100）

六　讨论

本研究是一项开创性的尝试，通过利用田家炳"共创成长路"项目的农村版，为西南农村地区的彝族青少年提供服务。首先，研究发现，服务学习项目为服务接受者的正面成长特质带来了积极的变化。这一发现与之前的服务学习项目产生了同样的结果（D'Arlach，Sánchez，& Feuer，2009；Shek，Yang et al.，2021）。本研究证明服务学习可以在农村地区很好地实施，以促进彝族青少年的正面成长。本研究使用混合方法对服务学习项目的有效性进行评估。结果表明，该项目有效改善了彝族青少年的总体青少年正面成长品质，这一发现与其他不同背景的青少年正面成长项目一致（Zhu & Shek，2020a）。对主观结果评估量表的分析表明，90%以上的彝族青少年认为该项目非常有效。除了客观结果评估外，彝族青少年对每节课的主观定性评估也大多是积极的，他们主动报告了在情绪控制和表达能力、积极的社区参与以及自我效能感等方面的改善。此外，参与者在后测时的总体青少年正面成长品质变化与主观结果评估相关。总之，该项目对彝族青少年的积极影响通过客观和主观评估均得到了证实。

其次，服务提供者也对课程质量、自我感知和课程有效性有积极评价，并认为课程帮助自己更好地了解了服务学习和青少年正面成长的概念。这一结果与内地其他关于服务学习的研究相一致（彭华民、陈学锋、高云霞，2009）。综上所述，上述研究结果表明在中国农村实施的这一服务学习项目是成功的，田家炳"共创成长路"项目的农村版适用于农村背景，未来可进一步检验该项目农村版在中国其他农村地区的适用性。

本研究有几个局限。首先，本研究中的样本并不多，希望在未来能招募更多的青少年参与该项目。其次，鉴于在少数民族社区实施项目的实际困难，项目时间有限，未来希望能够提供更持久的服务，以更好地了解服务学习项目的长期影响。最后，本项目只测量了彝族青少年正面成长品质的前后变化，如果能收集其他维度的评价数据，如学业成绩和教师评价等更客观的指标，将使我们的研究结果更加丰富。此外，鉴于在社区中招募对照组参与者极为困难，尤其是在暑期期间，社区儿童青少年流动性较强，很难召集足够的对照组成员，我们采用了单组前后测实验设计来测量彝族青少年的客观变化，虽然评估结果与之前的青少年正面成长项目研究一致（Shek & Law，2014；Zhu & Shek，2020b），但未来的研究中可增加一个对照组以完善研究设计。

参考文献

陈虹霖、张莹，2021，《线上服务学习实践：疫情中的社会工作实务教育成效研究》，《社会建设》第 4 期。

陈瑞、陈红、刘兰、彭光秀、高笑，2007，《汉、藏、彝族青少年负面身体自我评价比较》，《中国心理卫生杂志》第 7 期。

邓诗琪，2019，《凉山彝族农村青少年辍学风险及行为研究》，硕士学位论文，西南财经大学。

国家统计局、联合国儿童基金会、联合国人口基金，2023，《2020 年中国儿童人口状况：事实与数据》，https://www.stats.gov.cn/zs/tjwh/tjkw/tjzl/202304/P020230419425666818737.pdf，最后访问日期：2024 年 8 月 9 日。

李迎生、韩文瑞、黄建忠，2011，《中国社会工作教育的发展》，《社会科学》第 5 期。

柳娟，2014，《凉山彝族地区青少年科学素养状况及影响因素研究》，硕士学位论文，成都理工大学。

马巍莹、郭成，2017，《族群认同状态与心理健康：来自彝族青少年的证据》，《西南民族大学学报》（人文社科版）第 7 期。

彭华民、陈学锋、高云霞，2009，《服务学习：青年志愿服务与大学教育整合模式研究》，《中国青年研究》第 4 期。

吴晓萍、刘辉武，2020，《易地扶贫搬迁移民经济适应的影响因素——基于西南民族地区的调查》，《贵州社会科学》第 2 期。

杨科，2018，《精准扶贫视域下河南农村贫困地区青少年健康有关危险行为状况调查及影响因素分析》，《中国健康教育》第 10 期。

姚进忠、蒋尚源，2021，《服务学习：社会工作专业阶梯式培育模式的行动研究》，《社会建设》第 4 期。

姚梅林、郭芳芳，2015，《服务学习在中国：现实需要与推进策略》，《北京师范大学学报》（社会科学版）第 3 期。

游柱然，2009，《美国高校服务学习的起源与发展》，《复旦教育论坛》第 7 期。

周天梅、龚群英，2011，《汉羌彝青少年主观幸福比较研究》，《内江师范学院学报》第 2 期。

朱健刚，2020，《服务学习：社会工作教育的通识化》，《学海》第 1 期。

Benson, P. L., Leffert, N., Scales, P. C., & Blyth, D. A. (1998). Beyond the "village" rhetoric: Creating healthy communities for children and adolescents. *Applied Developmental Science*, 2, 138–159.

Bringle, R. , Hatcher, J. , & McIntosh, R. (2006). Analyzing Morton's typology of service paradigms andintegrity. *Michigan Journal of Community Service Learning*, 13 (1), 5-15.

Catalano, R. F. , Breglund, M. L. , Ryan, J. A. , Lonczak, H. S. , & Hawkins, J. D. (2004). Positive youth development in the United States: Research findings on evaluations of positive youth development programs. *Annals of the American Academy of Political and Social Science*, 591 (1), 98-124.

Catalano, R. F. , Fagan, A. A. , Gavin, L. E. , Greenberg, M. T. , Irwin, C. E. , Ross, D. A. , & Shek, D. T. (2012). Worldwide application of prevention science in adolescent health. *The Lancet*, 379 (9826), 1653-1664.

Celio, C. I. , Durlak, J. , & Dymnicki, A. (2011). A meta-analysis of the impact of service-learning on students. *Journal of Experiential Education*, 34 (2), 164-181.

D'Arlach, L. , Sánchez, B. , & Feuer, R. (2009). Voices from the community: A case for reciprocity in servicelearning. *Michigan Journal of Community Service Learning*, 16 (1), 5-16.

Dashiff, C. , DiMicco, W. , Myers, B. , & Sheppard, K. (2009). Poverty and adolescent mental health. *Journal of Child and Adolescent Psychiatric Nursing*, 22 (1), 23-32.

Diener, E. D. , Emmons, Robert A. , Larsen, Randy J. , & Griffin, Sharon. (1985). The Satisfaction With Life Scale. *Journal of Personality Assessment*, 49 (1), 71-75.

Ehrlich, T. (1996). Foreword. In B. Jacoby & Associates (eds.), *Servicelearning in Higher Education: Concepts and Practices* (pp. 11-161). San Francisco: Jossey-Bass.

Eyler, J. , & Giles, D. E. , Jr. (1999). *Where's the Learning in Servicelearning?* Jossey-Bass.

Felix, A. (2016). Using Pre/Post-testing to evaluate the effectiveness of online language programs. *Journal of Second Language Teaching and Research*, 4 (1), 176-193.

Fraser, M. W. , & Wu, S. Y. (2016). Measures of consumer satisfaction in social welfare and behavioral health: A systematic review. *Research on Social Work Practice*, 26 (7), 762-776.

Gilbert, K. E. (2012). The neglected role of positive emotion in adolescent psychopathology. *Clinical Psychology Review*, 32 (6), 467-481.

He, G. M. (2017). The influence of mobile media on the ethnic identity of Yi teenagers: Is based on the investigation of Yi teenagers in Liangshan, Sichuan. *Today's Mass Media*, 25 (11), 88-89.

Hong, L., Peng, S, Q., Xu, K., & Chen, Y. (2020). Design of the service learning course: A practical framework based on design thinking. *Fudan Education Forum*, 18 (5), 63-70.

Jiao, W., Liu, L., Li, R., & Zhao, N. (2016). The Current situation of Child and adolescent psychological problems and intervention in China. *Asian Journal of Medical Sciences*, 7 (3), 15-17.

Leman, Patrick J., Smith, Emilie P., & Petersen, Anne C. (2017). Introduction to the Special Section of Child Development on Positive Youth Development in Diverse and Global Contexts. *Child Development*, 88 (4), 1039-1044.

Lerner, Richard M. (2017). Commentary: Studying and Testing the Positive Youth Development Model: A Tale of Two Approaches. *Child Development*, 88 (4), 1183-1185.

Leung, H., Shek, D. T. L., & Dou, D. (2021). Evaluation of service-learning in project wecan under COVID-19 in a Chinese context. *International Journal of Environmental Research and Public Health*, 18 (7), 35-96.

Leung, J. T. Y., & Shek, D. T. L. (2011). Poverty and adolescent developmental outcomes: A critical review. *International Journal of Adolescent Medicine and Health*, 23 (2), 109-114.

Li, X., & Shek, D. T. L. (2019). Objective outcome evaluation of a leadership course utilising the positive youth development approach in Hong Kong. *Assessment & Evaluation in Higher Education*, 45, 741-757.

Li, Y. S., Han, W. R., & Huang, J. Z. (2011). Development of social work education in China. *Journal of Social Sciences*, (5), 82-90.

Lin, L., & Shek, D. T. L. (2019). Does service leadership education contribute to student well-Being? A quasi-Experimental study based on Hong Kong University students. *Applied Research in Quality of Life*, 14 (5), 1147-1163.

Lin, L. , & Shek, D. T. L. (2021). Serving children and adolescents in need during the COVID - 19 Pandemic: Evaluation of service-Learning subjects with and without face-to-face interaction. *International Journal of Environmental Research and Public Health*, 18 (4), 2114.

Ma, C. M. S. , & Shek, D. T. L. (2017). Objective outcome evaluation of a positive youth development program: The Project P. A. T. H. S. in Hong Kong. *Research on Social Work Practice*, 29 (1), 49-60.

Ma, C. M. S. , Shek, D. T. L. , & Chen, J. M. T. (2019). Changes in the participants in a community-based positive youth development program in Hong Kong: Objective outcome evaluation using a one-group pretest-posttest design. *Applied Research in Quality of Life*, 14, 961-979.

Ma, C. M. S. , Shek, D. T. L. , & Leung, Hildie. (2018). Evaluation of a Positive Youth Development Program in Hong Kong. *Research on Social Work Practice*, 29 (7), 808-819.

Ma, W. Y. , & Guo, C. (2017). Ethnic identity status and mental health: Evidence from Yi teenagers. *Journal of Southwestern University for Nationalities*, 38 (7), 209-213.

Motti-Stefanidi, F. (2017). Immigrant and refugee youth positive adaptation and development. In Lansford, J F. , & Banati, P. (eds.), *Handbook of Adolescent Development Research and Its Impact on Global Policy* (pp. 217-237). Oxford: Oxford University Press.

Qi, S. , Hua, F. , Zhou, Z. , & Shek, D. T. L. (2020). Trends of positive youth development publications (1995 - 2020): A scientometric review. *Applied Research in Quality of Life*, 2, 1-26.

Salkind, N. J. (2010). *Encyclopedia of Research Design*. SAGE Publications Ltd.

Shek, Daniel T. L. , & Ma, C. M. S. (2012). Subjective Outcome Evaluation of the Project P. A. T. H. S. in Different Cohorts of Students. *The Scientific World Journal*, 20 (12), 1-9.

Shek, D. T. L. (2010). Subjective outcome and objective outcome evaluation findings: Insights from a Chinese context. *Social Work Practice*, 20 (3), 293–301.

Shek, D. T. L. (2014). Is subjective outcome evaluation related to objective outcome evaluation? Insights from a longitudinal study in Hong Kong. *Journal of Pediatric and Adolescent Gynecology*, 27, S50–S56.

Shek, D. T. L., & Law, M. Y. M. (2014). Evaluation of the Project P. A. T. H. S. based on the client satisfaction approach: View of the students. *Journal of Pediatric and Adolescent Gynecology*, 27, S2–S9.

Shek, D. T. L., & Lin, L. (2015). Core beliefs in the service leadership model proposed by the Hong Kong institute of service leadership and management. *International Journal on Disability and Human Development*, 14 (3), 233–242.

Shek, D. T. L., & Ma, C. M. S. (2010). Dimensionality of the Chinese positive youth development scale: Confirmatory factor analyses. *Social Indicators Research*, 98, 41–59.

Shek, D. T. L., & Ma, C. M. S. (2014). Validation of a subjective outcome evaluation tool for participants in a positive youth development program in Hong Kong. *Journal of Pediatric and Adolescent Gynecology*, 27, S43–S49.

Shek, D. T. L., & Wu, F. K. (2016). The project P. A. T. H. S. in Hong Kong: Work done and lessons learned in a decade. *Journal of Pediatric and Adolescent Gynecology*, 29 (1), S3–S11.

Shek, D. T. L., Chung, P., & Zhu, X. (2022). Service Leadership as the Backbone of University Social Responsibility. In Poff, D. C. (eds.), *University Corporate Social Responsibility and University Governance*. Springer.

Shek, D. T. L., Chung, P., Lin, L., Leung, H., & Ng, E. C. W. (2018). Service Leadership under the service economy. In J. L. Chin, J. E. Trimble, & J. E. Garcia (eds.), *Global and Culturally Diverse Leaders and Leadership: New Dimensions and Challenges for Business, Education and Society* (pp. 143–161). Emerald Publication.

Shek, D. T. L., Chung, P. P. Y., & Leung, H. (2015). How unique is the service leadership model? A comparison with contemporary leadership approaches. *International Journal on Disability and Human Development*, 14 (3), 217–231.

Shek, D. T. L., Dou, D., Zhu, X., & Chai, W. (2019). Positive youth development: Current perspectives. *Adolescent Health, Medicine and Therapeutics*, 10, 131–141.

Shek, D. T. L., Liang, J., & Zhu, X. (2016). Subjective outcome evaluation of a service leadership subject for university students in Hong Kong. *International Journal of Child Health and Human Development*, 9, 225–232.

Shek, D. T. L., Lin, L., Ma, C. M. S., Yu, L., Leung, J. T. Y., Wu, F. K. Y., Leung, H., & Dou, D. (2021). Perceptions of adolescents, teachers and parents of life skills education and life skills in high school students in Hong Kong. *Applied Research in Quality of Life*, 16 (1), 1847–1860.

Shek, D. T. L., Ma, C. M. S., & Xie, Q. Z. (2017). Evaluation of a community-based positive youth development program based on Chinese junior school students in Hong Kong. *International Journal of Adolescent Medicine and Health*, 29 (1), 5–13.

Shek, D. T. L., Ma, C. M. S., & Yang, Z. (2020). Transformation and development of university students through service-learning: A corporate-community-university partnership initiative in Hong Kong (project WeCan). *Applied Research in Quality of Life*.

Shek, D. T. L., Siu, A. M. H., & Lee, T. Y. (2007). The Chinese positive youth development scale: A validation study. *Research on Social Work Practice*, 17 (3), 371–380.

Shek, D. T. L., Yang, Z., Ma, C. M. S., & Chai, C. W. Y. (2021). Subjective outcome evaluation of service-learning by the service recipients: Scale development, normative profiles and predictors. *Child Indicators Research*, 14 (3), 411–434.

Shek, D. T. L., Yu, L., Sun, R. C. F., Lee, T. Y., Han, X. Y., Li, X. X., & Zhao, X. (2014). Objective outcome evaluation of a positive youth development program in China. *International Journal on Disability and Human Development*, 13 (2), 255–265.

Shek, D. T. L. , Zhu, X. Q. , Leung, J. T. Y. , Lee, T. Y. , & Wu, F. K. Y. （2019）. Evaluation of the Project P. A. T. H. S. in Mainland China: Findings based on student diaries. *Research on Social Work Practice*, 29 （4）, 410–419.

Smith, E. P. , Osgood, D. W. , Caldwell, L. , Hynes, K. , & Perkins, D. F. （2013）. Measuring collective efficacy among children in community-based afterschool programs: Exploring pathways toward prevention and positive youth development. *American Journal of Community Psychology*, 52, 27–40.

Synder, F. J. , & Flay, B. R. （2012）. Positive youth development. In P. M. Brown, M. W. Corrigan, & A. Higgins-D'Alessandro （eds. ）, *The Handbook of Prosocial Education* （pp. 415–443）. New York, NY: Rowman & Littlefield.

Taylor, Rebecca D. , Oberle, Eva, Durlak, Joseph A. , Weissberg, & Roger, P. （2017）. Promoting Positive Youth Development through school-based social and emotional learning interventions: A meta-Analysis of follow-up effects. *Child Development*, 88 （4）, 1156–1171.

UNICEF China. （2018）. Population Status of Ethnic Minority Children in China in 2015. Retrieved January 15, 2022, from https://www. unicef. cn/en/reports/population-status-ethnic-minority-children-china–2015.

Wiium, N. , & Dimitrova, R. （2019）. Positive youth development across cultures: Introduction to the special issue. *Child & Youth Care Forum*, 48 （2）, 147–153.

Yorio, P. L. , & Ye, F. （2012）. A meta-analysis on the effects of service-learning on the social, personal, and cognitive outcomes of learning. *Academy of Management Learning & Education*, 11 （1）, 9–27.

Zhou, Z. , Shek, D. T. L. , & Zhu, X. Q. （2020）. The importance of positive youth development attributes to life satisfaction and hopelessness in Mainland of Chinese adolescents. *Frontiers in Psychology*, 11.

Zhou, Z. , Shek, D. T. L. , Zhu, X. , & Lin, L. （2021）. The influence of moral character attributes on adolescent life satisfaction: The mediating role of responsible behavior. *Child Indicators Research*, 14 （3）, 1293–1313.

Zhu，X．，& Shek，D. T. L. （2020a）. Impact of a positive youth development program on junior high school students in Mainland China：A pioneer study. *Children and Youth Services Review*，114，105022.

Zhu，X．，& Shek，D. T. L. （2020b）. Subjective outcome evaluation of a positive youth development program in Mainland China. *Research on Social Work Practice*，31（3），285-297.

Zhu，X．，& Shek，D. T. L. （2021）. Promoting service leadership qualities and well-being among university students：Evaluation findings in Hong Kong. *Applied Research in Quality of Life*. Advance online publication.

Zhu，X．，Shek，D. T. L，& Chan，C. H. M. （2021）. Promoting service leadership qualities and well-being among university students through an online course during COVID-19 pandemic. *International Journal of Environmental Research and Public Health*，18，8162.

第六章　青少年正面成长项目评估

石丹理　朱小琴　周　正　彭华民　穆莉萍

一　青少年正面成长项目评估策略

系统性的评估是了解青少年正面成长项目成效必不可少的程序。在香港的"共创成长路"项目中，我们采用了多种评估策略进行多角度、全面的项目成效评估。这些评估策略包括：

1. 客观成效评估：基于单组前测-后测设计和随机对照试验评估项目对参与者（学生）的影响。

2. 主观成效评估（学生/导师主观成果评估表）：邀请学生和项目实施者（导师，主要为教师和社工）在完成项目后填写主观成果评估表。研究团队进一步分析了主观成效评估与客观成效评估结果之间的趋同性。

3. 主观成效评估（基于项目实施报告的二手数据分析）：为了更深入地了解项目实施对学生的影响，我们要求导师提交实施报告，总结他们基于项目实施经验以及学生反馈得出的结论（实施报告里需要包括5条结论）。

4. 过程评估：随机选择项目学校对项目实施过程进行系统观察，以了解和评估项目实施细节。

5. 中期评估：为了解实施过程，随机选择一半的参与学校进行中期评估。

6. 定性评估（学生焦点小组）：在随机选择的项目学校中随机选择一些学生参与者，邀请他们进行焦点小组访谈。

7. 定性评估（导师焦点小组）：在随机选择的项目学校中随机选择一些导师，邀请他们进行焦点小组访谈。

8. 定性评估（对导师的深入访谈）：在随机选择的项目学校中随机邀请一些导师，对他们进行长时间的深入访谈。

9. 定性评估（案例研究）：以参与全面实施阶段的项目学校中的七所代表学校的初一年级为基础进行案例研究。

10. 定性评估（学生周记）：邀请参与项目的学生在完成项目后反思他们参加项目的经历以及将所学知识应用于现实生活，并将反思以"日志"形式表达。

11. 网格评估（grid test）：邀请参与项目的学生在完成项目后进行深入访谈，了解他们对项目和自我发展的理解。

基于以上评估策略得到的评估结果一致表明香港"共创成长路"项目在不同实施阶段均有卓越的成效（Shek，2019）：学生和导师都对项目有正面的评价，参与项目也给他们带来了积极的影响。

继香港"共创成长路"项目取得令人鼓舞的成效之后，田家炳基金会出资资助"共创成长路"项目内地版手册的修订和开发工作，该项目得以在内地田家炳中学广泛实施（田家炳"共创成长路"项目）。在田家炳"共创成长路"项目的实施过程中，我们也采用不同策略来评估项目成效。

首先，我们进行了准实验研究，以了解"共创成长路"项目对内地中学生的影响。在项目先导阶段（2011～2014年），准实验研究发现参与"共创成长路"项目的实验组学生比未参与的对照组学生表现出更好的发展结果（Shek，Yu et al.，2014）。全面实施阶段（2015~2018 年）的另一项准实验研究同样也发现实验组的学生比对照组的学生在正面特质、行为发展、心理健康以及幸福感等各方面都有更好的表现（Zhu & Shek，2020）。

其次，我们也采用了主观成效评估策略来收集学生和导师对"共创成长路"项目的主观感受和满意度。例如，在项目先导阶段，Shek 等（Shek，Han et al.，2014）收集了 1049 名学生的主观反馈。结果表明，大部分学生对该项目有非常积极的评价。具体来说，95%以上的受访学生认为参与该项目促进了他们的道德能力（96%）、情绪控制和表达能力（96%）、社交能力（96%）以及整体发展（96%）。此外，94%的参与学生表示他们会向其他同学推荐该项目，97%的参与学生对该项目整体表示满意。在全面实施阶段，Zhu 和 Shek（2021）收集了来自 20480 名参与项目的初中和高中学生的主观评价数据。他们的研究结果显示，超过 90%的参与学生认为"共创成长路"项目提升了他们在逆境中的适应力、社交能力、沟通能力和情绪管理能力，并有效改善了他们与老师、同学和家人的关系。在项目先导阶段和全面实施阶段，我们也收集了导师的主观成效评估数据。结果表明，教授"共创成长路"的导师对该项目的整体设计和内容、项目对参与学生的全面发展的提升作用、执教"共创成长路"对导师自身专业发展的促进作用等各方面都有积极的评价，导师表现出对该项目整体的高满意度。

最后，虽然上述准实验研究和主观成效评估可以定量地反映项目实施对学生和导师的影响，但定量研究结果难以深入揭示参与者具体的、个人的主观经历和体验。因此，我们还应用定性评估进一步了解项目实施的成效。定性评估主要采用学生周记，其结果也证实了学生正面的参与经历以及积极的主观评价和体验。全面实施阶段的项目推行工作于 2018 年夏季圆满完成，有超过

30 家田家炳中学将"共创成长路"纳入课表，规律开课。在此之后，我们继续收集学生主观成效评估（$N = 6653$）和定性评估数据（导师访谈、学生周记）以延续项目评估工作。

此外，上海真爱梦想公益基金会（Adream Foundation）的"梦想课程"项目也将"共创成长路"作为主力推荐项目纳入其中。此项目受到广大教师和同学的欢迎。2015～2021 年，参与学生超过 61 万人次。

由于田家炳"共创成长路"项目主要在城镇地区的中学实施，为了让农村地区的学生也能从中受益，研究团队于 2020 年着手开发农村版手册，并筹备实施农村版"共创成长路"项目。2021 年 7 月，我们于四川凉山美姑县易地扶贫搬迁社区的青少年群体中试点实施了农村版"共创成长路"项目。基于单组前测–后测设计的客观成效评估、学生主观成效评估以及定性评估（学生周记）同样表明，农村版"共创成长路"项目能促进学生的正面成长。同时，参与学生也对该项目有积极的评价（Zhou et al.，2022）。

二　定性评估在青少年正面成长项目中的价值

我们在"共创成长路"项目的成效评估中，不仅使用了定量研究方法，也使用了定性研究方法。社会科学文献中有关定量和定性研究方法的相对优缺点的讨论没有定论（Leung & Shek，2011）。一方面，定量评估策略具有客观性、良好的预测和解释能力、简洁性和能进行精确和复杂分析的优势；另一方面，定性评估的优势是其能促进对个体经历和社会现实的详细、全面、深入的理解，并激励研究者阐明新的见解。Shek（2017）指出，虽然定量评估方法在评估研究中很受欢迎，但学者对其也有一些批评。首先被批评的是定量研究中区分"研究者"和"被研究者"的"二元论"假设。其次，由于个体经历和社会现实是流动和不断变化的，定量研究方法无法深入揭示参与者的主观体验。再次，定量研究方法过于依赖实验室程序或是问卷中的标准化题目，得到的数据过于人为。最后，虽然定量研究方法可以揭示结果或现象，但很难说明产生此结果或现象所涉及的具体过程。

项目成效评估领域的研究者进一步提出，定性研究方法可以弥补定量研究方法的上述不足，使研究者更全面地了解项目实施进程和成果。虽然定性研究方法有不同的分支，如民族志、诠释学、社会建构主义和扎根理论等方法，但定性研究人员通常反对"常见的观点"，并强调需要结合具体背景更深入、更具体、更透彻地理解人类反应和现象的含义。定性研究有十个基本特征，包括自然主义探究（在真实世界和非人工场景中进行研究），归纳分析（基于个案进行推断），整体性视角（反对还原主义），倾向于"厚实"描述和深入探究（理解细节），强调研究者与被调查者的个人接触（研究者与被调查者的关系），相信现实是流动的、不断变化的，强调个体的独特性，聚焦于上下文的理解，维持移情中立（有同理心但没有个人偏见），具有研究设计的灵活性（Shek，2017）。

为了提高定性研究的质量，Shek 等（Shek, Tang, & Han, 2005）提出了使用定性研究方法进行项目成效评估的 12 项原则。其中包括明晰研究基于的哲学理论框架（原则 1），阐述纳入此特定数目及特征的研究对象的理由（原则 2），详细说明数据收集的过程（原则 3），说明研究者可能存在的偏见（原则 4），描述为防止偏见而采取的措施或列明不能消除偏见的论据（原则 5），检验数据分析的信度（原则 6），对研究结果进行三角互证（原则 7），进行同行检查和成员检查，即邀请其他研究人员以及研究对象评价研究（原则 8），提供足够的信息和资料以便对研究进行审计跟踪（原则 9），清楚列出可能存在的对研究结果的其他解释（原则 10），解释负面证据（原则 11）和检讨研究的局限性（原则 12）。采用定性评估方法时，遵循这些原则可以保证研究质量，并提高信效度。

在"共创成长路"项目中，我们也采用了不同的定性评估策略来考察项目成效。特别需要提及的是，学生周记被用于香港"共创成长路"项目（Shek & Sun，2012）、内地田家炳"共创成长路"项目（Shek et al.，2019）以及农村"共创成长路"试点项目（Zhou et al.，2022）。在遵循自愿参与、匿名和保密原则的前提下，我们邀请参与学生在完成一学期的"共创成长路"项目后，用"日志"形式（不少于 200 字）书写他们参与项目的经历、体验、感受、反思和评价。为了丰富我们对"共创成长路"项目参与者个人周记这一定性评估策略的理解，我们将具体介绍一些学生周记的例子。首先，我们将列举在田家炳"共创成长路"项目中收集的学生周记的示例，这些周记体现了学生对参与"共创成长路"项目所带来的各方面益处的认可。随后，我们将介绍参与农村"共创成长路"试点项目的青少年的周记（Zhou et al.，2022）。

田家炳"共创成长路"项目学生周记所揭示的故事

学生周记 1

在这之前，我并不知道性格对我们的交际、生活有什么影响，不知道应该如何接受他人的优缺点，不知道如何与他人建立友好的人际关系，直到我们上了"共创成长路"项目。"共创成长路"项目非常受同学们的欢迎。同学们在"共创成长路"课上大胆发表自己的意见，提出自己在这方面的困惑。我记得在一次"共创成长路"课上，老师谈到了一个特别受同学们关注但同学们对此不了解且有困惑的话题，同学们认真聆听并提出问题、讨论，很快就有了结果。那节课进行得很顺利。还有一次，老师让我们通过小组讨论、制作、合作来认识合作的重要性。在上一节课上，老师让我们通过合作表演来认识性格的类型：好斗型、被动型以及自信果断型。同学们认真地了解并填写了自己想成为哪种类型的人。那节课让我们既学到了很多，也玩到了很多。我在"共创成长路"课上也非常认真和积极，好几次在课上发言，应该算是一个积极发言的人吧！我是很喜欢"共创成长路"项目的，因为它有着"学中玩，玩中学"的特点，这也是我喜欢它的地方。它不仅开拓了我们的思维，让我们善于思考，还让我们对学习、人际有了进一步的了解及更明白如何去维护它。它对我们有着很大的帮助！"共创成长路"项目，我所爱！

学生周记 2

我觉得这个课很好，当我们比较迷茫的时候，有可能在上这个课之后就能理解。我记忆最深的一节课就是谈我们梦想的那一节，我们谁都有梦想，不过不是每一个人都能实现它。梦想是要让我们通过自己不断努力去实现的。就比如说我自己吧。小时候我有过很多的梦想，当护士、医生、一名女兵等。不过长大后慢慢发现这些梦想吧，都不怎么现实，后来也就放弃了。放弃后就没再有过梦想，感觉梦想这个东西对我来说太不现实。不过这学期我又有了新的梦想，只要我努力就能实现，我有梦想就是因为上一次"共创成长路"项目的内容影响了我。那一节上的是关于梦想的，老师叫了很多的同学来分享他们的梦想。看着他们都有自己的梦想，他们在为自己的梦想而努力着，那个时候，我就在反思自己为什么没有梦想，有了梦想为什么不努力去实现它。所以受那节课的影响，我要向着我的梦想去努力了。这个课对我们有很大的帮助，所以我觉得这个课很好。

学生周记 3

这学期的时光悄悄地走了，如捏在手中的沙，一点一点，快速消逝。这个学期我从"共创成长路"项目中学到了很多知识。举个例子，"网上情缘？"从中我学到了我们在网上交友一定要慎重，切莫把自己的个人信息告诉别人，网友约你出来，要委婉地拒绝，或是与家人一同去。上了这一学期的"共创成长路"课，我懂得了很多，也改变了很多：从"共创成长路"课上的放声大笑到被感动得哭红了眼睛；从原本的沉默寡言到与大家其乐融融；从与父母关系紧张到有什么心事都肯说出来；从原来的自卑到现在的自信十足。我学到了很多，人生中难免有挫折，但相信自己才是最大的动力，给自己掌声才是最大的支持！感谢"共创成长路"项目，感谢老师，感谢长期以来关心我的同学，感谢有你！

学生周记4

高一生活已接近尾声，我们即将迎来崭新的高二生活。这也意味着我们要告别"共创成长路"项目。对我而言，"共创成长路"项目意义重大，它教会了我尊敬师长，教会了我感恩父母，教会了我与同学和睦相处，也教会了我如何从容地面对来自生活、学习的压力。老师教我们如何控制和表达自己的情绪，那个时候我与我的舍友发生了一点点矛盾，通过那节课，我明白了很多，于是主动找她和解，我们的问题得到了解决。后来，我们有一个活动是"我的未来我做主"，是关于规划自己未来的一节课，通过这节课，我对自己有了更深层的认识，也反省自己，对未来做出谨慎的规划。老师还让我们对自己进行分析，通过分析让我们清楚自己更适合哪个职业，分析的方面有：社会环境、家庭环境、职业环境。另外，老师让我们做出自己的计划，我通过分析自己，认识到了自己适合干什么，不适合干什么。在上"共创成长路"课的过程中，老师并不是干巴巴地给我们讲大道理，每节课都会有相关主题的视频看，这样一来，极大地提高了同学们的积极性，中间还有游戏互动。通过"共创成长路"项目的学习，我懂得了许多，因此，我觉得每一位同学都应该去重视这门课。

学生周记 5

"共创成长路"课对我们来说是一场特别的课，它不似任课老师般迫切让学生得到知识的灌输，而是用一种创新的方式让我们这些学生接受，并进行深刻的反思，它的内容也在"共创成长路"老师的创造下让我们更明白人生的真谛。通过这几次的"共创成长路"活动体验，我从中学到了很多。比如，在"共创成长路"活动中，我感受到我们的生活充满了七色阳光，但即使在阳光普照的时候，也难免出现短暂的阴霾。成长中的少年，总会有些挥之不去的烦恼，这些烦恼也会逐渐成为我们的负面情绪。"共创成长路"老师不仅让我们交流处理负面情绪的方法，让负能量不要影响我们的生活，还积极教导我们要勇于消除烦恼，带着多彩的梦走向成熟。这堂课使我受益匪浅，受用终身，让我们在面对负能量时不受其困扰，而是努力做一个积极面对生活、学习，充满正能量的青少年。

作为一个学生，我认为学习固然是我们的首要任务，可也不能忽视对人品、性格的培养。这样才会避免"高分低能"的人的出现，正如一些"共创成长路"活动主题："校园禁毒""正确面对负面情绪""未成年男女该不该同居""放松考前压力"等。这些内容不断地丰富了我们的认知世界，有利于我们做出更加正确、理智的选择。同样，对"共创成长路"活动的感受还源于"共创成长路"老师。精心制作的PPT、仔细准备的精练且简洁的话语、温柔谆谆的语气、深刻的道理使我们沉醉在活动中，又使一个个迫切想表达自己观点的学生举起他们的手。最后，谢谢学校为我们安排了数次的"共创成长路"活动，让我们在学校不仅学到了知识，还学习到更多人生的道理，让我们的成长多一些灿烂少一些阴霾。

学生周记 6

从第一次上"共创成长路"课开始，我就对"共创成长路"

课产生了极大的兴趣。它不仅带给我们一些生活中的建议，还给我们带来团结后的喜悦。"共创成长路"活动带给我们一些快乐，通过对上课标题的讨论，我们学到了如何对待生活，这些话题都是我们平时很少接触的，它让我们学会如何成长，它更多地培养我们，让我们成为最好的自己。在这个课堂上，经常有一些小游戏，让我们能够参加并体验团结的力量以及动手能力、思考能力。这对于平时有这些方面兴趣的同学有很大的激励作用。"共创成长路"活动，顾名思义就是大家一起创造美好、分享快乐。它有时带给我们感动、快乐、沉默的感受，让我们有空间思考我们的人生。伴随着我们的共同进步，"共创成长路"活动教会我们如何面对自己的人生，对我们有很大的帮助。我还深刻地记得，老师拿一个书签让我们发挥想象，让它变得更加有意义、有用处。这启发我们平时应该有对生活的观察和思考，更加说明了，需要大家一起努力完成。"共创成长路"活动带给我许多感受，就让我们独自感受它的美吧！

"共创成长路"农村版试点项目学生周记所揭示的故事

有了不好的情绪以后该怎么办？

原表述：明白了情绪以后很开心；理性解决；找到合理的发泄方法；理解和父母的关系；发生冲突的时候要控制自己的情绪；我的情绪是老师一直在鼓励我，我没那么害怕，没那么激动，谢谢老师鼓励我；合理解决，把情绪表达出来，可以听歌、跑步；从今天开始，我们要尊重老师，因为之前的坏情绪跟老师说一声对不起；和朋友分享，写在日记本上；与自己的父母长辈沟通；转移注意力，参加集体活动，求助，自我暗示，自我鼓励，适当发泄，消耗自己的情绪；与他人分享，不伤害他人；控制自己的情绪，慢慢沟通，不选择冷战，因为我觉得冷战不是解决问题的办法。

概括表述：理性解决；学会适当控制情绪；找到合理的发泄方法；学会沟通；与他人分享；不伤害他人；消耗自己的情绪

我在课堂中学到了什么？

原表述：我在课堂中学到了做人的道理；我在课堂中学到了要向自己的目标进攻，永不放弃；在这个暑假，我在课堂中学到了信任、自信、自强、勇敢、力量、支持等，我希望我能一直勇敢下去，这就是我在课堂中学到的；发现自我，超越自我，努力学习，天天向上；我在课堂中学到了人要有信念，要坚持自己的理想，而且要分享；我学到了去分享，每当遇到开心的事或者困难的事，都要学会分享，好让家人朋友分担；我学到了我们要勇敢前进，战胜自己，不断努力；学到了做人要积极发言，树立正确的人生目标；学到了正确认识自己的奋斗目标；我在课堂中学到了控制情绪；我应该做什么？我可以做什么？我在课堂中学到了可以做什么，不能做什么；学到了很多东西，也认识了很多朋友；要学会感恩；要更好地了解自己，增强自信心，做事要有始有终，吃苦耐劳；帮妈妈做家务，好好学习，让父母过上好日子；做人要有目标，不要做咸鱼，要有勇气，奋斗的心；对父母要理解；尊敬父母，孝顺父母，自己要努力坚持不懈；勤奋学习；我在课堂上学到我的人生目标；学到了怎么样做家务；认真听话；勇敢面对现实；学到了很多知识，认识了很多朋友；很多有趣的故事；学到很多知识，如如何乐于助人；学到挺多的。

概括表述：学习如何过有意义的生活；坚持不懈；自信；感恩；忍耐；孝顺；勇于面对现实；如何帮助他人；有助于全面发展

学到的东西对我有什么帮助？

原表述：对我有很大的帮助，能帮助我的一生；对我有帮助的是，知道了父母的辛苦，以后让父母减轻点负担；在课堂上学到了一些东西，对我有很大的帮助，即帮助别人，互相信任，要自信，要坚强去战胜别人；帮助我们解决问题，也学到了思维方面的问题；学到了东西，让我交到了很多新朋友，也学到了如何与父母平静地交流；人生中有谁和你一起走过漫长的日子，大部分是父母；对我有很大的帮助，比如我以前不怎么有自信心，没有很多朋友，但这之后，我交到了很多朋友；以后要关心别人，这样我有困难的时候他们就会帮助我；学到的东西对我有很大的帮助；有让我们体谅父母；帮助是能让我交到更多的朋友，让我更进一步地与家人相处；能让我找到方法；让我懂得，其实父母也不容易，只是很难表达罢了；对我的帮助是让情绪放松；我学到的东西对我朋友有帮助；对我有很大的帮助；学到的东西对我将来有帮助，让我做一个自信的人；学到了感恩他人；帮助我更懂得父母的不易，以及朋友的来之不易，这一切都需要我去珍惜，去珍惜感受的同时，我们也要好好学习，发展自己的个性，放开自我，展现自我；我学会了在今后的日子怎样与朋友老师交流，我学会控制情绪；能让我更加明白父母的爱和朋友的爱；更好地与别人交流沟通，变得自信；我们学到的知识对我们的帮助有很大的差别，每个人都要好好学习，希望我们能更上一层楼；对我以后的人生有极大的帮助，比如控制情绪，为我的人生增添了彩色的一笔；我知道了友谊的可贵，帮助了我珍惜友谊，增进同学感情；激励我成长，得到了勇敢，认识到了朋友的重要性，调整了自己的情绪；让我对以后的生活有了新的希望；让我变得大胆些，可以交到朋友和与父母增进感情；对我很有帮助，我要诚实；帮助我解决问题和困难；辛苦老师，学到很多东西；遇到困难就有帮助；对将来的生活、朋友帮助很大；会站在父母的角度理解父母；教会我如何做人，如何管理自己的情绪，也了解父母的难处；学到的东西对我有很大的帮助，因为我学到了该怎么与家人、朋友、老师相处；对我来说对成长有帮助；学到的东西对我、我对父母的理解有帮助；让我了解到父母也是很辛苦的，让我更了解父母，对我有极大的作用，以后如果我与父母之间闹得不愉快，我会主动道歉，我会去哄他们开心，因为他们也和我一样，曾经爱哭爱闹，虽然他们是我的父母，但是有时候谁生气，我就哄谁，因为他们永远是我的最爱；帮助很大，学会如何运用沟通团结解决问题；学会控制情绪，与他人交流；让自己变成了活泼的人；学习的东西对我帮助很大，知识改变命运；因为老师教我们学会东西，感谢老师帮助我们，很开心。

概括表述：关心、爱护家人和朋友；理解父母；不孤单；主动寻求帮助；感恩；如何和他人更好地相处；学会分享

你觉得自己可以为家乡发展做些什么？

原表述：我可以在我家做个保护家乡的人，我能做到；觉得自己可以为大家干活；让很多人来到我的家乡，让家乡富起来；我觉得自己可以为家乡发展做一些事；让游客懂得爱护花草树木，爱护野生动物，我觉得只能为家乡发展做这些；把我的菜地种些吃的；我觉得自己可以为家乡的发展做介绍风景的事情；保护她，不伤害她；我觉得我可以让我的家乡发展得更大，更美好，让每个人都能好好上学；发展更多；努力学习创造建设家乡；我可以为家乡的发展做环保宣传；做什么都可以；多捡点垃圾，宣传宣传家乡；发展玉米土豆；保护环境，主动捡垃圾；保护环境，绿化森林；随着社会的发展，我们的生活也发生了很大的变化，如环境变好了，但我们还需要进一步改变一下，如果可以改变，那是最好的，同时也要提高素质，我们可以为我们的家乡做宣传，也可以发展自己的民族文化以及民族文字；建设公路经济促进环境改善；为自己的家乡做贡献，好好做他们的榜样，让小朋友们向我们学习；我觉得可以做一些力所能及的事情，比如不扔垃圾，维护民风民俗；提倡保护环境，尽量做到不污染，不扔垃圾；提倡保护环境不乱扔垃圾，宣传文化，做一个文明有礼的人；帮爸爸妈妈干活；做家务，把小事情做好就好了；好好

搞卫生，不让病毒入侵；节约用水，制作宣传标语，禁止玩火；我可以为家乡捡垃圾；我可以为家乡发展很多很多的马；我可以为家乡的发展多种庄稼，这样可以年年有余，交通方便；让他们创业，在社区建篮球场、足球场；宣传家乡，在家乡建舞台，请别人来表演；发展知识和文化，知识改变命运；在荒地上建一个遮风挡雨的地方。

概括表述：保护环境；发展旅游；把自己的小事情做好；做家务；保护民风民俗；不乱丢垃圾；维护好基础设施

三　结论

从上述定性结果可以看出，参与学生对田家炳"共创成长路"项目及农村版"共创成长路"试点项目持非常积极的看法。这些发现与基于其他方法（如准实验研究）的评估结果一致（Zhu & Shek，2020）。这些研究结果为"共创成长路"青少年正面成长项目能够促进内地青少年整体发展的观点提供了强有力的支持（Shek，Lee et al.，2022）。

定量和定性研究方法性质不同且各有优缺点，结合这两种方法混合设计的研究趋势越来越明显，青少年正面成长项目的成效评估研究也不例外。基于实用主义的原则，研究者普遍认为定量和定性研究方法的结合有助于更好地理解和解释现象。这两种方法在香港"共创成长路"项目和内地田家炳"共创成长路"项目中都得到了很好的应用，有助于项目成效的全面评估。我们殷切希望这些评估策略也能在农村版"共创成长路"项目中发挥作用。在我们的初步工作中（Zhou et al.，2022），该策略已被证明是有效的，可以帮助我们了解农村版"共创成长路"项目对参与师生的影响。

鸣谢：本章的撰写由周大福慈善基金会和凯瑟克基金会

以及研究资助局的研究配对基金资助（1.54. xx. 52UK）。

参考文献

Leung, J. T. Y. , & Shek, D. T. L. (2011). Quantitative and qualitative approaches in the study of poverty and adolescent development: Separation or integration? *International Journal of Adolescent Medicine and Health*, 23, 115-121.

Shek, D. T. L. (2017). The use of focus groups in programme evaluation: Experience based on the project P. A. T. H. S. in a Chinese context. In R. S. Barbour & D. L. Morgan (eds.), *A New Era in Focus Group Research* (pp. 129-153). Springer Nature.

Shek, D. T. L. (2019). Impact of the Project P. A. T. H. S. in Hong Kong and China. *Neuropsychiatry (London)*, 9, 2217-2219.

Shek, D. T. L. , & Sun, R. C. F. (2012). Evaluation of the Project P. A. T. H. S. based on students' weekly diaries: Findings from eight datasets. *The Scientific World Journal*, 2012, Article 354254.

Shek, D. T. L. , Han, X. Y. , Lee, T. Y. , & Yu, L. (2014). Subjective outcome evaluation of a positive youth development program in China. *International Journal on Disability and Human Development*, 13, 275-283.

Shek, D. T. L. , Law, M. Y. M. , Zhu, X. , & Merrick, J. (2022). Editorial: Promotion of positive youth development in Mainland China: Tin Ka Ping P. A. T. H. S. Project. *International Journal of Child and Adolescent Health*, 15, 179-184.

Shek, D. T. L. , Tang, V. M. Y. , & Han, X. Y. (2005). Evaluation of evaluation studies using qualitative research methods in the social work literature (1990-2003): Evidence that constitutes a wake-up call. *Research on Social Work Practice*, 15, 180-194.

Shek, D. T. L. , Yu, L. , Sun, R. C. F. , Lee, T. Y. , Han, X. Y. , Li, X. X. , & Zhao, X. (2014). Objective outcome evaluation of a positive youth development program in China. *International Journal on Disability and Human Develop-*

ment, 13, 255-265.

Shek, D. T. L., Zhu, X., Leung, J. T. Y., Lee, T. Y., & Wu, F. K. Y. (2019). Evaluation of the Project P. A. T. H. S. in Mainland China: Findings based on student diaries. *Research on Social Work Practice*, 29, 410-419.

Zhou, Z., Mu, L., Qi, S., & Shek, D. T. L. (2022). Service leadership through serving minority adolescents in rural China using a rural version of a positive youth development program. *Applied Research in Quality of Life*.

Zhu, X., & Shek, D. T. L. (2020). Impact of a positive youth development program on junior high school students in Mainland China: A pioneer study. *Children and Youth Services Review*, 114, 105022.

Zhu, X., & Shek, D. T. L. (2021). Subjective outcome evaluation of a positive youth development program in Mainland China. *Research on Social Work Practice*, 31, 285-297.

第二部分

青少年正面成长构念与实务设计

第七章　与健康成人和益友的联系[*]

理念

本构念是与健康成人和益友的联系，英文为 Bonding，缩写为 BO。人际关系是个人对周围人的依附感和归属感（Catalano et al.，2004）。文献指出人从出生开始便经历不同类型的人际关系（Ainsworth & Bowlby，1991），例如，与父母、兄弟姐妹、同学、朋友及老师的关系等。研究亦指出，如果青少年能与以上这些人维持良好的关系，他们就会有较好的自我形象、自信心、情绪调节能力、解决问题能力、人际沟通技巧等（Howes & Aikins，2002；Pan et al.，2021；Zhang，Cai et al.，2022；Zhang，Pan et al.，2022）。

然而，随着社会的发展，人与人之间的关系渐渐变得疏离。例如，如果青少年没有较好的成长环境，他们就可能做出各种不被社会接受的行为。俗话说"近朱者赤，近墨者黑"，因此，在中学时期协助处于成长阶段的学生与周围健康成人及朋友建立良好的人际关系是特别重要的。

---

* 第一版：李德仁
第二版修订：韩晓燕、赵鑫、陈学芳、陈静
第三版修订：彭华民、潘彦谷

有文献指出，随着青少年的成长和入学，与老师和同学建立亲密的关系可增强他们的自信心以及对学校的投入感（Noller，Feeney，& Peterson，2001），而"信任"则是建立人际关系的过程中不可缺少的元素（Berndt，2002，2004）。此外，帮助青少年掌握选择益友的标准也是非常重要的。

中国农村地区的青少年有其特殊性，一般来说，父母文化水平较低，家庭经济条件较差，有较大比例的留守儿童。受到户籍管理制度和自身经济条件的双重限制，多数进城务工的农民将子女留在农村老家，从而产生了大量的"留守儿童"。据统计，2010 年我国农村 0～17 岁留守儿童总量超过 6000 万人（段成荣等，2013）。夫妇一方或双方在子女养育过程中的缺位所造成的留守儿童问题或青少年发展困境日益显现。父母教育参与缺失和亲子关系疏离是农村留守儿童社会心理发展问题的重要原因（吴愈晓、王鹏、杜思佳，2018）。因此，对于农村地区的儿童和青少年，与教师和同伴建立积极的关系对其健康成长具有更加重要的作用。然而，目前针对中国农村地区青少年的研究和干预项目很少（Shek & Yu，2011；Shek，2014；Shek，Peng，& Zhou，2022）。

本构念共有四个单元，目的是建立学生与老师和益友的关系，让他们彼此信任。单元 BO1.1 着重建立老师与学生以及同学之间的关系，协助学生投入参与此项目。单元 BO1.2 着重提升学生对自我性格的认识，并探讨性格对人际关系的影响。BO1.3 着重教导学生分辨益友和损友以及掌握拒绝诱惑的方法，鼓励学生选择益友和建立健康的朋友关系。单元 BO1.4 的重心为建立学生之间的信任，期望学生能把课堂内体验到的信任关系带到日常生活中去，从而建立更好的朋辈关系。其他建立人际关系的关键因素，如互相帮助及自我披露等（Berndt，2002）将在"亲社会规范"、"社交能力"及"情绪控制和表达能力"

等活动中展开。

参考文献

段成荣、吕利丹、郭静等，2013，《我国农村留守儿童生存和发展基本状况——基于第六次人口普查数据的分析》，《人口学刊》第 3 期。

吴愈晓、王鹏、杜思佳，2018，《变迁中的中国家庭结构与青少年发展》，《中国社会科学》第 2 期。

Ainsworth, M. S., & Bowlby, J. (1991). An ethological approach to personality development. *American Psychologist*, 46 (4), 333-341.

Berndt, T. J. (2002). Friendship quality and social development. *Current Directions in Psychological Science*, 11 (1), 7-10.

Berndt, T. J. (2004). Children's friendships: Shifts over a half-century in perspectives on their development and their effects. *Merrill-Palmer Quarterly*, 50 (3), 206-223.

Catalano, R. F., Haggerty, K. P., Oesterle, S., Fleming, C. B., & Hawkins, J. D. (2004). The importance of bonding to school for healthy development: Findings from the Social Development Research Group. *Journal of School Health*, 74, 252-261.

Howes, C., & Aikins, J. W. (2002). Peer relations in the transition to adolescence. *Advances in Child Development and Behavior*, 29, 195-230.

Noller, P., Feeney, J A., & Peterson, C. (2001). *International Series in Social Psychology: Personal relationships Across the Lifespan*. Psychology Press.

Pan, Y., Zhang, Q., & Liu, G. et al. (2021). Parents' attachment styles and adolescents' regulatory emotional self-efficacy: The mediating role of adolescents' attachment to parents in China. *Applied Research in Quality of Life*. Advance online publication.

Shek, D. T. L. (2014). Where are we and issues for consideration. *Applied Research in Quality of Life*, 9 (3), 465-468.

Shek, D. T. L., & Yu, L. (2011). A review of validated youth prevention and positive youth development programs in Asia. *International Journal of Adolescent Medicine and Health*, 23（4），317-324.

Shek, D. T. L., Peng, H., & Zhou, Z. （2022）. Editorial：Children and adolescent quality of life under socialism with Chinese characteristics. *Applied Research in Quality of Life*, 22, 1-7.

Zhang, J., Cai, Z., & Peng, H. et al. （2022）. Early childhood care trends and associations with child health well-being in China：Evidence from the CHNS 1991 to 2011 Data. *Applied Research in Quality of Life*. Advance online publication.

Zhang, Q., Pan, Y., & Chen, Y. et al. （2022）. Effects of father-adolescent and mother-adolescent relationships on depressive symptoms among Chinese early adolescents. *Applied Research in Quality of Life*. Advance online publication.

活动单元概览

单元	单元目的	教学目标
亦师亦友 （BO1.1） （40分钟）	建立老师与学生以及同学之间的关系，使学生投入参与此项目	• 认识老师 • 了解师长、朋友的支持在成长过程中的重要性 • 至少对三位不熟悉的同学加深认识，或者认识三位新同学
性格的力量 （BO1.2） （40分钟）	提升学生对自我性格的认识，探讨性格对人际关系的影响	• 了解三种不同类型的性格 • 明白性格对人关系的影响
朋友交叉点（BO1.3） （40分钟）	教导学生分辨益友和损友，掌握拒绝诱惑的方法，鼓励学生选择益友，建立健康的关系	• 分辨"益友"与"损友"的决定因素 • 掌握向诱惑说"不"的原则和方法
结伴同行 （BO1.4） （40分钟）	建立学生之间互相信任的友谊	• 明白朋友间互相信任的重要性 • 掌握与同学建立并巩固互相信任关系的方法

BO1.1 亦师亦友 "知己知彼 其乐无穷"

构　　念：与健康成人和益友的联系
对　　象：初一学生
单元目的：建立老师与学生以及同学之间的关系，使学生投入参与此项目
教学目标：1. 认识老师
2. 了解师长、朋友的支持在成长过程中的重要性
3. 至少对三位不熟悉的同学加深认识，或者认识三位新同学
教学工具：个人工作纸："友谊温度计"（附录1）
延伸活动："亲情温度计"（附录2）
成长拼图
教学方法：老师经验分享
小组分享

活动程序：40 分钟

★★＝主要活动

★＝次要活动

活动	步骤	教学工具	时间
Ⅰ. 引起动机	• 老师问："所谓'知彼知己，百战不殆'，这在人际关系中代表什么呢？" • 老师说："今天我要和你们分享一个发生在我的生活里的真实故事，我相信同学们会觉得很有共鸣，不是百战不殆，而是其乐无穷！至于那是什么故事……"		5 分钟
Ⅱ. 老师经验分享"亦师亦友" ★★	目的：透过老师个人披露，提升学生对老师的信任，从而投入参与整个项目 • 老师以读故事的形式，分享一名学生如何由经历困难（如人际关系、学业、家庭等），直到得到别人帮助，并凭着自身努力而获得成功的故事。 • 老师披露故事中那个主角正是自己。这种描述能有效地引起同学的回应和共鸣，同时也能作为一个例子，鼓励学生遇到困难时寻求有效的解决方式。 • 老师总结：每个人在成长阶段都会遇到困难，但得到身边人士的鼓励及通过自身的努力，最后都能获得成功		15 分钟

活动	步骤	教学工具	时间
Ⅲ. 小组分享 "友谊温度计" ★	目的：加深老师与学生及同学们之间的了解 • 简单介绍填写此工作纸的目的（包括认识自己和别人）及原则（答案没有对错之分）。 • 要求学生5分钟内在工作纸上选择最能代表自己的答案，在方格中画上 "√" 号。 • 填写完毕，请学生根据工作纸上的指示，计算 "容易相处指数"。 • 然后请学生与邻近的三位同学分享工作纸上的答案，从而增进相互了解。同时提醒学生如果未得到同学同意，不能随便透露别人的隐私。 • 引导学生讨论如何才能提高自己的 "容易相处指数"	附录1	10分钟
Ⅳ. 总结	• 每个人在成长过程中都会遇到困难，希望学生能与别人多进行经验交流，互相鼓励。 • 祝愿大家能建立良好的友谊。 • 有计划地行动（如主动认识朋友等）		5分钟
Ⅴ. 自我反思	• 老师在课堂结束前，派发 "成长拼图"，让学生静默片刻反思并填写 "成长拼图"。 • 最后，老师应对学生的合作表现加以鼓励和赞赏	成长拼图	5分钟

教学建议

1. 亦师亦友	• 老师的角色除了传授知识外，更重要的是能有生命的传递（传道、授业、解惑），协助学生健康成长，在教学过程中深深体会自我披露，有效地建立师生关系，以便在今后的活动中能与学生有更深入的交流。 • 如果要达到最佳效果，以下因素是成功的关键： （1）学生有兴趣认识老师； （2）学生与老师有基本信任关系； （3）教学环境能让学生集中精神聆听； （4）老师愿意做出真诚的自我披露； （5）建立积极的、能促进学习的师生关系。 • 老师需要知道这一活动是有风险的（学生可能在课后讨论老师的经历、学生不集中精神聆听而浪费了老师的心思等）。

	• 老师分享的经验可集中在求学时期（与学生同龄时），在遇到逆境（如学业成绩不佳、行为不被老师和同伴接纳、家庭遇到困难等）时，如何通过身边人士的支持和自身的努力转化为成功的经验。分享时必须尽可能减少因年龄和时代不同而导致的差异，从而让同学了解老师也经历过学生现在的困难和挣扎。分享时可多注入"情感"，从而赢得学生的"心"。 • 故事中可穿插互动部分，邀请学生选择，如果遇到主角的情况会如何处理（如提供两个答案，让同学举手表态）。到了故事结束时最好邀请学生发表意见。 • 老师在课前应对课堂环境进行评估，如认为难以做出自我披露，则可以预先准备一些个人生活照，在课堂上就照片内容与学生分享。此外，如老师有特殊才能，也可在学生面前一展身手（如用吉他弹奏一首励志歌曲或自制小手工艺品等）
2. 友谊温度计	• 老师可强调"容易相处指数"只是一个参考，更重要的是通过这节课了解自己可在哪些方面做出改善，从而期望学生在参与整个项目后能更健康地成长。 • 有些学生可能只愿意跟熟悉的朋友交换看法，而那些不受欢迎的学生可能很少有人愿意与其交谈，老师应该多鼓励，也可主动与学生交流，表达对每位同学的关心。 • 学生分享个人经验时，老师可鼓励大家不要光比较分数，而是进一步了解同学选择该答案的原因

延伸活动建议

活动	内容	建议
亲情温度计	目的：鼓励学生与家人建立良好关系 在课堂结束后填写工作纸"亲情温度计"（附录2），计算自己的分数，并与家人分享；或就分数较低的项目做出改善	如老师发现学生的"容易相处指数"偏低，必须先了解学生的情况。如有需要则转介该学生给学校社工或心理辅导老师，从而及早帮助学生面对家庭困难
"饭饭"之交	目的：让学生更了解彼此的日常生活，从而建立良好的友谊 鼓励学生于某日的午饭时间带个人的生活照片回校，与同学们分享照片的意义，以加深彼此的了解和认识	如情况许可，可将学生带来的照片贴在黑板报上，让学生有机会欣赏所有同学的照片

附录 1　个人工作纸："友谊温度计"

姓名：_____

请在你认为最合适的答案上画"√"。

		很少	少	一般	多	很多
1	运动的习惯： 如球类活动、游泳等	☐	☐	☐	☐	☐
2	闲暇时与朋友一起： 参加各种有益于身心的活动	☐	☐	☐	☐	☐
3	储蓄和节俭	☐	☐	☐	☐	☐
4	自我检讨	☐	☐	☐	☐	☐
5	关心朋友	☐	☐	☐	☐	☐
6	有稳定的朋友	☐	☐	☐	☐	☐
7	学习新知识	☐	☐	☐	☐	☐
8	面对和解决问题	☐	☐	☐	☐	☐
#9	发脾气	☐	☐	☐	☐	☐
10	信任朋友	☐	☐	☐	☐	☐

容易相处指数：共_____分

附录 1　计算方法

很少：1 分	少：2 分	一般：3 分	多：4 分	很多：5 分（第 1、2、3、4、5、6、7、8 及 10 题）
很少：5 分	少：4 分	一般：3 分	多：2 分	很多：1 分（#第 9 题）

附录 2 延伸活动："亲情温度计"

姓名：＿＿＿＿＿＿＿

请在你认为最合适的答案上画"√"。

		很少	少	一般	多	很多
1	留在家里	☐	☐	☐	☐	☐
2	与家人相处的时间	☐	☐	☐	☐	☐
3	与家人有共同的兴趣	☐	☐	☐	☐	☐
4	关心家人	☐	☐	☐	☐	☐
5	家人关心你	☐	☐	☐	☐	☐
6	父母对自己有期望	☐	☐	☐	☐	☐
7	父母了解自己的感受	☐	☐	☐	☐	☐
8	家人尊重自己的意见和决定	☐	☐	☐	☐	☐
#9	父母之间有争吵	☐	☐	☐	☐	☐
#10	父母向自己发怒	☐	☐	☐	☐	☐

> 容易相处指数：共＿＿＿＿＿＿分

附录 2 计算方法

很少：1 分	少：2 分	一般：3 分	多：4 分	很多：5 分（第 1 至 8 题）
很少：5 分	少：4 分	一般：3 分	多：2 分	很多：1 分（# 第 9、10 题）

成长拼图

单元 BO1.1 亦师亦友　　姓名：_____　　班级：_____　　日期：_____

1. 你曾经经历过什么困难，有寻求别人帮助吗？为什么？

2. 试列举在你遇到困难时，你的朋友和老师曾向你提供的帮助。

3. 指出认识老师、结交朋友，对自己的重要性。

BO1.2 性格的力量　　　　　　　　　　　　"我好，你也好"

构　　念：	与健康成人和益友的联系
对　　象：	初一学生
单元目的：	提升学生对自我性格的认识，探讨性格对人际关系的影响
教学目标：	1. 了解三种不同类型的性格
	2. 明白性格对人际关系的影响
教学工具：	个人工作纸："十大不受欢迎言行选举"（附录1）
	小组工作纸："三人行"（3款）（附录2）
	学生参考资料："性格类型"（附录3）
	成长拼图
教学方法：	小组讨论
	老师引导

活动程序：40 分钟

★★＝主要活动

★＝次要活动

活动	步骤	教学工具	时间
Ⅰ．老师引入（十大不受欢迎言行选举）	• 老师先给学生简单介绍填写此工作纸的目的（工作纸上共有 20 个人的话语），然后请学生于 5 分钟内选择 10 种他们不喜欢的言行。 • 全班投票，统计哪 10 种是学生最不喜欢的言行。 • 老师再请学生以不同的形容词去形容他们所选择的言行。 • 学生回答后，老师可说言行是性格的表现，可询问学生性格为什么影响人际关系，引发学生思考，并带出单元目的	附录 1	10 分钟
Ⅱ．小组讨论（三人行）★★	目的：了解性格对人际关系的影响，反思自己的性格与哪种类型相似 • 学生分为 4 个小组。 • 老师派发工作纸（每组只需派发其中一个个案）。 • 各小组用 5 分钟讨论故事主角的性格及其人际关系特征，然后分别上台表演，重现生活中的场景。 • 表演完毕后，老师请各组汇报讨论结果。 • 老师问学生认为自己跟故事中哪一个人物较相似，并请学生说出原因。 • 老师综合所分享的内容，强调个人性格会影响人际关系	附录 2	10 分钟
Ⅲ．老师讲评（性格类型）★	目的：进一步了解性格对人际关系的影响 • 老师派发给学生参考资料，分辨三种性格类型： （1）好斗型（Aggressive）； （2）被动型（Passive）； （3）自信果断型（Assertive）。 • 老师强调过分好斗或被动的性格都可能导致不良的人际关系，鼓励学生在处理人际关系上学习自信果断型性格。 • 鼓励学生记住"我好，你也好"口诀	附录 3	10 分钟

续表

活 动	步 骤	教学工具	时间
IV. 总结	•指出个人性格在人际关系上扮演着重要的角色。 •鼓励学生不要过分好斗，也不要过分被动。 •建议学生如果发现自己的一些性格特征对人际关系有负面影响，可找朋友或师长交谈，从而改善有关情况		5分钟
V. 自我反思	•老师在课堂结束前，派发"成长拼图"，让学生静默片刻反思并填写"成长拼图"。 •最后，老师应对学生的合作表现加以鼓励和赞赏	成长拼图	5分钟

教学建议

1. 老师引入	•估计多数学生会选择有利于自己的话语（好斗型），老师在课堂后期讲解时，可联系部分投票结果说明"好斗型"性格会如何影响人际关系。 •图片的性格分布如下：

好斗型	1、2、3、5、6、8、9、11、12、13、14、15、17、18、19、20
被动型	4、7、10、16

1. 老师引入	•老师在本课结束前可让学生谨记，如果他们认为某些话语曾让自己不高兴，自己便不要对别人说同样的话（"己所不欲，勿施于人"）
2. 三人行	•老师可问学生小明愿意帮助别人捡物品的原因，是因为小明自己理亏吗？其实是因为他清楚地知道自身的权利并懂得关心别人。 •学生可能较难确定自己的性格类型，建议老师预设情境，例如，被同学弄脏了校服、自己心爱的漫画书被家人扔到垃圾桶等，让学生有具体的情境去思考自身的性格。 •学生可能介意别人对自己的看法，而选择较受欢迎的性格类型，例如，自信果断型。为避免这些情况出现，老师可鼓励学生真诚地表达自己的看法

3. 性格类型	• 活动设计取材于 Gillen，T.（1997）. *Assertiveness*. London：Institute of Personnel and Development。 • 老师可告诉学生这三类性格只是极端的设计，其实大部分人不是只有一种性格，而是会随情况不同表现出不同个性（例如，与对待朋友相比，对待父母时较难以"自信果断型"的性格去应对）。但是，可鼓励学生在环境许可的情况下尽量表现"自信果断型"的性格。 • 老师也要引导学生知道，稳定的言行是性格的表现，青少年正处在性格的形成期，有较强的可塑性，由此可以树立青少年正面成长的信心。 • 为加深学生对三类性格的印象和了解，老师可采用一些家喻户晓的漫画人物、卡通人物或流行电视剧角色代入三类性格中。 • 老师讲评形式可能会比较沉闷，老师可时刻引用"十大不受欢迎言行选举"和"三人行"中的情境加以说明，以增加学生的兴趣。 • 老师在总结时可提示：有些时候，学生可能因为怕被别人说成"装作好学生"，而不愿表现其决断的性格。老师可鼓励学生，时刻记着"我好，你也好"这个口诀，避免变得自大

延伸活动建议

活动	内容	建议
十大受欢迎言行	目的：让学生学会应用"我好，你也好"原则 老师邀请学生从附录1中挑选10种不受欢迎的言行，转化为以"我好，你也好"原则而说出的话语，从而加深学生以"自信果断型"性格来表达自己的意见	老师可通过设立"最佳演绎奖"或"最有创意奖"等形式来鼓励学生

附录 1 个人工作纸："十大不受欢迎言行选举"

姓名：_____

请在以下 20 种"不受欢迎言行"中选出 10 种你认为最不受欢迎的言行。

1.	2.	3.	4.	5.
"都怪你忘记带球了，现在大家都没得玩了！"	"你又迟到啦？不要每次都要我等你好不好?!"	"怎么你这么没用！每次测验都这么低，你看我都得 80 分呢!"	"……（在人面前经常沉默）"	"我还是觉得我的意见比较好!"
□ 投票	□ 投票	□ 投票	□ 投票	□ 投票

6.	7.	8.	9.	10.
"你没有叫他一起出来吗？有没有搞错啊，那我也不去了!"	"嗯……好啦，你说了算吧……"	"我现在很想去逛街，你是不是不想陪我啊?"	"如果不是你，我们就不会输了!"	"我想我还是没空……你还是不要算我这一份了……"
□ 投票	□ 投票	□ 投票	□ 投票	□ 投票

11.	12.	13.	14.	15.
"我说了我现在想看电视，你等我一会不行吗?"	"你这么没用，不用试就知道你不行的，不用试了!"	"把书拿过来给我。"	"我一点也不喜欢这支笔，一点都不好看，给你吧!"	"那又怎么样？不记得怎么了?!"
□ 投票	□ 投票	□ 投票	□ 投票	□ 投票

174

16.	17.	18.	19.	20.
"嗯……不知道……嗯……希望可以吧……嗯……(低着头说)"	"这个人整天不吭一声，不要理他了！"	"你看我多棒，有我肯定赢的啦！"	"跟反应快不快没有关系，他整个人从根本上就有问题！"	"那支笔是我的，还给我！"
□ 投票	□ 投票	□ 投票	□ 投票	□ 投票

我选择这 10 种言行，是因为

_____

_____

附录 2　小组工作纸："三人行之小丽"

请阅读以下故事，并与组员讨论有关问题。

小丽	小丽是初一学生，平时说话大声又直接。有一天，小丽在学校小卖部买了一瓶饮料，转身的时候，不小心撞到身边的一位同学，而且把饮料打翻在这位同学的衣服上。小丽不但没有道歉，反而责怪这位同学怎么不小心打翻了她的饮料，她还要求这位同学赔偿一瓶饮料给她

同学们，你认为小丽……		
受朋友欢迎吗？	[ ] 受欢迎	[ ] 不受欢迎
有没有考虑别人的感受？	[ ] 有考虑	[ ] 没有考虑
有没有考虑自己的感受？	[ ] 有考虑	[ ] 没有考虑
是一个怎样的人？		

附录2　小组工作纸："三人行之小强"

请阅读以下故事，并与组员讨论有关问题。

小强	小强是初一学生，平时说话细声细气的。有一天中午休息的时候，他和往常一样到小卖部去买零食，小强的同班同学突然要求小强为他们买一大堆零食。当时，小强认为自己可以拿得了这一大堆零食，因此他便答应了。久而久之，要求小强帮忙买零食的同学越来越多，小强也经常因为买了零食算错钱，又不好意思跟同学说，就自己补上了。在同学眼中，他是一个很帮得上忙的人

同学们，你认为小强……		
受朋友欢迎吗？	[ ] 受欢迎	[ ] 不受欢迎
有没有考虑别人的感受？	[ ] 有考虑	[ ] 没有考虑
有没有考虑自己的感受？	[ ] 有考虑	[ ] 没有考虑
是一个怎样的人？		

附录 2　小组工作纸："三人行之小明"

请阅读以下故事，并与组员讨论有关问题。

小明	小明是初一学生。有一天，他走到学校走廊的转角位置，有一位同学突然跑出来撞到了他，两个人拿着的文具和书都掉到了地上。虽然那位同学很气愤并破口大骂，但小明仍然平心静气地表达自己对那位同学的关心，而且帮助那位同学捡起地上的文具和书

同学们，你认为小明……		
受朋友欢迎吗？	［　］受欢迎	［　］不受欢迎
有没有考虑别人的感受？	［　］有考虑	［　］没有考虑
有没有考虑自己的感受？	［　］有考虑	［　］没有考虑
是一个怎样的人？		

附录3　学生参考资料："性格类型"

好斗型（Aggressive）

特征：

眼神凌厉，说话大声而直接，容易责怪别人，常常希望在辩论中获胜，并且先顾及自己的需要（很多时候是不自觉的）。

人际关系：

尽管很少顾及别人，与人相处时会使人感觉到不被尊重，但此类性格的人拥有坚定意志，自我意识强

格言："我好，你不好"（例如，小丽）

被动型（Passive）

特征：

与别人很少有眼神接触，说话声量弱小，迟疑、自责、退缩，期望别人明白自己想什么。

人际关系：

能保持良好的人际关系，但往往忽略自己真正的需要

格言："我不好，你好"（例如，小强）

附录 3　学生参考资料："性格类型"

自信果断型（Assertive）

特征：

真正知道自己的权利，同时也会尊重而不侵
犯别人的权利。以温和的声线和眼神与人接
触。愿意聆听别人的意见，并能以尊重的态
度表达自己的意见。

人际关系：

能与别人保持良好的关系，受到别人的爱戴，
同时也能照顾自己和别人的需要

格言："我好，你也好"（例如，小明）

思考问题

你在怎样的情境下会展现出以上三种不同的性格
类型？你希望拥有哪一种性格？为什么？

_____

_____

_____

_____

_____

_____

_____

成长拼图

单元 BO1.2 性格的力量　姓名：_____　班级：_____　日期：_____

1. 好斗型、被动型和自信果断型的性格特征分别是什么？

2. 你想拥有哪种性格的行为？为什么？

3. 你认为你的性格特征对人际关系有什么影响？

BO1.3 朋友交叉点　　　　　　　　　　"近朱者赤 近墨者黑"

构　念：与健康成人和益友的联系
对　象：初一学生
单元目的：教导学生分辨益友和损友，掌握拒绝诱惑的方法，鼓励学生选择益友，
　　　　　建立健康的关系
教学目标：1. 分辨"益友"与"损友"的决定因素
　　　　　2. 掌握向诱惑说"不"的原则和方法
教学工具：老师参考资料："朋友交叉点"简报内容（附录 1）
　　　　　小锦囊："14 个 Say No 的方法"（附录 2）
　　　　　成长拼图
教学方法：全班讨论
　　　　　老师讲解

活动程序：40 分钟

★★＝主要活动

★＝次要活动

活动	步骤	教学工具	时间
I . 引起动机	●老师问："最近在认识朋友上有没有困难？"请学生自由表达意见。		5 分钟

续表

活　动	步　骤	教学工具	时间
	● 带出"近朱者赤，近墨者黑"这一句谚语，再问学生会怎样选择朋友		
Ⅱ. 全班讨论"朋友交叉点"★★	目的：分辨"益友"和"损友" ● 老师播放 PPT 并介绍简报内容，故事为一名初一学生在日常生活中如何选择朋友。 ● 故事中共有两个停顿可以供学生投票选择，老师在每个停顿时应先请学生投票，然后请个别学生分享做此选择的原因。其他学生聆听后，老师再让学生投一次票。接着老师按照学生的投票结果选择下一情境。 ● 经过两次停顿选择以后，故事便结束了（其中有两个是好结局，一个是坏结局）。 ● 老师在故事完成后，可以问学生："益友"和"损友"有什么相同之处（例如，支持自己、愿意与自己分享感受、有共同的兴趣等）。 ● 老师再问学生"益友"和"损友"有什么不同的地方（例如，"损友"不为自己的将来着想、怂恿参与对自己或他人有害的事等）。 ● 老师小结： （1）"益友"和"损友"都会支持自己，只是前者会顾及自己的将来； （2）孔子曰"友直、友谅、友多闻"，鼓励学生选择率直、体谅及知识广博的朋友	附录 1	15 分钟
Ⅲ. 老师讲解"Say No"★	目的：老师教授学生向诱惑"Say No"的方法 ● 老师给每位学生派发小锦囊，问学生锦囊当中有哪些方法可用在刚才的故事或日常生活中。 ● 老师可请学生应用从"单元 BO1.2——性格的力量"中学习到的"自信果断型"性格去学习说"不"。在尊重别人权利的同时，也需要维护自身的权利。在有需要的情况下，学习说"不"以保护自己的权利	附录 2	10 分钟
Ⅳ. 总结	● 鼓励学生选择朋友时要谨慎，认识朋友时遇到问题，可找师长帮忙。 ● 学生应珍惜身边的益友，多向他们学习。 ● 遇到诱惑时，尝试向各种诱惑"Say No"，甚至率直地指出不妥当的地方		5 分钟

续表

活动	步骤	教学工具	时间
Ⅴ．自我反思	●老师在课堂结束前派发"成长拼图"，让学生静默片刻反思并填写"成长拼图"。 ●最后，老师应对学生的合作表现加以鼓励和赞赏	成长拼图	5分钟

教学建议

1. 引起动机	●老师可以在活动开始之前播放一些关于"朋友"的歌曲（如《朋友》等），引起学生参与动机并积极投入本活动
2. "朋友交叉点"	●如场地允许，老师可以把教室的桌椅分成两边。学生做选择时可站到他所选择的一方。这样做一方面能营造学习气氛，另一方面也包含"身体力行"的寓意。 ●如学生的心智发展程度较高，老师则可以在学生做选择的时候，加入一些具有争议性的情境，以启发他们深入思考。例如，当小文选择应不应该"吸烟"时，老师可以进一步演绎：那朋友在小文最需要人帮助时常对他伸出援手，现在已成为他最好的朋友，问学生如何抉择。 ●老师做总结时，可以强调"益友"和"损友"也有相同之处，这能引发学生进行较深入的思考。 ●老师最后可选择播放简报中的另一个结局，让学生了解假如做了另一个选择，结果是会完全不同的
3. "Say No"	●假如老师曾在单元 BO1.1 中自我披露一些对抗诱惑的经验，就可用这些例子作为素材。 ●一般学校只需教授"一般情况"下"Say No"的方法和原则，但在学生背景较为复杂的班级里，则可加强教授"抗拒吸烟或进校外黑帮小团伙"等方面的内容。 ●老师可强调那些"Say No"方法只适用于有违自身权利的情况下使用，但在涉及自身责任（如做功课、准时上课）时，便不能以"Say No"的方法去拒绝。 ●如果时间允许，老师可请学生与邻座的同学以"朋友交叉点"中的场景或校园生活中经常碰到的一些相关案例，演绎"Say No"中的一些拒绝方法，并由另一方做出回应。最后，老师请部分表演能力较强的学生做示范，增强学生运用此方法的信心

延伸活动建议

活　动	内　容	建　议
"好朋友标语"创作大赛	目的：加深学生对"益友"的理解 老师在一个班级内或整个年级中举行标语创作大赛，内容围绕形容好朋友及鼓励大家建立良好关系。 得奖作品可用于以后的活动，或张贴在班级里成为本学期的努力目标	如学生的语文水平有限，可以改为"海报创作大赛"，这也有助于学生发掘语文以外的潜能

附录1　老师参考资料："朋友交叉点"简报内容

场景一

星期六，小文很闷地坐在路边的草地上，很希望有人与他一起玩耍。这时，有两位同学过来邀请他一起玩：一位打扮时髦的同学邀请他去网吧（经询问，现在农村初中学校所在乡镇一般有网吧），另一位穿运动服的同学则邀请他去打篮球。

小文应选择"网吧"，还是"打篮球"呢？

场景二

（当选择网吧）

一个月后，经常与小文一起去网吧的同学在公园里递给他一支烟。

小文会选择"吸烟"，还是"拒绝"呢？

（当选择打篮球）

一个月后，小文通过篮球这项运动认识了很多朋友。有一天，在玩篮球的间隙，一位感情较好的球友递给他一支烟。

小文应该选择"吸烟"，还是不予理会而与其他球员"继续练习"呢？

结局

1.（在"去网吧"及"打篮球"时选择"吸烟"）

小文结果染上烟瘾，并且终日与一群不良学生在一起，最后

183

学习成绩一落千丈，与家人关系每况愈下。

2.（在"去网吧"时选择"拒绝"）

小文决定不再与那个同学经常在一起，并且努力寻找懂得关心自己和别人的好朋友。

3.（在"打篮球"时选择"继续练习"）

小文在一群队友的支持下，不断努力练习，最后成为篮球校队的正式球员，他有资格与队员一起代表学校出去比赛啦！

附录 2 小锦囊："14 个 Say No 的方法"

原则："在尊重别人权利的同时，也需要维护自身的权利。"

以下是一些在日常生活中向诱惑"Say No"的方法：

一般情况下，你可以……

1."我现在没空，不好意思。"
2."我今天放学后约了老师问功课，对不起呀！"
3."今天我已经答应父母放学后马上回家，我想我没有时间和你们一起去了！"
4."对不起，我对这个没有兴趣！"
5."我不想让家里人担心，就先走了！"
6."下星期就要考试，我要回家复习功课！"
7."我星期六有课外补习，不能和你们一起去了！"

如果有人邀请你一起吸烟……你可以……

8."如果被老师发现就是大事！我就不试啦！"
9."我看电视见过吸烟的后果，我就不想试啦。"
10."我不想违反校规，因为那样会被处分的！"
11."不要劝我啦，我没有兴趣！"
12."吸烟会上瘾的，我不想试！"
13."我不想因为好奇而影响一辈子！"
14."我知道这样做会使爸爸妈妈不开心，我不想让他们不开心！"

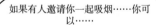

成长拼图

单元 BO1.3 朋友交叉点　姓名：_____　班级：_____　日期：_____

1. 面对损友的诱惑，我可以如何拒绝？试列举五个方法。

2. 除了拒绝损友的诱惑外，我还可以做什么？

3. 试列举益友和损友的相同之处及不同之处（各三个）。

BO1.4 结伴同行　　　　　　　　　　　"互谅有情 互信有义"

构　　念：与健康成人和益友的联系	
对　　象：初一学生	
单元目的：建立同学之间互相信任的友谊	
教学目标：1. 明白朋友间互相信任的重要性	
2. 掌握与同学建立并巩固互相信任关系的方法	
教学工具：视频："中国盲人女飞人刘翠青的故事"（附录 1）	
个人工作纸："信用卡"（附录 2）	
鼓励卡（附录 3）	
成长拼图	
教学方法：老师引导	
全班分享	
学生个人创作	

活动程序：40 分钟

★★ = 主要活动

★ = 次要活动

活动	步骤	教学工具	时间
Ⅰ. 课程导入	1. 老师问：朋友间的信任是否重要，为什么？学生自由回答		3 分钟

续表

活动	步骤	教学工具	时间
Ⅱ．老师引导"刘翠青的故事"★★	目的：从著名人物的故事中懂得信任的重要性。 ●老师与学生分享中国盲人女飞人刘翠青的故事。 ●内容大致讲述双目失明的中国盲人女飞人刘翠青在2021年东京残奥会女子400米T11级项目上刷新残奥会纪录、成功卫冕，最主要的原因是身边有一位她最信任的领跑员徐冬林一直陪伴，那名领跑员在黑暗的世界里成为刘翠青的引航员。 ●最后老师指出信任朋友的重要性	附录1	7分钟
Ⅲ．全班分享"信用卡"★★	目的：从虚构的情境中，检讨导致自己不信任别人的原因。 ●老师引导学生观看"信用卡"工作纸，讲解工作纸的内容，主要是一些使别人不信任主角的情境。 ●学生有5分钟时间想象，如果自己是那位同学，会如何让别人信任自己。 ●填写完毕，请学生与邻座的同学分享。然后老师可请个别同学汇报。 ●老师综合学生意见并做小结： （1）互相尊重、守信和真诚等行为是建立信任的重要基础。 （2）与别人的信任关系就好像一张信用卡，如果长期只是提取别人的信任，终有一天会信用破产的	附录2	15分钟
Ⅳ．学生个人创作（鼓励卡）★★	目的：通过同学们互相赠送鼓励卡来建立信任关系。 ●老师发给每位学生2张"鼓励卡"，要求学生在2分钟内写上鼓励的话。 ●学生把加上自己创作的"鼓励卡"送给： （1）一位你希望巩固信任关系的好朋友； （2）一位你希望建立信任关系但不太熟悉的朋友，借此行动表达渴望建立互信的关系	附录3	5分钟
Ⅴ．总结	●信任别人的重要性。 ●信任关系是要主动去建立的。 ●鼓励身边有需要的人，学习如何建立信任关系		4分钟

活动	步骤	教学工具	时间
Ⅵ. 自我反思	• 老师在这节课结束前派发"成长拼图"，让学生静默片刻反思并填写"成长拼图"。 • 最后，老师应对学生的合作表现加以鼓励和赞赏	成长拼图	6分钟

教学建议

1. 引起动机	• 各单元引起动机部分的案例仅供参考，老师可根据实际需要，转换成与主题相关的、形式更加多样的其他故事、小游戏、图片等
2. "信用卡"	• 较成熟的学生可能在本节课的开始或活动中表示"任何人都知道信任的重要性"，并看轻本节课。这时老师可追问学生"什么是信任"。其实信任可再细分为守信、尊重别人、待人真诚、内外一致及不会利用别人，以取得别人的信任。这正是"信用卡"一环中带出的信息。若学生表示知道信任的重要性，则老师可带领学生于"信用卡"一环探究"信任"深一层的意思。 • 老师可把活动中的情境联系到学生的日常生活当中，以鼓励学生不要只停留在头脑上的认知，而是要在生活中与他人建立互信关系
3. 鼓励卡	• 部分学生可能收不到"鼓励卡"，老师可强调收不到卡不是什么问题，更重要的是学生自己主动地去与别人建立互信关系。 • 如果老师希望每位学生都能收到鼓励卡，可把这部分改为两位同学交换，而名字则可留到待交换时再填上。 • 老师也可请学生自行设计"鼓励卡"送给同学，借此发挥他们的创意

延伸活动建议

活动	内容	建议
信任天使	目的：鼓励学生主动与身边人士建立互信关系。 在本节课结束后，亲自设计"鼓励卡"或"感谢卡"送给长期以来在身边支持和帮助自己的朋友、家人或老师，借此建立互相支持和信任的关系	在秩序混乱的班级里，老师可预先收集"鼓励卡"，以确保卡上所写的是一些鼓励的话。如果老师希望每位同学都收到"鼓励卡"，则可预先为学生做出配对

附录 1　视频："中国盲人女飞人刘翠青的故事"

视频网址：https://news.cctv.com/2021/08/29/ARTIH5yWD5 TmyLQdlUwpYlK4210829.shtml。

附录 2　个人工作纸："信用卡"

姓名：＿＿＿＿＿＿＿

以下六种情景是一些导致别人不信任小文的事件。如果你是他，你会如何行动从而与别人建立互信关系？

	情景	假如我是小文……
	小文向小刚借了一张电脑光碟，承诺一星期内归还，但最后过了一个月也没有归还，这使小刚下次不肯再把东西借给他	例：我会守信用
		例：我不会乱做承诺
	小刚参加了学校运动会的 110 米跨栏比赛，却因为比赛中跌倒而被小文不断取笑。这使小刚决定下一年不再报名参赛	我会
		我不会
	小刚的亲人刚去世，午休时把心中的不快向小文倾诉，但小文不尊重小刚，一边听小刚说话一边与其他人聊天。从此小刚不再与小文谈心事	我会
		我不会
	小文对小刚的态度忽冷忽热，有时很热情，有时却很冷淡，使小刚无所适从，不知何时与小文说话才好	我会
		我不会
	小文常常利用小刚，当小刚对他有好处时，他便对小刚很好，相反则对他很差	我会
		我不会

续表

	情境	假如我是小文……
	有一天放学时，小刚看见小文打破了教室窗户上的玻璃，但小文嫁祸于其他同学，这使小刚以后再也不敢相信小文	我会
		我不会

附录3　鼓励卡

老师可用较硬的带颜色的纸打印并裁剪。

成长拼图

单元 BO1.4　结伴同行　　姓名：＿＿＿＿　班级：＿＿＿＿　日期：＿＿＿＿

1. 试列举三个"信任别人"的重要性。

2. 试列举三个"建立互信关系"的重要条件。

3. 信任别人之余，还有什么需要注意的？
（例如，小心被损友利用进行不法交易）

第八章　社交能力[*]

理念

本构念是社交能力，英文为 Social Competence，缩写为 SC。社交能力，是指建立正面的人际关系与解决人际冲突的能力，也包括发展明确的自我身份，特别是团体或集体身份，如国民或社会身份（马庆强，2007）。

研究结果表明，良好的亲子关系和师生关系与青少年的正向社交行为有正相关的关系；良好的同辈关系与青少年的负面行为则有负相关的关系（Ma et al.，2000）。另外，寻找身份认同是青少年在其心理社会发展中所面对的最重要的任务之一。埃里克森（1992，1998）提出了一个由八个阶段组成的心理社会发展理论，其中第五个阶段是青少年对自我身份的寻找。一般青少年均没有稳固的身份，而发展明确的身份，包括事业目标、政治立场及性别角色的偏好等是需要时间的。青少年在寻找身份的过程中会处于不同的身份状态，从而具有不同的亲社会及反社会行为模式。例如，青少年在身份达成状态会有较多的亲社会行为及较少的反

---

[*] 第一版：马庆强、朱嘉仪
第二版修订：韩晓燕、赵鑫、林霞、翁培程
第三版修订：刘玲

社会行为，而在身份延缓状态的青少年，则无论是亲社会行为还是反社会行为，均有颇高的频率（Ma et al.，2000）。相反，在寻找自我身份的过程中，出现问题的青少年往往会有较多的反社会行为（Grotevant，1998）。因此，帮助学生培育明确的自我身份，建立正面的人际关系，有助于他们展现正向的社交行为，成功地与别人和睦相处。

身份的概念包括自我的完整概念，由个人身份、团体身份、社会身份、国民或种族身份、职业身份、性别角色定型等组成（马庆强，2007）。有研究指出，确立社会身份认同能强化个人对团体的忠诚和忠心（Van Vugt & Hart，2004），即建立清晰的国民身份对于弘扬爱国精神及维持社会稳定发挥着重要的作用。因此我们需要帮助青少年取得明确及正面的国民和社会身份，使他们能在国家里与所有人一起快乐生活，这是正面的社交能力的基础。我们需要及时向初一年级的中学生推行国民身份教育，让他们更好地认识祖国和家乡，增强国家和社区归属感，为之后建立正面的人际关系，培养更强的社交能力打下良性基础。

在本构念中社交能力着重协助学生建立国民身份，共分两个单元。单元 SC1.1 教导学生认识国歌，协助学生建立国民身份，鼓励学生多了解祖国的历史文化。单元 SC1.2 让学生认识家乡，从而确认当地居民的身份；引导学生欣赏家乡的事物，立志共建美好的生活家园。通过这些单元的学习，学生对祖国的认同将会增强，从而确立中国国民身份，与朋友、家长、老师及社会的交往会更加融洽。

参考文献

埃里克森，1992，《童年与社会》，罗一静、徐炜铭、钱积权编译，上海：学林出版社。

埃里克森，埃里克·H.，1998，《同一性：青少年与危机》，孙名之译，杭州：浙江教育出版社。

马庆强，2007，《促进社交能力理论基础及对课程设计的启示》，载石丹理、马庆强主编《"共创成长路"青少年培育计划概念架构及课程设计手册Ⅱ：青少年正面发展构念》，上海：学林出版社。

曾水兵、班建武、张志华，2013，《中学生国家认同现状的调查研究》，《上海教育科研》第 8 期。

Grotevant, H. D. (1998). Adolescent development in family contexts. In W. Damon & N. Eisenberg (eds.), *Handbook of Child Psychology*：*Vol. 3. Social, Emotional, and Personality Development* (5th ed., pp. 1097–1149). New York：Wiley.

Ma, H. K., Shek, D. T. L., Cheung, P. C., & Lam, C. O. B. (2000). Parental, peer and teacher influences on the social behavior of Hong Kong Chinese adolescents. *Journal of Genetic Psychology*, 161 (1), 65–78.

Shek, D. T. L. (2014). Where are we and issues for consideration. *Applied Research in Quality of Life*, 9 (3), 465–468.

Shek, D. T. L., & Yu, L. (2011). A review of validated youth prevention and positive youth development programs in Asia. *International Journal of Adolescent Medicine and Health*, 23 (4), 317–324.

Shek, D. T. L., Peng, H. M., & Zhou, Z. (2022). Editorial：Children and adolescent quality of life under socialism with Chinese characteristics. *Applied Research in Quality of Life*, 22, 1–7.

Van Vugt, M., & Hart, C. M. (2004). Social identity as social glue：The origins of group loyalty. *Journal of Personality and Social Psychology*, 86 (4), 585–598.

活动单元概览

单元	单元目的	教学目标
祖国与我 （SC1.1） （40分钟）	学习爱国歌曲，帮助学生建立中国人的国民身份，并鼓励学生多了解祖国的历史和文化	• 学习爱国歌曲、了解中国历史和文化 • 确认中国人的国民身份
同心耀＿＿＿ （SC1.2） （40分钟）	认识家乡，从而确认居民的身份；引导学生欣赏事物，立志共建美好的家乡	• 了解家乡的历史 • 确认自己的居民身份

注："同心耀"中"＿＿＿"填写"初中生所居住的家乡"。

SC1.1 祖国与我　　　　　　　　　　　**"根在哪里　心在哪里"**

```
构    念：社交能力
对    象：初一学生
单元目的：协助学生建立中国人的国民身份，进行民族教育
教学目标：1. 培养爱国精神
          2. 树立民族自豪感
教学工具：歌词：《我和我的祖国》（附录1）
          歌词：《阿里山的姑娘》（附录2）
          歌词：《义勇军进行曲》（附录3）
          自备工具：中国地图、五星红旗
          成长拼图
教学方法：老师分享
          全班讨论
```

活动程序：40分钟

★★ = 主要活动

★ = 次要活动

活动	步骤	教学工具	时间
Ⅰ. 引起动机	• 老师问： （1）你们何时过生日？（进行生日的统计，逐渐引导为10月1日国庆节为中华人民共和国的生日） （2）如何庆祝生日？		3分钟

活动	步骤	教学工具	时间
	（3）与谁一起庆祝生日？ （4）我们除了庆祝自己、家人或朋友的生日以外，每年还有什么日子会举行庆祝活动？ • 为什么我们一起庆祝国庆？在每年的 10 月 1 日，会有哪些庆祝活动？有怎样的心情？		
Ⅱ. 老师分享 ★	目的：通过老师的讲述，让学生了解中华民族和中华文明，感受国民身份，并进行简短评说。 • 播放歌曲《我和我的祖国》 • 老师讲述：世界上有多少国家？中国有多少个省、自治区、直辖市和特别行政区？老师引导学生列出中国历史文明的文化传承主轴（以小组为单位，首先列出朝代名称；再以抢答形式排列顺序。老师可适当插入一些历史人物和历史故事）。中国是世界上唯一五千年文明没有断代的国家，中华文明有过辉煌的过去（长城、四大发明、大唐盛世、元朝疆域），同时也有过屈辱的历史（鸦片战争、华人与狗不得入内）。当年，少年周恩来立志"为中华之崛起而读书"（周恩来的同学说为家庭、为前途、为金钱读书，思想境界不一样，人的本质在于社会性而不是生物性，人的价值在于对社会的贡献）。今天，我们作为中华文明的传承者，肩负着复兴中华民族的伟大重任，放眼世界，我们既要有民族自豪感，又要有民族责任感。毛泽东主席于 1949 年 10 月 1 日在北京天安门城楼上庄严宣告："中国人民从此站起来了！"无数革命先烈为了民族独立，人民解放，不惜抛头颅洒热血，这是一种崇高的爱国精神。面临经济封锁，中华各民族团结拼搏，自力更生，艰苦奋斗，改变了一穷二白的面貌，民族独立，是我们国家政治、经济、文化发展的首要前提，使中国的人权有了根本保障。改革开放以来，各民族人民万众一心，投身经济建设，国力昌盛，我国成为世界第二大经济体，有越来越大的话语权（否决权），香港、澳门回归，奥运申办成功，抗疫取得伟大成就，冬奥会顺利举行。世界上有多少人穿的衣	附录 1	10 分钟

活动	步骤	教学工具	时间
	服、鞋子，使用的家用电器都是 Made in China，巨大的消费市场，促进了世界经济的复苏、增长，是世界经济的发动机……（可以自由发挥） •点出在中国举办的国际会议、国际比赛等盛事名称，表达民族共荣的感情		
Ⅲ. 全班讨论 ★★	目的：了解多民族的中华文化，认同中华民族，为有幸成为中华民族大家庭中的一员而感到骄傲。 •背景音乐放歌曲《阿里山的姑娘》，问学生，阿里山在哪里？备选答案：A. 新疆；B. 上海；C. 台湾；D. 云南。答案 C。台湾有哪些民族？（从地理书上查找） 歌中的"姑娘"是什么民族？（高山族）中国有多少个民族？你是什么民族？你知道哪些民族？ 不同民族的异同。老师可以适当发挥，但应当以学生发挥为主。你的老家或者祖籍在哪里？请在地图上标一下，或者写在黑板上，讲一讲家乡的山山水水、风土人情	附录2	20分钟
Ⅳ. 总结	•老师引导，由学生自我总结：中国是一个由多民族组成的大家庭，我们的文化源远流长，我们共同努力，我们共创辉煌		2分钟
Ⅴ. 自我反思	•老师在课堂结束前派发"成长拼图"，引导学生静默片刻反思并填写"成长拼图"。 •最后，老师和学生全体起立高唱国歌。点出同为中国人我们有很多共同的语言、共同的经历！	成长拼图、附录3	5分钟

教学建议

1. 祖国与我	•中国地图和五星红旗先挂上，根据需要，可以删除部分内容，增加与学生的互动，例如，问学生五颗星代表什么？为什么国旗是红色的？哪些事物是国家的象征，体现民族精神？爱国还有哪些具体表现？

或者

1. 引起动机	● 借简单提问引导学生体会，同属一个圈子的朋友一起庆祝生日的快乐；我们一同参与国庆活动，代表我们同是中国人，拥有共同的社会身份。通过与人相处的例子和行为，引导学生明白每个人在团体中的身份和应有的行为。确立社会身份认同能提升个人对团体的忠诚。 ● 老师可准备一张小贺卡送给最近过生日的学生，并请全班学生一同说出一到两句祝贺生日的话，以带出同一团体的人（一个班的学生）共同参与活动的意思
2. 国歌欣赏	● 鼓励老师带领此课堂前，多做准备工作，对国歌有一定的了解。 ● 建议多利用学生对国歌的正面感受去介绍国歌，鼓励他们说出这些感觉，让学生明白国歌的重要性和国歌与自己的关系。例如，老师可问学生观看奥运会等国际比赛时听到国歌时的心情。 ● 如果老师想以视频片段介绍国歌，应事先从网上下载国歌的视频，以加深学生的感性认识
3. "爱国歌曲"创作比赛	● 老师可参与讨论，告诉学生自己喜欢哪一首歌、哪一句歌词及其原因。 ● 老师应留意学生的爱国情怀，以正面的事例培养学生的爱国情怀 ● 这部分着重让学生感受别人借歌曲表达的一些情怀，继而引导他们把这种情感用于对祖国的感情上。因此，学生可选择富有情感的歌曲或诗歌等，但最重要的是要有恰当的演绎和解释。 ● 如有需要，老师可准备一些歌曲，在课堂中播放。 ● 老师鼓励学生除了欣赏国歌，还要懂得欣赏中国的历史和文化

延伸活动建议

活动	内容	建议
爱国故事演讲	目的：吸收爱国精神，激发爱国热情 谈古论今，从古代的民族英雄，到当代的中华英才（重点是各民族友好交往、和睦相处的典故，能突出表现中华民族的凝聚力），以及身边的真人真事，然后，针对不同的故事进行讨论，交流体会和启发。 或者可以进行"爱国歌曲大合唱"	提前给学生布置作业，每个组准备 1~2 个爱国故事或爱国歌曲

续表

活动	内容	建议
绘画/作文比赛	目的：探索有关中国的事物，以不同形式抒发对祖国的情怀 以"我爱我的祖国"为题，绘画或作文赞美祖国	好的作品，可张贴在教室或校园的黑板报上

附录1 歌词：《我和我的祖国》

我和我的祖国

一刻也不能分割

无论我走到哪里

都流出一首赞歌

我歌唱每一座高山

我歌唱每一条河

袅袅炊烟小小村落

路上一道辙

我亲爱的祖国

我永远紧依着你的心窝

你用你那母亲的温情

和我诉说

我的祖国和我

像海和浪花一朵

浪是那海的赤子

海是那浪的依托

每当大海在微笑

我就是笑的旋涡

我分担着海的忧愁

分享海的欢乐

我亲爱的祖国

你是大海永不干涸

永远给我碧浪清波

心中的歌

我和我的祖国

一刻也不能分割

无论我走到哪里

都流出一首赞歌

我歌唱每一座高山

我歌唱每一条河

袅袅炊烟小小村落

路上一道辙

永远给我碧浪清波

心中的歌

永远给我碧浪清波

心中的歌

附录2　歌词:《阿里山的姑娘》

高山青,涧水蓝。

阿里山的姑娘美如水呀,

阿里山的少年壮如山唉。

高山长青,涧水长蓝。

姑娘和那少年永不分呀,

碧水常围着青山转唉。

姑娘和那少年永不分呀,

碧水常围着青山转唉。

高山长青,涧水长蓝。

姑娘和那少年永不分呀,

碧水常围着青山转唉。

姑娘和那少年永不分呀，

碧水常围着青山转唉。

高山长青，涧水长蓝。

姑娘和那少年永不分呀，

碧水常围着青山转唉。

附录3　歌词：《义勇军进行曲》

起来！不愿做奴隶的人们！

把我们的血肉筑成我们新的长城！

中华民族到了最危险的时候，

每个人被迫着发出最后的吼声。

起来！起来！起来！

我们万众一心，

冒着敌人的炮火，前进！

冒着敌人的炮火，前进！

前进！前进！进！

成长拼图

单元 SC1.1　祖国与我　　姓名：_____　　班级：_____　　日期：_____

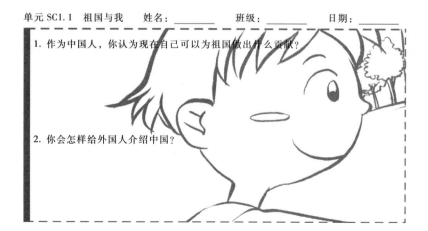

1. 作为中国人，你认为现在自己可以为祖国做出什么贡献？

2. 你会怎样给外国人介绍中国？

SC1.2 同心耀_____ **"扎根 心系祖国"**

```
构  念：社交能力
对  象：初一学生
单元目的：认识所居住家乡的历史、地理、人口、自然人文景观等，从而确认家乡
        当地居民的身份；引导学生欣赏家乡当地事物，立志共建美好家乡
教学目标：1. 了解家乡的悠久历史
        2. 确认家乡居民身份
教学工具：自备 PPT：家乡地图以及名胜古迹、美食和名人的照片等
        小组工作纸："我的美德少年之路"（附录 1）
        成长拼图
教学方法：全班讨论
        小组讨论
```

活动程序：40 分钟

★★ = 主要活动

★ = 次要活动

活动	步骤	教学工具	时间
Ⅰ. 引起动机	• 老师展示家乡地图，然后问：我们居住在什么县，什么乡（村）？ • 老师问： 能体现家乡特色的是什么？（小吃、民俗、特产等） • 其他问题：我们的家乡别名叫什么？为什么？家乡的方言好听吗？等等，可根据当地实际情况灵活提问	幻灯片	3 分钟
Ⅱ. 全班讨论 ★	目的：分小组介绍家乡的文化，包括历史、饮食、历史上或现代的名人、名胜古迹等。让学生通过介绍的过程，增强对家乡的认同感。 • 让学生了解家乡的历史、名胜古迹 • 了解家乡的食物、方言、地理、人口 • 讲述家乡的历史 • 教师可根据学生的介绍，配合展示相关内容的图片	幻灯片	15 分钟

续表

活动	步骤	教学工具	时间
III. 小组讨论 ★★	目的：思考自己家乡居民的身份——我的美德少年之路 •学生如何认同自己的身份？（例如，在家乡出生、祖籍在某某地方） •老师问：身为家乡居民，有什么事物使你感到骄傲？能否想出一些为家乡争光的人物？ •小组讨论：作为学校和家乡的一分子，我可以怎样为家乡做贡献？	幻灯片 附录1	15分钟
IV. 总结	•提醒学生身为家乡的居民，应多了解家乡的事物。 •家乡有很多值得欣赏的地方，我们应多留意，爱自己的家乡，同时也要注意家乡成员的形象，共同努力提升家乡正面形象		2分钟
V. 自我反思	•老师在课堂结束前派发"成长拼图"，引导学生静默片刻反思并填写"成长拼图"。 •最后，老师应对学生的合作表现加以鼓励和赞赏。	成长拼图	5分钟

教学建议

1. 同心耀_____	•讨论对家乡的认识，引导学生欣赏家乡的新面貌。 •老师展开家乡地图，让学生以互动的方式认识家乡的地理位置及周边的区域。 •认识语言的重要性，它是人际交往的重要工具，方言能增强人对家乡的认同感
2. 我的成长路	•让学生认同自己的身份，并举例说明。 •建议老师于课前先掌握课件中提及的杰出人物的资料。 •老师也可挑选一些学生熟悉的人物，以提高学生的兴趣。 •讨论的目的是让学生反思如何提升家乡成员的形象，没有特定的答案，学生可自由发挥
3. 总结	长期以来，我们的家乡都给人留下美好的印象，我们应该尽力维持这个形象，这并不是说每个青少年都要当上杰出青少年才算有贡献，只要大家多出一份力，我们的家乡便会更有成就，我们也会对它更有自豪感

延伸活动建议

活动	内容	建议
家乡风采	目的：通过亲身探索，对家乡有更深的了解，继而增强对家乡的自豪感。 请学生在家中品尝家乡美食或者学习该美食的制作方法	也可去附近的名胜古迹游览；了解家乡的某种习俗或传统工艺；唱与家乡有关的歌曲等

附录1 小组工作纸："我的美德少年之路"

姓名：_____

我以一名初一学生的身份，参加____乡（村）"美德少年"的选举，为学校和个人争光。

_____

_____

_____

_____

_____

_____

_____

_____

_____

_____

_____

成长拼图

单元 SC1.2　同心耀_____　　姓名：_____　　班级：_____　　日期：_____

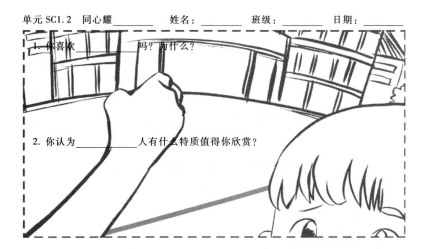

1. 你喜欢_____吗？为什么？

2. 你认为_____人有什么特质值得你欣赏？

第九章　情绪控制和表达能力[*]

理念

本构念是情绪控制和表达能力，英文为 Emotional Competence，缩写为 EC。"情绪控制和表达能力"是青少年成长过程中十分重要的部分，直接影响青少年正面成长的自我概念，以及良好的人际关系的建立。善于控制情绪和表达情绪能增强青少年处理人生逆境的能力（Cowen，1994；Elias et al.，1997；Garbarino，1999；Weissberg & Greenberg，1998）。Saarni（1999）指出要培养和强化青少年控制情绪和表达情绪的能力，主要技巧如下：（1）认识自己的情绪；（2）认识他人的情绪；（3）运用不同的词语和方法表达情绪；（4）对他人的情绪和生活困难有同理心和同情心；（5）了解个人内在情绪与外在表达的必然差异；（6）以健康的方法处理负面情绪；（7）了解情绪交流是建立良好人际关系的一部分；（8）增强个人对情绪管理的自我效能感。

根据青少年情绪发展理论，青少年有能力意识到自己的情绪，也明白表达情绪和控制情绪的方式是会影响人际关系的。中

---

* 第一版：石丹理、刘兆瑛
第二版修订：韩晓燕、赵鑫、沈文、张宏宇
第三版修订：王梦怡、彭华民

国人不善于表达情绪，而且较倾向于抑制情绪，这种习惯在社会化的过程中从小便养成了。农村儿童，特别是其中的留守儿童是一个极为重要而特殊的群体。截至 2018 年 8 月底，全国共有农村留守儿童 697 万人（民政部，2018）。家庭贫困、缺乏亲人陪伴照料等原因导致留守儿童存在很多问题，毕节留守儿童自杀事件就是一个鲜活的案例。有研究显示，农村留守儿童在人际安全感、情绪安全感等方面低于非留守儿童；留守儿童与父母分离带来的人际安全感降低，容易使其对周围他人产生戒备和敌对心理，表现出更多的说谎、偷窃、攻击等反社会行为，遇到应急事件时也较少采取问题解决、寻求社会支持等成熟的应对方式；而情绪安全感较低的留守儿童则倾向于采取逃避、发泄等指向情绪的应对方式，并更多表现出恐惧、焦虑、抑郁等情绪（姜圣秋、谭千保、黎芳，2012；Zhou et al.，2021）。而且农村留守儿童在同伴恐惧、自卑水平上也明显高于非留守儿童（陆芳，2019）。这都显示出针对农村儿童特别是留守儿童实施情绪控制和表达能力等方面的青少年正面成长项目是极其必要的，从学校、社区、家庭、同辈等方面提升他们的沟通能力，而针对留守儿童的家庭特殊性，应该从其与照料者、老师、同辈之间的人际交往与沟通能力入手，增强其情绪控制和表达能力。同时，应该充分考虑文化环境对于青少年情绪特别是留守儿童情绪的影响（Shek，Peng，& Zhou，2022）。但是目前对于农村青少年，特别是留守儿童在情绪控制和表达能力提升等方面的项目开展是极少的，学者应该重视这一群体的情绪能力培养，以提升其生命质量。

因此，在提升青少年控制和表达情绪的能力时，本项目在充分考虑农村青少年特别是留守儿童生命经验的情况下，集中强化正确表达情绪的技巧，提高对情绪控制的敏感性。

根据青少年的成长发展进度，初一年级的"情绪控制和表达能力"构念较强调学生个人层面的情绪发展，通过两个单元提高学生对个人情绪的洞察力，让学生建立正面的情绪概念，单元EC1.1教给学生有关情绪的基本概念，让学生掌握识别情绪和运用不同词语形容情绪的能力。单元EC1.2培养学生分辨个人情绪的能力，认识不同的情绪表达方法，通过分享，体会和表达个人情绪，并接受个人的情绪体验。再配合"抗逆能力"构念中教授的情绪处理方法，让学生更容易表达情绪和掌握处理负面情绪的技巧。

参考文献

姜圣秋、谭千保、黎芳，2012，《留守儿童的安全感与应对方式及其关系》，《中国健康心理学杂志》第3期。

陆芳，2019，《农村留守儿童同伴关系与心理安全感关系及教育应对》，《当代青年研究》第6期。

民政部，2018，https：//www.mca.gov.cn/xwfbh/n13/log.html，2022年8月22日。

Cowen, T. (1994). Rejoinder to David Friedman on the economics of anarchy. Economics and Philosophy, 10, 329-332.

Elias, M. J., Greenberg, M. T., Haynes, N. M. et al. (1997). *Promoting Social and Emotional Learning: Guidelines for Educators*. Association of Supervision and Curriculum Development, Alexandria, VA.

Garbarino, J. (1999). *Lost Boys: Why Our Sons Turn Violent and How We Can Save Them*. San Francisco: Jossey-Bass.

Saarni, C. (1999). *The Development of Emotional Competence*. Guilford, New York.

Shek, D. T. L. (2014). Where are we and issues for consideration. *Applied Research in Quality of Life*, 9 (3), 465-468.

Shek, D. T. L., & Yu, L. (2011). A review of validated youth prevention and positive youth development programs in Asia. *International Journal of Adolescent Medicine and Health*, 23 (4), 317-324.

Shek, D. T. L., Peng, H., & Zhou, Z. (2022). Editorial: Children and adolescent quality of life under socialism with Chinese characteristics. *Applied Research in Quality of Life*，22，1-7.

Weissberg，R.，& Greenberg，M. T.（1998）．Community and school prevention. In Siegel，I，& Renninger，A.（eds.），*Handbook of Child Psychology*：*Vol. 4. Child Psychology in Practice*（5th ed.，pp. 877-954）．New York：Wiley，

Zhou，Z.，Shek，D. T. L.，Zhu，X.，& Lin，L.（2021）．The influence of moral character attributes on adolescent life satisfaction：The mediating role of responsible behavior. *Child Indicators Research*，14（3），1293-1313.

活动单元概览

单元	单元目的	教学目标
情绪字典 （EC1.1） （40分钟）	对情绪有基本认识，提高学生对个人情绪的洞察力	• 认识情绪的基本概念 • 运用词语形容不同种类的情绪
真情流露 （EC1.2） （40分钟）	分辨个人情绪，认识不同的表达方式	• 分辨各种不同的个人情绪 • 认识各种表达情绪和感受的方式

EC1.1 情绪字典　　　　　　　　　**"认识情绪　EQ更高"**

构　　　念：情绪控制和表达能力
对　　　象：初一学生
单元目的：对情绪有基本认识，提高学生对个人情绪的洞察力
教学目标：1. 认识情绪的基本概念
　　　　　2. 运用词语形容不同种类的情绪
教学工具：情绪速递——游戏规则及进行方式（附录1）
　　　　　PPT：情绪脸谱（附录2）
　　　　　老师参考资料：情绪脸谱（附录3）
　　　　　个人感受纸："无课外活动日"（附录4）
　　　　　个人感受纸："全班第一"（附录5）
　　　　　个人感受纸（附录6）
　　　　　白纸（A5尺寸），每组一沓（约30张）
　　　　　公文袋（8个）
　　　　　成长拼图
教学方法：小组游戏
　　　　　小组讨论

活动程序：40分钟

★★=主要活动

★=次要活动

活动	步骤	教学工具	时间
Ⅰ.引起动机	• 在开始上课时问以下问题： （1）你们今天的心情怎么样？（根据学生反应做出回应） （2）假如现在告诉你们，今天全班要在放学后和父母打视频电话，你们的心情又会怎么样？ • 学生对和父母打电话所产生的反应便是情绪，再深入问："我们常会有开心、愤怒等情绪，你们在生活中还会有什么样的情绪？" • 简单总结学生的意见，并带出： （1）情绪是我们对身边的人和事所产生的感受； （2）情绪是与生俱来的、正常的； （3）我们要了解自己的情绪，适当地表达和处理情绪，这是日常生活的一部分； （4）要了解和表达情绪，便要掌握有关情绪的词语		5分钟
Ⅱ.小组游戏 "情绪速递" ★★	目的：思考平时用来表达情绪的词语和用语 • 学生分为8个小组 • 讲解游戏规则及进行方式（附录1）。老师分发材料，并解释比赛以小组为单位。播放PPT（附录2） • 游戏结束后，老师请学生把他们关于情绪词语的作品贴上黑板并做简单归纳和总结。 • 老师做结论：形容情绪或感觉是表达情绪的基本技巧。对于不同的事情，每个人都会有一种或几种感觉（附录3）	附录1 白纸 公文袋8个 附录2 附录3	13分钟
Ⅲ.小组讨论 "假如我是……" ★	目的：思考平时用来表达情绪的词语和用语 • 老师先讲解要求，学生根据个人感受纸的题目展开讨论。 • 学生完成讨论后，老师请学生汇报	附录4 附录5 附录6	12分钟
Ⅳ.总结	• 以公开讨论方式，问学生在本节课里学到了什么，以总结学生在课堂上所学的内容。 • 复习学到的词语，鼓励学生多运用这些词语		3分钟

续表

活动	步骤	教学工具	时间
V. 自我反思	• 老师在课堂结束前派发"成长拼图"，让学生静默片刻反思并填写"成长拼图"。 • 最后，老师应对学生的合作表现加以鼓励和赞赏	成长拼图	7 分钟

教学建议

1. 引起动机	• 老师可根据学生的特性，用不同的方式（如故事、音乐、视频等）激发学生的兴趣，目的在于让学生意识到自己的情绪。 • 老师也可分享自己当天的情绪，让学生猜猜原因，再引导学生思考"情绪是什么"这一重点
2. "情绪速递"	• 老师可根据学生的程度，先派发"情绪脸谱"，以帮助学生进行活动。 • 老师可根据时间和学生的反应决定比赛时间，掌握节奏，最好让学生思考有关正面和负面的情绪。 • 游戏目的在于使学生学习运用不同的词语形容情绪，学生可运用符合其文化特质的形容方式，不要求辞藻华丽。假如学生的程度和自信心不足，可同时把"情绪脸谱"PPT（附录2）展示给学生参考，以免学生在游戏中产生挫败感。 • 老师可利用其他方式计算答题时间，例如，播放一小段音乐等。 • 收集答案纸的方式也可加以变化，例如，利用黑板的粉笔槽或空盒做收集箱，每次放在教室不同位置，使每个组得到靠近交答案位置的机会。 • 建议老师在比赛前清楚讲解比赛规则，避免学生因公平问题或比赛结果而争执，出现负面情绪。 • 老师应当场给予学生具体的赞赏，例如，同学很快懂得应用所学的情绪词语，好像某组同学用了……几个词语。 • 老师若能够利用课堂上发生的事例，与学生讨论情绪的体验更佳
3. "假如我是……"	• 老师应留意学生在讨论时的小组动态，鼓励较少发言的学生参与讨论，并为有需要的小组提供辅助。 • 引导每个学生积极地表达个人的想法和意见。 • 假如课堂时间不足以进行讨论，老师可把感受纸贴在教室里，以增强讨论的效果，并产生鼓励作用

延伸活动建议

活动	内容	建议
周记	目的：运用所学词语 学生在周记中写一篇有关自己情绪的文章，并把在课堂上学到的有关情绪的词语加上记号	可配合学生周记进行，加入学生难以掌握的反思个人情绪的技巧，老师可提供主题
我的朋友	目的：提高学生对情绪的洞察力 学生用一星期时间观察最好的朋友的情绪，记下朋友产生该情绪的原因，找机会"以关心的态度"向朋友查明原因，并要求朋友做出正面回应	老师可在其他时候抽时间让学生分享他们的习作

附录 1　情绪速递——游戏规则及进行方式

• 学生须根据老师读出的情境（老师可自己设置情境，也可参考以下例子），想出可形容该情绪或情境的词语或字句；

• 学生须在规定时间内写出最多的词语或字句，把纸条放到信封内，再把信封放进收集箱，才算成功答题；

• 超过时间的小组必须留到下一个回合再参加；

• 老师根据各组上交的答案纸做简单汇报，然后按符合题目的词语或字句的数量计分。

父母吵架

最要好的朋友不上学了

至亲至爱的亲人去世

帮助同学解决困难

在班级比赛中获得第一名

一个星期独自一人在家

父母带你出去旅游

好朋友突然不和你一起玩了

被同学取笑身材

父母送你想要很久的礼物

附录2　PPT：情绪脸谱

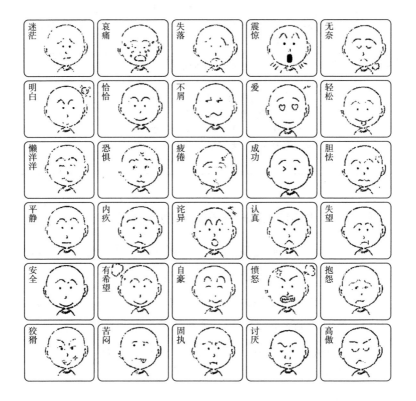

附录3　老师参考资料：情绪脸谱

+代表正面情绪　　□代表中性情绪　　-代表负面情绪

附录4　个人感受纸："无课外活动日"

姓名：＿＿＿＿＿＿＿

为了让大家专心学习同时感受挣钱的辛苦，学校要求学生在周末不许有课外活动、不许玩游戏，并且要求帮助家里干一天农活（最热的天气里），你会有什么感受和情绪？

请在空格里写上你的感受和情绪，并画上你的表情。

我会觉得……	我的情绪是……

附录5　个人感受纸："全班第一"

姓名：＿＿＿＿＿＿＿

发成绩单的时间到了，你得到非常好的成绩，取得了全班第一，获得老师的表扬，但你最好的朋友成绩不怎么理想。在这种情况下，你会有什么感受和情绪？

请在空格里写上你的感受和情绪，并画上你的表情。

我会觉得……	我的情绪是……

附录6 个人感受纸

姓名：＿＿＿＿＿＿

请想象一种情景，并想象你在这种情况下，会有什么感受和情绪？

请在空格里写上你的感受和情绪，并画上你的表情。

我会觉得……	我的情绪是……

EC1.2 真情流露　　　　　　"正确表达情绪　培养健康心灵"

构　　念：情绪控制和表达能力
对　　象：初一学生
单元目的：分辨个人情绪，认识不同的表达方式
教学目标：1. 分辨各种不同的个人情绪
　　　　　　2. 认识各种表达情绪和感受的方式
教学工具：教学参考资料："打气球游戏"建议问题（附录1）
　　　　　　自备工具：打气筒、气球（1~2个）、白纸
　　　　　　成长拼图
教学方法：全班游戏
　　　　　　全班分享

216

活动程序：40分钟

★★ = 主要活动

★ = 次要活动

活动	步骤	教学工具	时间
Ⅰ. 老师引入"打气球游戏"	• 老师先让学生安静，要求学生细心观察整个过程。 • 老师用打气筒慢慢地给气球打气，到快要破裂的时候停下来，向学生提问（见附录1）。 • 打气筒所输出的空气代表人的情绪，气球代表人的身心，如果我们不懂得找到方法适当地表达或宣泄自己的情绪，任凭情绪积聚或不经意地忽略，便会影响身心健康。 • 当然如果一个人完全没有情绪，便会像一只完全没有气的气球，给人没有生气和活力的感觉	附录1 打气筒 气球 1~2个	5分钟
Ⅱ. 全班游戏"情绪投票站" ★★	目的：认识表达情绪的各种方式及其利弊 • 老师把黑板划分为三部分，分别写上喜、怒、哀三大情绪类别，并按照分组制成表格。 • 老师引导学生按照分组提出各种表达不同情绪（喜、怒、哀）的方式，并写在黑板上。 • 老师带领学生分析各种表达情绪方式的利弊。 • 由全班同学投票选出最佳以及最常用的表达情绪的方式		10分钟
Ⅲ. 全班分享"真情流露" ★	目的：分享情绪和表达方式 老师先给每位学生派发一张白纸，以家庭为题材让学生用两到三分钟记下使他们印象深刻的家庭事件（可设定其他主题），然后再进行以下活动： • 老师在学生之前先分享自己家庭的深刻事件（包括感受及表达方式），然后让学生分享他们所记下的事情，及其感受和表达方式。 • 老师表示欣赏学生在班上分享自己的事情，加深彼此了解。然后说明这一节的重点——探讨表达情绪的方式，再让学生想想平时是否有表达情绪的习惯，采用的方式是否符合三赢（你好、我好、世界好）	白纸	15分钟

续表

活动	步骤	教学工具	时间
Ⅳ. 总结	• 总结这节课提出的重点（表达情绪的重要性、表达方式及表达情绪时必须注意的地方） • 鼓励学生适当地表达个人情绪，希望学生能在日常生活中多加留意和实践		3分钟
Ⅴ. 自我反思	• 老师在活动结束前派发"成长拼图"，让学生静默片刻反思并填写"成长拼图"。 • 最后，老师应对学生的合作表现加以鼓励和赞赏	成长拼图	7分钟

教学建议

1. 老师引入	• 给气球充气时可走到学生面前，吸引学生注意，营造紧张气氛。 • 活动旨在启发学生思考，因此老师根据学生程度灵活提问。假如学生能力较强，可问一些较抽象的问题，让学生有更大的空间思考。为了能让学生及时掌握，老师可先把比喻告诉学生。 • 老师可用纸制成有趣的四肢和脸，把气球装饰得像人一样，增强吸引力。 • 老师在进行有关情绪的环节前，必须留意和观察学生近期的情况，包括班级里同学的关系、学校/班级里发生的事情、学生的情绪以及表达情绪的方式等
2. "情绪投票站"	• 可在活动前播放上节课的"情绪脸谱"PPT（EC1.1附录2）。 • 学生可能只懂一种表达情绪的方式，老师可引导学生多思考不同的表达方式（如以语言或非语言的方式表达）。 • 老师可在学生投票前，引导学生思考表达情绪方式的适当性，以及对他人的影响，或以不同奖项作为投票的准则，如"最舒畅大奖""最佳人际关系大奖""最有益身心大奖"等，使学生在过程中多思考表达情绪时要留意的地方。 • 老师需要留意学生对表达情绪的负面方式（如发脾气、摔东西等）的看法，并引导学生讨论，让学生了解这些方式的后果和影响，借此让学生明白如何适当地表达情绪。 • 投票可以是一人一票，也可以以小组为单位投票，目的是引导学生通过适当的方式来表达情绪。 • 如果时间紧迫或老师希望有更多时间分享，投票环节可以省略

3. "情绪流露"	● 老师可先做个人分享，带动课堂气氛，使学生容易投入。 ● 对部分学生而言，在课堂上即时想出一件有深刻印象的家庭事件可能比较困难，因此老师可在上节课结束时要求学生记录事件，准备这节课分享，或在课堂上举例作为引导（例如，父母表扬我时我的快乐、好朋友误会我时我的感受、父母责备我时我的生气等） ● 部分学生可能会抗拒在班上分享有关家庭的事情，因此老师可根据学生的特点和师生关系等方面做出调整，也可改为以学校或朋友作为主题。 ● 学生在分享时可能会注重分享感受，忽略情绪表达方式。老师应鼓励学生勇于表达自己的感受，也可带领学生探讨可行的表达方式。 ● 每位学生分享事件和感受后，请全班学生鼓掌以示支持和欣赏。 ● 学生分享个人情绪时，老师多留意个别同学的情绪反应，如突然显得沉默或者激动，要及时对学生表示关心，或让学生冷静一下（如去走廊），以免其他学生过于关注该学生，使该学生感到压力或影响课堂进度。同时老师可向学生说明，同学有这样的情绪反应是正常的，并鼓励其他同学多给予关心。老师也应在课后跟进个别学生的情况，加以辅导或转介

延伸活动建议

活动	内容	建议
校外采访	目的：加深学生对情绪表达方式的认识 按照分组，引导学生进行专题研讨。题目为"表达情绪的方式"，让学生采访身边的人（同年级同学除外）表达情绪的方式，内容可包括：表达方式的种类、表达方式的利弊、表达方式的统计、倾诉对象所具备的特质等	采访的结果贴在黑板报上供大家阅读
情绪温度计	目的：深化学生表达情绪的习惯 由全班学生投票选出 7~10 种情绪，制作一套情绪脸谱，每天进行投票选出全班当天的情绪，然后挂出该情绪脸谱，作为学生每天表达情绪的方式	（1）学生可为情绪加上强度指数。 （2）学生也可为老师提供一套情绪脸谱，让每门课的老师都能表达他当天的情绪

附录 1 "打气球游戏"建议问题

* 问题次序不分先后

建议问题	建议答案
（1）假如继续打气会怎样呢？	会使气球破裂
（2）假设气球代表人，打气筒所输出的空气是情绪，那我们积聚太多的情绪会怎样呢？	会使身心受损，甚至崩溃
（3）为了使我们免于崩溃，我们要怎样做？	抒发感情/情绪
（4）假如气球的气完全放出，气球会怎样？	失去气球原有的形状
（5）假如人完全没有情绪会怎样？	失去对事物的热情，给人过分冷漠和没有感情的感觉
（6）假如把人和情绪的关系比喻为气球和打气筒的关系，你们会联想到什么？	气球代表人，打气筒输出的气代表情绪

第十章　认知能力[*]

理念

本构念是认知能力，英文为 Cognitive Competence，缩写为 CC。青少年发展的问题模式致力于预防或减少青少年问题，虽然这种预防和减少在青少年发展中具有重要的地位，但是这种问题模式仍然限制了人们对青少年潜能的关注和理解。因此在青少年共创成长路项目中采取发展模式的研究范式，旨在通过对青少年内部和外部资源的发展来促进青少年的健康成长。认知能力是青少年内部资源的重要组成部分，它对于青少年发展和应用思维技巧、抉择和解决问题冲突等方面具有重要的指导意义。

本章旨在介绍青少年正面成长中认知能力的项目设计基础及辅导方案。项目中的认知能力主要包括下面的认知过程。（1）创造性思维：指创新的、能提供有用意念的思考（Sternberg & Lubart，1995）。人们在解决困难的时候常常运用创造性思维，其中主要的思维技巧包括：运用知识从新颖的角度去理解问题，留意问题的整体及与部分的关系，制定规则和程序去整理资料。（2）批判性

---

 * 第一版：石丹理、刘兆瑛
  第二版修订：韩晓燕、赵鑫、李卉、陈静
  第三版修订：同雪莉、彭华民

思维：指通过收集足够的、有依据的资料，去评估事情的可信性，或抉择可以做的事情（Ennis，1996）。批判性思维亦包含理性思维技巧，即兼顾自己和别人的观点，整合这些观点以得出客观的结论（Moshman，2005）。在此过程中，人们也要运用反思技巧去批判自己的思维过程从而做出调整（Lipman，2003）。在如今这个信息发达的社会，青少年是否有足够的批判性思维能力去面对盲目跟风和物质主义的社会现象令人关注。

创造性思维和批判性思维是认知能力发展的重要过程，是个体智力发展的重要元素，能帮助个体解决问题、适应转变和塑造环境。具备创造性思维能力的个体更能弹性运用知识，并在原有知识基础上建构生产新的知识，他们批判而不保守，喜欢改变和创新，面对不同任务要求能够灵活调整自身的认知抑制水平，并表现出变化的生理唤醒水平（白学军、姚海娟，2018）。批判性思维是以标准为本的应用思维，它能帮助个体自我更正及应对不同情境，帮助个体做出判断（刘金平、刘建勋，2018），能应用批判性思维的学生更能自主学习，学业成绩也更好（董守生，2013）。因此对青少年创造性思维和批判性思维的训练能够提升学生问题解决能力与效率，促进学生全面发展。

性别与文化往往被认为是青少年认知能力发展中的调节因素。如在创造性思维发展研究中就发现，男女两性的创造性思维过程不存在差异，而在思维风格中存在一定差异，如在发散思维方面，女性优势相对明显，但在聚合思维方面，男性有一定优势（沈汪兵等，2015）。地域因素也是影响儿童认知能力发展的重要因素。研究表明，农村留守儿童和青少年家庭养育能力弱化（崔颖、徐卓君，2021），长期处于监护功能低下或缺失状态，不利的家庭环境和社会文化限制了留守儿童认知能力发展（周颖、杨天池，2018）。这提示我们针对留守儿童的认知能力训练对于他们的正面成长具有重要意义。

适应儿童发展的教育才是有意义的，对儿童创造性思维与批判性思维的培养同样需要适合儿童的心理发展特点。皮亚杰的认知发展理论指出，儿童思维能力是在发展中逐步获得的，7~11岁儿童处于具体运算阶段，他们能在思维上对物体进行结合、分拆、转变和排序，但仍属于形象思维阶段，这些物体必须是实物。在问题解决中，他们能够理解事物中的逻辑关系，但涉及创造性思维的抽象能力发展尚未成熟。12岁及以上儿童开始进入形式运算阶段，也即思维的高级阶段，他们可以发展出在思维上对物体进行操控和假设的能力，能够运用逻辑关系进行系统的思考，借以解决问题，也能根据推理得出结论（皮亚杰，2015）。这意味着儿童的理性及批判性思维开始形成，也意味着在此阶段对儿童进行理性和批判性思维的培养是合适的。

如果说皮亚杰的理论指明了儿童思维发展的阶段，那么维果茨基则指明了儿童思维训练的重要方法（斯莱文，2016）。维果茨基在他的最近发展区理论中强调儿童认知学习中需要"搭建支架"，强调儿童自身无法完成的学习任务可以在支架（成人或同伴）帮助下完成。维果茨基的理论提示我们支持性的环境是培养青少年批判性思维和创造性思维不可或缺的条件，他建议青少年要与更有能力的成人或同辈一起工作，对这些角色进行模仿学习，并得到鼓励和指导（王颖，2013）。维果茨基的"搭建支架"理论告诉我们，对儿童创造性思维和批判性思维的培养可通过小组活动的方式进行，这意味着共创成长路项目的培育方式对促进儿童认知能力的发展是切实可行的。

在中国农村地区很少有针对青少年的研究和项目，尤其是具有严格设计的长期干预项目（Shek & Yu，2011）。对于学术研究本身来讲，基本知识的生产固然重要，但将这些基本知识应用于提高人类生活质量则更有意义（Shek，2014）。尤其在中国文化背景下，城市化快速发展和全面建成小康社会的同时，经济欠发达地区产生了新的弱势群体——留守儿童。针对留守儿童的正面发展培训，有利于他们在社会进步的同时获得正面发展，预防社会问题的发生。

本章基于儿童和青少年认知能力发展设计培训内容，包括两个阶段的活动方案：介绍理性、创造性和批判性思维技巧，使学生认识三种思维技巧，认识反思的重要性并掌握反思的基本技术；让学生认识各种思维性格，学习应用不同的思维性格，培养学生创造性思维技巧，同时将学到的思维技巧应用于日常生活。

参考文献

白学军、姚海娟，2018，《高低创造性思维水平者的认知抑制能力：行为和生理的证据》，《心理学报》第 11 期。

崔颖、徐卓君，2021，《父母外出务工对农村留守儿童非认知能力的影响及机制》，《浙江学刊》第 5 期。

董守生，2013，《论学生的自主性及其教育》，博士学位论文，华东师范大学。

刘金平、刘建勋，2018，《反向思考和类比思考对锚定效应的影响》，《心理与行为研究》第 3 期。

罗伯特·斯莱文，2016，《教育心理学》（第 10 版），吕红梅等译，北京：人民邮电出版社。

让·皮亚杰，2015，《智力心理学》，严和来、姜余译，北京：商务印书馆。

沈汪兵、刘昌、施春华、袁媛，2015，《创造性思维的性别差异》，《心理科学进展》第 8 期。

苏丽君，2007，《论"顺从"教育与"个性"教育的和谐互动》，《教育探索》第 9 期。

王颖，2013，《维果茨基最近发展区理论及其应用研究》，《山东社会科学》第 12 期。

周颖、杨天池，2018，《留守、随迁与农村儿童认知能力——基于 CEPS 调查数据的实证检验》，《教育与经济》第 1 期。

Ennis，R. H.（1996）. *Critical Thinking*. Prentice Hall.

Kennedy，M.，Fisher，M. B.，& Ennis，R. H.（1991）. Critical thinking：Literature review and needed research. In L. Idol，& B. Fly Johns（eds.），*Educational Values & Cognitive：Instruction Implications for Reform*（p. 11-40）. Hillsdale，NJ：Lawrence Erlbaum Associates.

Lipman，M.（2003）. *Thinking in Education*（*2nd ed.*）. *Cambridge University Press*.

Moshman，D.（2005）. *Adolescent Psychological Development：Rationality，Morality，and Identity*（2nd ed. ）. Lawrence Erlbaum Associates.

Shek，D. T. L.（2014）. Where are we and issues for consideration. *Applied Research in Quality of Life*，9（3），465-468.

Shek，D. T. L.，& Yu，L.（2011）. A review of validated youth prevention and positive youth development programs in Asia. *International Journal of Adolescent Medicine and Health*，23（4），317-324.

Sternberg，R. J.，& Lubart，T. I.（1995）. *Defying the Crowd：Cultivating Creativity in a Culture of Conformity*. Free Press.

活动单元概览

单元	单元目的	教学目标
大脑软件（CC1.1） （40 分钟）	认识理性、创造性和批判性三种思维技巧及反思的重要性	• 分辨理性思维、创造性思维和批判性思维 • 认识反思的重要性并掌握其基本技巧
思维性格大揭秘 （CC1.2） （40 分钟）	认识各种思维性格，培养创造性思维技巧	• 掌握各种思维性格的特点 • 学习应用不同的思维性格 • 培养创造性思维

CC1.1 大脑软件　　　　　　　　　　　**"认真思考　自我成长"**

构　　念：	认知能力
对　　象：	初一学生
单元目的：	认识理性、创造性和批判性三种思维技巧及反思的重要性
教学目标：	1. 分辨理性思维、创造性思维和批判性思维
	2. 认识反思的重要性并掌握其基本技巧
教学工具：	自备PPT："大脑运动"
	老师参考资料："大脑运动"问题及答案（附录1）
	自备PPT："一盏街灯"
	老师参考资料："一盏街灯"故事及问题（附录2）
	自备工具："一盏街灯"答案卡（附录3）
	老师参考资料：黑板设计图（附录4）
	老师参考资料："狼又来了"（附录5）
	个人工作纸："反思钥匙"（附录6）
教学方法：	小组游戏
	全班讨论

活动程序：40分钟

★★＝主要活动

★＝次要活动

活动	步骤	教学工具	时间
Ⅰ. 引起动机 "大脑运动"	• 学生分成8个小组。 • 老师播放"大脑运动"PPT，请学生把12个人排成6列，每一列都是4个人。 • 老师派发白纸让学生在小组中记下答案（限时5分钟）。然后请每组代表到黑板上写下答案。 • 和学生讨论排列的难易，指出思考的重要性	幻灯片 附录1	10分钟
Ⅱ. 小组游戏 "一盏街灯" ★★	• 目的：认识理性、创造性和批判性三种思维技巧 • 老师播放"一盏街灯"PPT，给每组发一套答案卡。经过小组讨论，每组派出一位代表把答案卡贴在黑板上（附录3），并做解释。 • 问学生：什么是理性、创造性和批判性思维？然后简单解释这三种思维技巧。 • 揭晓答案，指出思考在日常生活中的重要性，我们可以用不同的思维方式去理解事物（简单如一盏街灯），鼓励学生多动脑筋	幻灯片 附录2 附录3 附录4	12分钟

活 动	步 骤	教学工具	时间
Ⅲ. 全班讨论 "反思钥匙" ★	● 目的：明白自我反思的重要性 ● 老师以先严肃后轻松的方式讲故事"狼又来了"（附录5）。 ● 学生听了故事的一半便可能发笑，质疑主角的做法。此时老师可即时停止，并带领讨论： （1）你对故事中的主角有什么感觉？ （2）你认为故事中的小牧羊人和农夫需做什么才能修订这个故事？ （3）想想为什么他们没有反思自己的行为？ ● 老师归纳学生的意见，并带出反思的重要性：在日常生活中和学习的时候要做自我反思，才能吸取经验和成长。再向全班学生提问：反思时要思考什么问题？ ● 简单归纳学生意见后，说明反思是： （1）以个人经验为基础的思考过程； （2）没有特定的问题； （3）最重要的是自己有所得。 ● 引导学生观看"反思钥匙"（附录6），可根据其中的一些问题引领学生思考	附录5 附录6	15分钟
Ⅳ. 总结	● 老师指出思考对个人成长各方面的发展都是十分重要的。 ● 做简单比喻：思考是每个人处理不同事情时所用的软件，而不同的思维技巧便是不同的方式。 ● 学生平时要多做思考和反思，并在其他单元里应用		3分钟

教学建议

1. "大脑运动"	● 因为本次活动可以以个人形式进行，老师可根据学生的合作情况决定提供每人一张白纸，还是每组一张白纸。 ● 老师可自制活动材料，如每组一套（12个）人形图画卡，让学生更容易讨论和找出答案。 ● 此次活动是要引起学生思考的动机。学生可能花很多时间才能找出答案，因此老师要控制时间，假如学生花了一段时间还找不到答案，老师可给予提示，或在限定时间内揭晓答案

续表

2. "一盏街灯"	• 大多数学生很快便能找出活动的答案，如果老师希望增加学生的思考空间，可先邀请学生用三种不同的方式形容街灯，或在学生投票选出答案后邀请学生解释三种思维技巧的定义，再举例子如"一支笔""一个手机"等，请学生应用三种不同的思维技巧形容它们。 • 老师应当先讲解活动的时限和规则，如要求学生完整保存答案卡，再分发活动物品。 • 为了提高学生的兴趣和鼓励参与，老师可奖励提供正确答案的小组。 • 老师可把答案卡放入信封，让学生在活动后放回信封内。 • 理性思维：指做一件事前要思考结果，做法是有理由的，而不是凭直觉，是有根据的思考。 • 创造性思维：指突破旧有观念的想法，摒弃陈规的做法，是创新的思考。 • 批判性思维：指对事物进行反省，怀疑它的可信性，提出问题（批判性思维需要融合理性和创造性思维）。 • 对于学生，思维技巧是十分重要的。老师必须完整地掌握理性思维、创造性思维和批判性思维的概念，给学生以清晰的解释。如有需要老师可参考期刊论文相关研究
3. "反思钥匙"	• "狼又来了"的故事带有半开玩笑的性质，旨在带出反思和思考的重要性。因此如果学生太着重讨论故事内容，老师应引导学生思考反思的重要性。 • 假如学生不明白何为"反思"，老师可举例加以说明。 • 学生发表意见后，老师应真诚地赞赏学生，把学生的意见写在黑板上。 • 可以用 A4 尺寸硬卡纸制作"反思钥匙"，放在班级的黑板报上，在这一单元完成后的巩固课上与学生再次反思本活动的学习过程

延伸活动建议

活动	内容	建议
思考擂台	目的：训练学生的思考能力 在指定时间内，摆出思考擂台提出思考问题（数量由老师决定），内容以理性、创造性和批判性思维为主。学生可自由参加，答对问题便可获得奖励。擂台可在班级内或年级内设立，用轻松的方式训练学生思考	思考问题可到有关思考的书（如逻辑推理题）里去寻找，可在班级里设立答案收集箱，定期收集答案，也可配合学校的其他奖励计划推行

附录 1 老师参考资料："大脑运动" 问题及答案

问：怎样把这 12 个人排成 6 列，且每一列都是 4 个人？

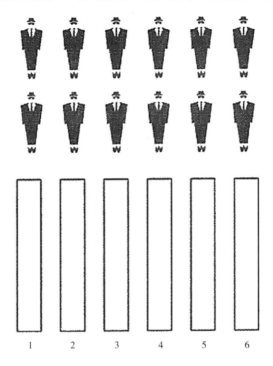

答案：

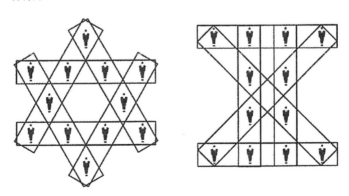

附录 2　老师参考资料："一盏街灯"故事及问题

故事：

有一天，有三个人经过路边，看见一盏街灯，有以下的想法。

A 同学："如果这盏街灯有脚可以走动，又可以像彩色的霓虹灯般发亮，该多有趣呢！"

B 同学："街道上设置了这盏街灯，晚上为行人照明，能为人带来方便，真好！"

C 同学："为什么这盏灯要放在街边呢？街中心不是更需要灯光吗？"

问题：

A 同学、B 同学和 C 同学，分别应用了理性、创造性和批判性思维技巧中的一种，请问 A 同学、B 同学和 C 同学各用了什么思维技巧？请每一组同学讨论后把答案卡贴在黑板上。

答案：

A 同学——创造性思维

B 同学——理性思维

C 同学——批判性思维

附录 3　自备工具："一盏街灯"答案卡

创造性思维

批判性思维

理性思维

附录 4　老师参考资料：黑板设计图

老师可根据以下的例子设计黑板，让学生清楚每组所选择的答案，以更加投入活动。

小组	A君 批判性思维	B君 创造性思维	C君 理性思维
1			
2			
3			
4			
5			
6			
7			
8			

附录5　老师参考资料："狼又来了"①

一个小牧羊人在山上放羊。羊儿愉快地吃着草，他坐在树下望着天空，心想："真的很闷呢！每天望着羊儿吃草，自己却无所事事，有什么好玩的呢？"他站起来环顾四周，看见山下的农夫正在努力耕种，心想："你们工作真辛苦，不如跟你们开个玩笑，让你们轻松一下吧！"接着小牧羊人便向山下大叫："救命啊！有狼呀！我的羊被狼袭击呀！救命啊！……有没有人帮忙呀！"

农夫连忙拿着农具跑到山上。他们累得汗流浃背，十分紧张地搜寻，却没有发现狼的踪迹。小牧羊人暗自欢喜，向农夫说："那些大狼走了！"农夫忧心地问道："你没有受伤吗？你的羊儿没有走失吗？"小牧羊人回答："没有……没有……"农夫叮嘱小牧羊人要留意安全之后，便回到田里继续工作了。

第二天，小牧羊人又到山上放羊。停留了一段时间，他再次感到十分无聊。看见山下的农夫在工作，他再次呼喊："救命啊！有狼呀！我的羊被狼袭击呀！救命啊！……有没有人帮忙呀！"农夫又连忙拿着农具跑上山……

---

① 根据《狼来了》的故事进行改编。

　　老师把故事的情节略加修饰，然后重复故事的发展——小牧羊人谎称有狼，农夫上山救援，然后下山。

　　第三天，老师把故事的情节略加修饰，然后以轻松或开玩笑的口吻重复故事的发展——小牧羊人谎称有狼，农夫上山救援，然后下山。

　　第四天、第五天……依此类推，直到学生指出故事重复，或开始有其他反应，老师便可开始和学生进行讨论。

附录6　个人工作纸："反思钥匙"

　　姓名：＿＿＿＿＿＿＿＿

请根据以下问题进行反思：

在课堂中学到了什么？

自己有什么表现良好的地方？

在学习过程中有什么困难？

学到的东西可以怎样应用？

这些经验对自己的生活和成长有什么帮助？

CC1.2 思维性格大揭秘　　　　　　**"了解性格　创意迸发"**

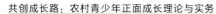

构　　念：认知能力
对　　象：初一学生
单元目的：认识各种思维性格，培养创造性思维技巧
教学目标：1. 掌握各种思维性格的特点
2. 学习应用不同的思维性格
3. 培养创造性思维
教学工具：老师参考资料："元旦联欢会"内容（附录1）
自备PPT："思维性格大揭秘"
讨论资料：思维性格参考资料（附录2）
自备PPT："评估你的性格"
老师参考资料："评估你的性格"建议答案（附录3）
成长拼图
教学方法：小组讨论
全班游戏

活动程序：40分钟

★★＝主要活动

★＝次要活动

活动	步骤	教学工具	时间
Ⅰ. 引起动机	1. 老师问："有没有曾经与同学讨论或合作时，因意见不合而闹得不愉快？"学生自由回答。 2. 老师接着说："让我们一起看看故事中三位同学的遭遇。"		7分钟
Ⅱ. 小组讨论 "思维性格大揭秘" ★★	目的：掌握各种思维性格的特点 1. 两位老师合作讲述故事中三位主角的思维特点，请学生思考思维特点与故事中哪位主角最相似。等到学生发表意见后，老师指出故事中的三位主角具有怎样的思维性格： 王华——发明家型；李文——村长型；杨然——侦探型。（附录1） 指出原来故事中的三位主角之所以意见不合，其中的原因是他们的思维性格不同。 ●播放"思维性格大揭秘"PPT，讲解三种思维性格的特点。 ●最后，老师指出"发明家型"是引发创造性思维的重要元素，鼓励学生平时多加运用，但强调三种思维性格各有长处和短处，只要用得其所，就能使工作取得更高的成效	附录1 幻灯片	15分钟

活动	步骤	教学工具	时间
Ⅲ.全班游戏 "评估你的性格" ★	目的：学习应用不同的思维性格 1. 把学生分成 6 组，活动以分组比赛形式进行。给每组发一张思维性格参考资料（附录2）。 2. 游戏规则：请学生就刚才所介绍的不同思维性格特点，估计在以下显示的职业中所需的思维性格，并简述理由。只要解释合理，便可得 1 分，取得最高分的小组获胜。 3. 游戏开始，播放"评估你的性格"PPT	附录2 附录3 幻灯片	12 分钟
Ⅳ.总结	1. 每个人都同时拥有多种思维性格，有些思维性格较强，有些可能较弱。了解自己经常运用的思维性格以及各种思维性格，可以增强自己处事的灵活性。 2. 思维性格是可以学习和培养的，它可以随着人的阅历及经验的增长而改变。 3. 鼓励学生在日常生活和学习中多运用不同的思维性格去处理不同的事情，以取得更高的成效		2 分钟
Ⅴ.自我反思	1. 老师在课堂结束前派发"成长拼图"，让学生静默片刻，反思后再填写。 2. 最后，老师应对学生的合作表现加以鼓励和赞赏	成长拼图	4 分钟

教学建议

1. "思维性格大揭秘"	• 根据 Sternberg 和 Lubart（1995）的创造性思维理论，PPT 中所提及的"发明家型""村长型""侦探型"三种思维性格顺序为"立法型"、"行政型"和"司法型"，这是众多思维性格中的三种，"发明家型"是引发创造性思维的最佳思维方式。 • 故事中三位主角的特点，如王华有很多自己的意见和提议，较有创意；李文则多以别人的意见为办事基础，喜欢遵从明确的规则或指示；而杨然则比较多地对事情及别人的意见做出分析和评价。 • 请学生想想自己与哪位主角的思维性格最相似，目的是让他们了解自己经常运用哪种思维性格，这有助于促进学生练

	习和运用另一些思维性格，使他们的思维更全面、更灵活。例如，当一个惯用"村长型"思维性格的人遇到问题需要解决时，可提醒自己要先寻求处理方法，而不是直接请教别人，征询解决方法。需要鼓励学生积极思考自己与故事中哪位主角最相似，加深自我了解，取得进步。 ● 老师可提出平时之所以与其他人意见不合，很可能是因为各自的思维性格不同，所以观点和处事方式也各有不同。鼓励学生学习尊重和包容不同人的意见，理解别人的思维性格和想法，彼此合作，便能使工作做得更好。 ● 若时间许可，老师可与学生讨论三种思维性格的长处和短处
2. "评估你的性格"	● 活动初期，学生在估计所需性格时可能会遇到困难，老师应鼓励学生多加思考，大胆尝试，并鼓励他们平时可多尝试运用不同的思维性格，使他们在处理学习和生活上的事情时，思维能够更具弹性。 ● 老师可以根据课堂时间的长短而自行加减职业例子，若时间许可，在这节课结束前，老师可以请学生思考自己的理想职业是什么，以及哪些职业特别需要哪些思维性格。鼓励学生平时多培养不同的思维性格，为自己的未来做好准备

延伸活动建议

活动	内容	建议
万能 A4 纸	目的：培养创造性思维 1. 将学生分成 6 个小组，每组发 A4 纸一沓。 2. 在 3 分钟内用 A4 纸制造有用的物品，种类及款式越多越好。 3. 请每组报告制造了多少件物品，并介绍制成品的用途。 4. 老师赞赏学生的创意，并说明：原来一样普通且简单的材料，只要运用一点创意，就可以创造出很多有用的东西，而不只限于其固有的用途	1. 学生可能会问能否在纸上画出创造的用品，老师可指出这节课的目的在于让同学发掘纸张在书写、绘画、包装等用途以外的其他用处，使他们明白有很多东西其实不只局限于其固有的用途，如曾有设计师用纸张做时装、椅子等。若老师有这类创造的图片，可在学生报告后给学生欣赏，让他们知道这些创造有可能在现实中发生。 2. 评估学生的创意时，要让学生知道作品是否具有创意，并非取决于老师是否认同他们的想法，而是他们的作品和解说能否表达他们的原有想法。老师评定学生创意的准则，

活动	内容	建议
		只需从学生的角度评价作品，无须以现今最新的发明来衡量其创意。 3. 要有效培养学生的创意，除了奖励学生的成就外，还要奖励他们追求创意的努力。老师可设立不同的奖项来奖励学生的成就，但更重要的是对全班同学的努力加以赞赏。 4. 示范创造力是培养创造性思维的一个有效方法，因为学生创意的发展有赖于老师做给他们看，而不是老师告诉他们怎样做。老师可现场用 A4 纸创造一件有用途的东西，作为创意行为的示范

附录 1　老师参考资料："元旦联欢会" 内容

元旦即将来临，同学们推举了王华、李文和杨然为元旦联欢会的总策划，他们正在商讨怎样筹备这次元旦联欢会。

李文：过两个星期就是元旦了，你觉得应该怎样办好呢？

王华：年年都开联欢会，不如今年换一种形式吧！

杨然：换形式？什么意思啊？

王华：年年都是唱歌、跳舞、交换礼物、聚餐，提起来都闷！不如今年设计一面礼物墙，在上面挂上礼物，将教室布置成粉红色，请同学们自制礼物进行交换，交换的同时播放歌曲，大家跳跳舞、唱唱歌，这样多有气氛啊，是不是？

李文：你的建议既好又好像不太好！老师说可以用气球布置教室。

王华：这有什么意思啊！每次都这样！

杨然：哦，但我想问一下，设计礼物墙要多大啊，会不会太浪费了，过完节以后，这礼物墙就没用了？

王华：唉，但要是没有礼物墙就没有气氛了！

李文：那我们要把这些细节问题讨论清楚！

王华：我们就三个人，究竟要怎么办，那也只有咱三个出主意啊！

李文：……其实我也没什么意见。要不再问问其他同学？

王华：既然是这样，那就交给你了。问好了，下次开个会讨论一下。

杨然：不过，王华，你说的交换礼物好像有困难啊！我们还有好多作业要做，离元旦只有两周的时间了，怕来不及做礼物了！

李文：同意，虽然交换礼物是个好主意，但让我自己来做，还是有难度的。

王华：唉，就你俩意见多！那怎么办？

杨然：喂，每个人都有不同的想法，我们也要听听别人的嘛。

王华：是啊……

李文：好吧，好吧，那我们和其他同学再商量一下。

王华：哦，好啊！

附录 2　讨论资料：思维性格参考资料

发明家型

1. 喜欢自己设计行事方法并制定规则

2. 喜欢自行寻求处事和解决问题的方法

3. 较愿意处理非预先设定的问题

4. 喜欢从事创造性的工作

5. 喜欢计划、写文章

6. 不喜欢背诵、做选择题

村长型

1. 喜欢守规则、按照明确指示处理事情

2. 较愿意处理预先设定的问题

3. 喜欢利用公式解决问题

4. 以别人的意见为办事基础

5. 喜欢做选择题，喜欢需要背诵的科目

侦探型

1. 喜欢分析、批评、发表意见

2. 喜欢评估规则与程序

3. 较愿意处理可供分析的问题

4. 喜欢写评论文章

5. 较不喜欢做选择题和填充题

附录3 老师参考资料："评估你的性格"建议答案

以下是每项职业所需要具备的思维性格的例子。

职业	发明家型	村长型	侦探型
作家	创作故事	根据不同的写作格式写作，如七言律诗、格律诗等	分析并评估创作受读者欢迎的程度
建筑师	设计建筑物的外观和框架	根据力学原理计算建筑物的结构、建筑材料的成分	分析建筑物的安全程度
记者	计划采访过程	按事件的真相如实报道	对新闻做出评论
警察	思考破案的方法	执行任务时服从上司的指令	分析和研究案情
教师	创造新颖的教学方法	按学校的规则维持纪律	评估学生的表现
家庭主妇	创作新菜肴	根据食物的特质选择合适的配料	根据每次饭菜的受欢迎程度来分析家人的口味
法官	设计合适的判词和告诫罪犯	根据法律法规判刑	分析和研究供词
时事评论员	选择表达意见的方式	根据事实去做评论	分析和评估政策方案
发型师	发型创作	根据顾客的要求设计发型	分析顾客的外形以设计合适的发型
楼盘住房销售员	发明创新的推销手法	努力推销以达到公司要求的营业额	分析客人的需要和喜好来推销户型
化妆师	设计新颖的妆容，发明化妆技巧	根据客人的要求和场合化合适的妆容	分析客人的面部轮廓和气质，提供合适的妆容

成长拼图

单元 CC1.2 思维性格大揭秘　　姓名：＿＿＿＿＿　　班级：＿＿＿＿＿　　日期：＿＿＿＿＿

1. "发明家型""村长型""侦探型"思维性格各具有什么特色？

2. 你较擅长运用哪种思维性格？

3. 你怎样可以把这种思维性格加以发挥？

第十一章　采取行动能力[*]

理念

本构念是采取行动能力，英文为 Behavioral Competence，缩写为 BC。"采取行动能力"是指能够展现出为社会接纳的常规社交行为的能力，包括语言及非语言的行为。采取行动能力较强的人能清晰地使用语言或非语言的方法表达自己的感受，迅速和有效地展现出被社会接纳的行为。

采取行动能力与认知能力、分辨是非能力和利他信念是息息相关的。有研究指出儿童的认知发展（Moshman，1998）及道德判断发展（Kohlberg，1984）是随着年龄增长而递增的，而这些发展范畴与采取行动能力有着密切关系。因此，较年长的儿童比较年幼的儿童有更佳的采取行动能力。此外，有学者指出，教导学生尊重别人和做一个有责任感的人是学校倡导的两个主要价值观念（Lickona，1991）。因此，提高学生的采取行动能力，有助于发展这两个主要价值观念。

有学者指出，华人儿童比西方儿童更能展现出利他及守法的行

---

　　* 第一版：马庆强、朱嘉仪
　　第二版修订：韩晓燕、赵鑫、都维娜、王敏
　　第三版修订：柴雪

为（Ma，1989），而女孩比男孩更善于表达情绪（Ruble & Martin，1998），并愿意做出顺从社会和学校规则的行为（Ma et al.，2000；Ma et al.，1996）。调查发现，中国的留守儿童在行为上呈现积极和消极的两方面特征，在积极方面表现为更强的生活自理能力和更愿意帮助别人等，在消极方面表现为攻击、退缩和违纪行为（刘霞、赵景欣、申继亮，2007）。本项目在设计过程中，已考虑到上述文化、性别和特征差异的影响。

本章构念共有两个单元，着重改善学生的常规社交行为，特别是与批评及道歉相关的行为和态度，并解释"采取行动能力"的含义及其重要性。单元 BC1.1 教导学生如何分辨善意的批评和恶意的批评，以及如何提出善意的、有建设性的批评，让学生明白批评别人的同时需要尊重别人。单元 BC1.2 让学生理解道歉的重要性，并培养为自己的过错道歉的习惯，成为一个有责任感的青少年。

参考文献

刘霞、赵景欣、申继亮，2007，《农村留守儿童的情绪与行为适应特点》，《中国教育学刊》第 6 期。

Kohlberg，L.（1984）. Essays on moral development. In *The Psychology of Moral Development*（Vol. 2）. San Francisco，CA：Harper & Row.

Lickona，T.（1991）. *Educating for Character：How Our Schools Can Teach Respect and Responsibility*. New York：Bantam.

Ma，H. K.（1989）. Moral orientation and moral judgment in adolescents in Hong Kong，Mainland China and England. *Journal of Cross-Cultural Psychology*，20，152-177.

Ma，H. K.，Shek，D. T. L.，Cheung，P. C.，& Lee，C. O. B.（2000）. Parental，peer，and teacher influences on the social behavior of Hong Kong Chinese adolescents. *Journal of Genetic Psychology*，161，65-78.

Ma，H. K.，Shek，D. T. L.，Cheung，P. C.，& Lee，R. Y. P.（1996）.

The relation of prosocial and antisocial behavior to personality and peer relation-ships of Hong Kong Chinese adolescents. *Journal of Genetic Psychology*, 157, 255-266.

Moshman, D. (1998). Cognitive development beyond childhood. In Damon, W., Kuhn, D., & Siegler, R. S. (eds.), *Handbook of Child Psychology* (5th ed., Vol. 2, pp. 947-981). New York：John Wiley.

Ruble, D. N., & Martin, C. I. (1998). Gender development. In Damon, W., & Eisenberg, N. (eds.), *Handbook of Child Psychology* (5th ed., Vol. 3, pp. 933-1016). New York：John Wiley.

活动单元概览

单元	单元目的	教学目标
为我好？ （BC1.1） （40分钟）	认识不同性质的批评及其效果，鼓励学生进行善意的、有建设性的批评	• 分辨善意批评和恶意批评 • 明白恶意批评不能带来正面的效果 • 学会进行善意的、有建设性的批评
如何启齿？ （BC1.2） （40分钟）	认识不同的道歉方法，鼓励学生养成道歉的习惯	• 掌握道歉的技巧（包括语言和非语言） • 明白不论犯了什么性质和程度的错，都应该道歉

BC1.1 为我好？　　　　　　　　　　**"善意规劝　友谊长存"**

构　念：采取行动能力
对　象：初一学生
单元目的：认识不同性质的批评及其效果，鼓励学生进行善意的、有建设性的批评
教学目标：1. 分辨善意批评和恶意批评
　　　　　2. 明白恶意批评不能带来正面的效果
　　　　　3. 学会进行善意的、有建设性的批评
教学工具：自备PPT："你会接受哪一句？""真的为我好？"
　　　　　讨论资料："真的为我好？"（附录1）
　　　　　老师参考资料：思考问题参考答案（附录2）
　　　　　讨论资料："我为你好"（附录3）
　　　　　成长拼图
教学方法：全班讨论
　　　　　小组讨论

活动程序：40分钟

★★=主要活动

★=次要活动

活动	步骤	教学工具	时间
Ⅰ. 活动导入	适当回顾上学期所讲的情绪控制和情绪表达，结合本课内容提问： • 每个人都有被批评的时候，当有人批评你时你的情绪是怎样的，你的感受是什么？ • 老师引导学生列举一种批评情境，并回忆自己是否接受那样的批评，为什么？ • 老师可与学生分享被人批评的经历，引起学生参与活动的动机。 • 老师尝试从学生的回答中归纳出批评是有善意和恶意的分别的。 • 另外，老师可选择运用幻灯片："你会接受哪一句？"（参考教学建议1）	幻灯片	5分钟
Ⅱ. 全班讨论"真的为我好？"★★	目的：引导学生明白恶意批评没有建设性，不能帮助别人改进其行为 • 幻灯片播放前，全班学生分成8个小组，并请学生浏览讨论资料（附录1）。然后，简单介绍幻灯片主角小明的资料。播放幻灯片"真的为我好？"。 • 幻灯片播放完毕后，老师与全班学生讨论剧中的问题："小强和小军有什么对和不对的地方呢？"（参考附录2和教学建议2） • 学生自由发表意见。 • 老师指出小强和小军不对的地方，因为他们的批评是恶意的，并说出这种批评的特质（参考附录2）。 • 老师问："小明的感受如何，他是否应该接受小强和小军的批评？"老师可简单指出面对恶意批评时应有的态度（参考附录2）。 • 老师再引导学生思考："从小强和小军的批评中，小明有没有得到实际的帮助？"（参考附录2）。 • 老师引导学生归纳批评有哪些种类（可以围绕恶意批评、善意批评、中性批评等来展开）。 • 老师引导学生讨论面对恶意批评时应有的态度。 • 引导学生思考能够帮助小明改进其行为的方法	幻灯片 附录1 附录2	15分钟

续表

活动	步骤	教学工具	时间
Ⅲ. 小组讨论 "我为你好" ★	目的：教学生掌握善意的、有建设性的批评技巧。 • 老师请学生浏览讨论资料（参考附录3）。 • 老师请每组讨论两个问题： 有建设性、有帮助的批评在技巧和态度方面应该包含什么？（参考附录3） 如果你是小明的同学，你会如何批评和帮助小明？请为小明提出有建设性的批评。 • 老师提醒学生，在小组报告时，每组应就批评的技巧和态度两方面发表意见。 • 学生发表意见后，老师归纳出有建设性和善意的批评特质，指出有建设性的批评才能有效地帮助人	附录3	7分钟
Ⅳ. 总结	• 我们日常生活中常有机会遭遇别人批评，我们应该先自我反省和分析批评。 • 鼓励学生在批评别人时，应善意地、有礼貌地说出对方需要改善的地方，不可以进行人身攻击，并尝试提出一些改善方法给对方参考。如果不能提出方法，也不应恶意地批评别人。 • 恶意批评未必是错的，可能只是批评者缺乏技巧，因此，学生遇到恶意批评时，应先控制情绪，细心聆听别人如何批评，然后做出反省和分析批评的理由是否正确，最后决定是否接受。 • 如果别人的批评有不对的地方要学会宽容		8分钟
Ⅴ. 自我反省	• 老师在课堂结束前派发"成长拼图"，让学生静默片刻反思并填写"成长拼图"。 • 最后，老师应对学生的合作表现加以鼓励和赞赏	成长拼图	5分钟

教学建议

1. 活动导入	• 注意学生可能曾因别人的恶意批评而感到愤怒，在他们发表感受时，老师应多加留意，并鼓励学生学会宽容。 • 有些学生抱怨在家里受父母批评，此时，老师不应该立刻认同学生的看法，可尝试用提问方式引导学生思考父母的用心，并鼓励他们自我反省，尽量减少他们的怨气。 • 假如学生比较被动，不善于表达，老师可选择幻灯片作为例子，教学生分辨善意批评和恶意批评。 • 案例仅供参考，老师可根据实际需要，转换成与主题相关的、形式更加多样的其他故事、小游戏、图片等

2. "真的为我好?"	• 幻灯片只是作为例子让学生明白批评的技巧,如果没有时间,老师可口述重点。 • 幻灯片的批评语句可能不能全面反映当今青少年批评同辈的情况,为了提高学生的投入感,建议在看完幻灯片后,老师让学生自行为小明做一些恶意批评,并做讨论,但时间不宜太长。 • 因情境中的恶意批评例子较为直接,对一些程度较高的学生,老师可将该批评语句深化,将其中一至两句的批评语句,加上一些改进建议,将批评语句复杂化,例如:"今天的测验这么简单,你都没及格,告诉你多少次了,上课要专心。现在自讨苦吃,以后平时要多用功,知道吗?"让学生思考是否为恶意批评,并明白对别人做出批评必须态度诚恳,批评语句尽可能是善意的、有建设性的,避免有人身攻击的词语。 • 假如情境中人物的名字与在场学生的名字相似,可用英文字母代替,避免学生尴尬。 • 假如有学生利用恶意批评的语句与同学开玩笑,老师应立刻提醒学生不可讥笑同学
3. "我为你好"	• 建议把讨论资料影印成投影文档发给学生参考,方便讨论。因为每组讨论的范畴不同,建议老师先简要介绍每组的工作。 • 分组容易产生混乱,老师应给予清晰的指示,并在讨论时到处巡视,鼓励学生积极参与。 • 老师应欣赏学生提议的批评语句,并加以总结。 • 如果学生不能为小明想出改善方法,老师可建议学生注意表达批评的方式。 • 老师应在此环节带出,有些批评并没有提供帮助对方的方法,属于中性批评,并鼓励学生多用善意和有建设性的批评

延伸活动建议

活动	内容	建议
食堂服务意见表	目的:让学生学习运用有建设性的批评 在一星期内,请学生对学校食堂或校外小饭店的食物质量做出批评,并提出改善建议。如果学生没有外出用餐,可改为对妈妈做的晚餐提出有建设性的批评	学生可采用食堂提供的意见表,较好的意见可给其他学生参考

续表

活动	内容	建议
服务态度的批评	目的：让学生学习运用有建设性的批评 请学生在一星期内留意商店服务员的态度，并尝试做出批评，提出改善建议	

附录1　讨论资料："真的为我好？"

小明的背景资料

小明，初一（1）班学生，成绩偏下，上课时经常不专心，考试常常不及格，也不按时交作业。他对老师的态度恶劣，因此多次被罚课后留下来。另外，他常常向同学发脾气，所以他没有什么要好的朋友，课间休息和吃午饭的时候，常常独自一人。

小明的运动能力也不算很好，体育课的时候他只参加跑步，很少参与球类活动和比赛，因为他害怕输给别人，他没有参加过任何比赛，但如果同学输了，他就会不客气地批评参加比赛同学的水平。

内容

有一天课间休息的时候，小明的同学小强和小军对他有以下批评。

批评一　"这次测验这么简单，你都没有及格，都说你了，平时上课不专心听，还说自己努力？"

批评二　"你成天发脾气，当然没有人愿意跟你做朋友啦。其他人一看到你就跑了！"

批评三　"你整天不运动，你的手脚是不是动不了啊？"

批评四　"我们班主任都不喜欢你，看到你就像看到定时炸弹一样，都不知道你什么时候会发脾气。"

讨论问题

● 小明应该接受以上批评吗？

- 你会建议小明如何面对这些批评呢？

附录 2　老师参考资料：思考问题参考答案

- 小强和小军有什么对和不对的地方呢？
- 对：指出小明有需要改善和自我反省的地方。
- 不对：批评态度不诚恳，批评语句带有攻击性和讥笑成分，没有考虑别人的感受，没有提出改善建议（请同时参考教学建议第 2 点）
- 小明的感受如何？他是否应该接受小强和小军的批评？
- 这些恶意批评会为小明带来负面情绪，如不开心、不接受、愤怒等，但他是应该接受的，因为他的行为的确有不好的地方。
- 面对恶意批评：应先控制情绪，细心聆听别人如何批评，然后加以反省，分析批评的依据是否正确，最后决定是否接受。
- 从小强和小军的批评中，小明有没有得到实际的帮助？
- 没有实际帮助，因为那些批评没有提供善意的、有建设性的改善方法。
- 有建设性、有帮助的批评在技巧和态度方面应该包含什么？
- 技巧：正面地指出别人需要改善的地方，如果可能的话，还应该提出一些改善的方法。
- 态度：应考虑到别人的感受，说话有礼貌，不能带有人身攻击和讥笑的成分。

附录 3　讨论资料："我为你好"

如果你是小明的同学，你会如何批评和帮助小明改进？请为小明提出有建设性的批评。请按下列的指示对小明的学业成绩、学习态度、待人态度和运动能力提出善意批评。

第一、二组：请你对小明的学业成绩、学习态度提出善意批评。

第三、四组：请你对小明与同学相处的态度提出善意批评。

第五、六组：请你对小明的运动能力提出善意批评。

第七、八组：请你对小明的待人态度提出善意批评。

BC1.2 如何启齿？   **"不怕羞怯　勇于道歉"**

构　　念：采取行动能力

对　　象：初一学生

单元目的：认识不同的道歉方法，鼓励学生养成道歉的习惯

教学目标：1. 掌握道歉的技巧（包括语言和非语言）

　　　　　2. 明白不论犯了什么性质和程度的错，都应该道歉

教学工具：讨论资料："谁做得好？"（附录1）

　　　　　讨论资料："创意工作坊"各组讨论项目（附录2）

　　　　　小组工作纸："创意工作坊"4 款（附录3）

　　　　　成长拼图

教学方法：角色扮演

　　　　　全班讨论

　　　　　小组创作活动

活动程序：40 分钟

★★＝主要活动

★＝次要活动

活动	步骤	教学工具	时间
Ⅰ. 活动导入	稍微回顾一下上节课的内容，然后提问： ●老师问学生有没有遇到过在公共汽车或地铁上被人撞到或踩到，那时，对方有没有马上向你道歉？由学生自由回答。 ●老师再问学生如果撞到或踩到别人，你会不会道歉？为什么？ ●再问学生，如果不小心踩到别人，而对方穿凉鞋，脚被踩伤了，你会怎么办？由学生自由回答。 ●老师引用学生的答案带出不论做错什么事，都应该道歉，如果需要，更应该为过错做出适当的补偿。 ●最后，老师引导学生思考道歉是不是单说句"对不起"或"Sorry"便够了，借此带出本课的主题。 或讲个故事，引出主题。比如偶尔犯错，相互报复的故事。引出的主题不妨定为"如何正确处理矛盾"等		5分钟
Ⅱ. 角色扮演及全班讨论"谁做得好？" ★★	目的：通过分组游戏，带出本课的教学目标 ●老师先请 2 位同学演绎情境一，再请另外 2 位同学演绎情境二。 ●演绎完毕后，老师与全班同学讨论以下问题： （1）认为哪一个情境比较好？（学生可投票）为什么？ （2）演绎的两个情境有什么分别？请学生说出不同的地方（老师可从说话态度、面部表情和事后跟进等各方面找出不同的地方，把学生的意见写在黑板上）。 ●老师归纳学生的意见，总结道歉的时候，应语言和动作并用，如果其中一方欠缺诚意，道歉的效果便会大打折扣。如果有时间，可请另外 2 位同学重新演绎情境一。 ●老师问："如果剧中的主角全部都没有道歉，你有什么感受？你会怎样做？"学生自由回答。利用学生的分享，引导学生思考没有道歉时对方的感受，从而带出道歉的重要性	附录 1	15分钟

活动	步骤	教学工具	时间
Ⅲ. 小组创作活动"创意工作坊"★	目的：通过写工作纸，带出本课的教学目标 • 先把学生分成 8 个小组。老师请学生浏览"创意工作坊"工作纸（附录 2、附录 3）并解释。 • 每组为 2 个事件的严重程度分级，并为其中一个设计新颖的道歉方法，为另一个设计补偿方法。 • 讨论完毕后，老师可请 4 组派代表报告，报告时，学生可以亲自演绎他们的方法。 • 老师为学生的报告做总结，并赞赏他们具有创意的道歉方法。 • 老师指出不论错误轻重，都需要道歉。 • 老师指出我们的错误会使对方有损失，所以除了道歉以外，还应该做适当的补偿。 • 老师指出补偿不一定是物质，也可以是为对方做一些事情，目的是让对方明白你有道歉和悔改的诚意。 • 一个真诚的微笑、一份善意的祝福都是表达歉意的方式	附录 2 附录 3	12 分钟
Ⅳ. 总结	• 每当我们冒犯了别人的时候，不论事情大小，都应该向对方道歉。 • 道歉不一定是刻板式地说"对不起"，我们可以用不同的形式或话语去表达歉意。同时，必须带着诚恳的态度，这样才能达到道歉的目的。 • 必要的时候，应该为自己的错误做出适当的补偿		3 分钟
Ⅴ. 自我反省	• 老师在课堂结束前派发"成长拼图"，让学生静默片刻反思并填写"成长拼图"。 • 最后，老师应对学生的合作表现加以鼓励和赞赏	成长拼图	5 分钟

教学建议

1. 引起动机	• 老师可交流自己的道歉经验，指出道歉的重要性，从而引入课题。 • 可根据学生的参与积极性来决定是否邀请他们做沟通经验交流。 • 案例仅供参考，老师可根据实际需要，转换成与主题相关的、形式更加多样的其他故事、小游戏、图片等

2."谁做得好?"	• 老师可用小礼物作为奖励,奖励演绎情境的学生。 • 讨论时,老师可指出每组都需要就讨论的问题发言,使学生更加投入。 • 老师可将学生发表的意见写在黑板上,吸引学生的注意力,归纳完毕后,老师必须重复各种道歉技巧。 • 假如学生建议以报复行为或其他不当的方式去处理问题,老师应加以劝阻
3."创意工作坊"	• 具体的案例老师可以结合实际的情况自行提供,也可让学生分享自己的案例。 • 在讨论事后跟进的部分,老师应建议学生想出可行的办法,切勿天马行空,提出不切实际的办法。 • 学生在讨论跟进时可能只会想到物质方面的补偿,老师可引导他们设计一些非物质的补偿方法,如问候等。 • 学生可将道歉方法和事后跟进一起讨论,把答案写在一起,主要目的是希望学生明白我们要为自己的过失做出诚恳的道歉和尽可能加以跟进。 • 如果时间不够,老师可请学生做口头讨论,不用完成工作纸,然后请学生做报告。 • 对于情境中偷钱和欺负低年级同学等事情,老师可与学生探讨一些关于法律、道德和伦理的问题,使学生明白做错事除了道歉和补偿外,还应该从中学习一些人情世故和做人的道理,这样会使课堂更丰富。 • 如果时间允许,老师可将完成的工作纸贴在黑板报上
4.总结	• 可告诉学生这节课是教导他们应有的道歉态度,至于如何接受别人的道歉,会在第二学年和第三学年的课上教

延伸活动建议

活动	内容	建议
道歉品德	目的:让学生认识不同的道歉方法,鼓励学生养成道歉的习惯 请学生以分组的形式,调查市面上有什么商品可作道歉之用,回来在课堂上报告,看哪一组能找出最多的例子	学生不需要把有关物品买回来,只需要说出购买的地点、形状和价钱。老师应提醒学生物品必须可作道歉之用,而不是随意找的一样东西

续表

活动	内容	建议
以史为鉴	目的：通过历史让学生明白道歉的重要性 请学生以分组的形式，找出有哪些历史人物曾勇敢地向人道歉，承认自己的错误，当然结局要好。也可以结合自己的例子	

附录 1 讨论资料："谁做得好?"

情境一

临近考试，小青到小英家一起复习功课。离开的时候，小青因急于回家吃晚饭，不小心打碎了小英心爱的水杯。小青只是很简单地向小英道歉，并笑着说急着赶回家，然后便走了。

> 表演提示：
> 扮演小青的同学应尽量用动作、语言和面部表情去凸显小青简单和没有诚意的道歉，以及认为打破了别人的东西不是一件大事的态度。扮演小英的同学应用动作、语言和面部表情表示自己不开心和心痛,并对小青的态度感到不满和无奈

情境二

小倩借小明的手表用了一天，不小心在路上丢了。于是她立刻向小明道歉，希望小明原谅她。她也写了一张道歉卡给小明，还告诉小明等她有足够的零用钱便立刻买一个新的手表给他作为补偿。

> 表演提示：
> 扮演小倩的同学应尽量用动作、语言和面部表情去凸显她的歉意和诚恳态度。
> 扮演小明的同学也应同样用动作、语言和面部表情表达他对小倩的原谅

附录 2　讨论资料："创意工作坊"各组讨论项目

小组
1、2

摔坏了朋友的水杯

向爸爸妈妈乱发脾气

小组
3、4

弄丢了别人的手表
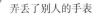

没有得到同学的同意，
便拿走了同学的耳机

小组
5、6

未经妈妈同意，偷偷地拿
了她的钱

美术课时，不小心弄脏
了别人的衣服

小组
7、8

上课迟到

欺负年幼的弟弟妹妹或
小朋友

附录3 小组工作纸："创意工作坊"

<table>
<tr><td rowspan="2">小组
1、2</td><td colspan="2">请为以下事情的严重程度分级：最轻微的用"★"，较严重的用"★★"，最严重的用"★★★"。然后为其中一件事设计新颖的道歉方法，为另一件事设计补偿方法。</td></tr>
<tr><td>事件</td><td>严重程度</td></tr>
</table>

事件	严重程度
摔坏了朋友的水杯	
向爸爸妈妈乱发脾气	

创意道歉

事件：摔坏了朋友的水杯

补偿方法

事件：向爸爸妈妈乱发脾气

附录 3　小组工作纸："创意工作坊"

	请为以下事情的严重程度分级：最轻微的用"★"，较严重的用"★★"，最严重的用"★★★"。然后为其中一件事设计新颖的道歉方法，为另一件事设计补偿方法。
小组 3、4	

事件	严重程度
弄丢了别人的手表	
没有得到同学的同意，便拿走了同学的耳机	

创意道歉

事件：弄丢了别人的手表

补偿方法

事件：没有得到同学的同意，便拿走了同学的耳机

附录3 小组工作纸："创意工作坊"

<table>
<tr><td rowspan="3">小组 5、6</td><td colspan="2">请为以下事情的严重程度分级：最轻微的用"★"，较严重的用"★★"，最严重的用"★★★"。然后为其中一件事设计新颖的道歉方法，为另一件事设计补偿方法。</td></tr>
<tr><td>事件</td><td>严重程度</td></tr>
<tr><td>未经妈妈同意，偷偷地拿了她的钱</td><td></td></tr>
</table>

<table>
<tr><td>小组 5、6</td><td>美术课时，不小心弄脏了别人的衣服</td><td></td></tr>
</table>

创意道歉

事件：未经妈妈同意，偷偷地拿了她的钱

补偿方法

事件：美术课时，不小心弄脏了别人的衣服

附录 3　小组工作纸："创意工作坊"

小组 7、8	请为以下事情的严重程度分级：最轻微的用"★"，较严重的用"★★"，最严重的用"★★★"。然后为其中一件事设计新颖的道歉方法，为另一件事设计补偿方法。

事件	严重程度
上课迟到	
欺负年幼的弟弟妹妹或小朋友	

创意道歉

事件：上课迟到

补偿方法

事件：欺负年幼的弟弟妹妹或小朋友

第十二章　分辨是非能力[*]

理念

本构念是分辨是非能力，英文为 Moral Competence，缩写为 MC。分辨是非能力是指个人做出利他行为表现的倾向，以及对道德议题做出合理、公平、符合公众利益的判断的能力。分辨是非能力涉及两个主要概念：（1）利他主义，即个人在没有期望任何回报的情况下自愿做出有利于别人的行为（Ma，1997）；（2）道德判断的发展，包括对规则、法则、社会契约和基本权利的理解（Kohlberg，1984）。

道德研究领域的文献多采纳 Rest（1994）的观点，即道德是一个多维的概念，包括道德敏感性（moral sensibility）、道德判断（moral judgment）、道德动机（moral motivation）、道德认同（moral identity）和道德特征（moral character）。主要有两种研究取向。一方面是社会认知（social-cognitive）框架，有学者指出儿童的道德判断发展与其年龄及认知发展有关（Kohlberg，1984；Rest，1994）。Kohlberg（1971）把道德发展分为三个层次，每个层次包

　*　第一版：马庆强、朱嘉仪
　　第二版修订：韩晓燕、赵鑫、龚磊、朱欣苗
　　第三版修订：麻莹

括两个阶段。儿童的道德发展由这六个阶段构成：最初的盲目跟随权威者的指示，以求避免惩罚，逐渐发展到遵守社会秩序和法律，及至最高层次的"普及公义原则"作为判别是非的基础。很多西方心理学家和教育家指出个人自主为道德判断发展最后阶段的重要特质（Rest，1986），所以培养自主能力也成为项目的主要目标之一。

另一方面，积极心理学方法的研究者多采用美德视角（virtue approach）来看待道德议题（Catalano et al.，2002；Park & Peterson，2006）。对内地青少年来说，道德判断与正向社交行为有正向关系，而与违规行为有负向关系（Ma，2003）。因此，强化青少年的分辨是非能力，对他们的健康成长和维持社会秩序是十分重要的。对于香港地区的初中生来说，较高水平的道德能力显著地预测了较低水平的犯罪和问题行为意图，较高水平的外化行为也显著预示着 1 年后道德能力水平较低（Shek & Zhu，2019）。对于内地儿童，留守儿童的道德情感水平并不低于其他儿童，留守经历磨炼了他们的道德品质。通过系统的学习，留守儿童的道德情感水平完全可以被进一步拔高，而且在其引导下，每个儿童的道德行为更加具有"趋善"的动力（张学浪，2016）。因此，强化青少年的分辨是非能力，对他们的健康成长和维持社会秩序是十分重要的。

在初一活动手册配套构念体系中，"分辨是非能力"共有两个单元，着重提升学生对公平和公德心的了解程度，使他们能运用自主能力去辨认维持社会秩序的原则和行为。单元 MC1.1 让学生了解公平的意义及其重要性，鼓励学生在日常生活中坚持公平原则。单元 MC1.2 教学生分辨公德和缺德的行为，鼓励学生在公共场所时刻保持自律，多为他人着想。

参考文献

张学浪，2016，《农村留守儿童道德情感生成的理论价值》，《社会科学研究》第1期。

Catalano, R. F., Berglund, M. L., Ryan, J. A., Lonczak, H. S., & Hawkins, J. D. (2002). Positive youth development in the United States: Research findings on evaluations of positive youth development programs. *Prevention & Treatment*, 5, Article 15.

Kohlberg, L. (1971). From is to ought: How to commit the naturalistic fallacy and get away with it in the study of moral development. In T. Mischel (ed.), *Cognitive Development and Epistemology* (pp. 151 – 235). New York: Academic Press.

Kohlberg, L. (1984). *Essays on Moral Development: The Psychology of Moral Development*, Vol. 2. San Francisco, CA: Harper & Row.

Ma, H. K. (1997). The affective and cognitive aspects of moral development in Chinese people: A seven stage development theory. *Indigenous Psychological Research in Chinese Societies*, 7, 166-212. (In Chinese)

Ma, H. K. (2003). The relation of moral orientation and moral judgment to prosocial and antisocial behavior of Chinese adolescents. *International Journal of Psychology*, 38, 101-111.

Park, N., & Peterson, C. (2006). Moral competence and character strengths among adolescents: The development and validation of the Values in Action Inventory of Strengths for Youth. *Journal of Adolescence*, 29, 891-909.

Rest, J. R. (1986). *Moral Development: Advances in Research and Theory*. Westpert, CT: Praeger.

Rest, J. R. (1994). Background: Theory and research. In J. R. Rest, & D. Narvaez (eds.), *Moral Development in the Professions: Psychology and Applied Ethics*. New Jersey, NJ: Lawrence Erlbaum Associates.

Shek, D. T., & Zhu, X. (2019). Reciprocal Relationships Between Moral Competence and Externalizing Behavior in Junior Secondary Students: A Longitudinal Study in Hong Kong. *Frontiers in Psychology*，10.

活动单元概览

单元	单元目的	教学目标
谁可先上车？ （MC1.1） （40分钟）	了解公平的重要性，鼓励学生在日常生活中坚持公平原则	• 明白要维持公平的原则，需要大家共同付出 • 明白维持公平时，需要平衡各方的需要，情理兼顾
同一车厢内 （MC1.2） （40分钟）	了解公德心的重要性，鼓励学生在公共场所要自律，多为他人着想	• 分辨公德和缺德的行为 • 明白在公共场所自律及为他人设想的重要性

MC1.1 谁可先上车？　　　　　　　　　　　"处事公平　情理兼顾"

```
构　　念：分辨是非能力
对　　象：初一学生
单元目的：了解公平的重要性，鼓励学生在日常生活中坚持公平原则
教学目标：1. 明白要维持公平的原则，需要大家共同付出
　　　　　2. 明白维持公平时，需要平衡各方的需要，情理兼顾
教学工具：讨论资料："谁可先上车？"（附录1）
　　　　　老师参考资料：讨论指引（附录2）
　　　　　成长拼图
教学方法：分组讨论
　　　　　全班讨论
```

活动程序：40分钟

★★＝主要活动

★＝次要活动

活动	步骤	教学工具	时间
Ⅰ. 活动导入	回顾上节课的道歉和礼貌用语，导出本节内容： 1. 老师问学生："什么场合需要排队？为什么要排队？"由学生回答。 2. 然后老师问学生："排队决定先后，是否合乎公平原则？"由学生自由发表意见。 3. 老师再问学生："在排队时，你见过不公平的现象吗？"由学生自由发表意见，估计学生会回答插队是不公平的。		5分钟

续表

活动	步骤	教学工具	时间
	4. 老师可问学生有没有在排队时被插队，请他们回忆并讲述当时的感受。 5. 问答完成后，如果有需要，老师可以总结学生的意见，并引导学生思考："在什么情况下，你允许别人插队，而不会感觉受到不公平的对待呢？"		
Ⅱ. 分组讨论"谁可先上车？" ★★	目的：通过情境讨论，了解如何在日常生活中应用公平原则 1. 老师把全班分为 8 个小组，向各个小组派发讨论纸，并由老师简单介绍内容。 2. 安排角色，老师介绍情境"谁可先上车"，然后给学生 5 分钟时间讨论，找出对自己所扮演的角色有利的论点及支持自己可先上车的理由。 3. 老师请学生参与讨论"谁可先上车？"，并以抽签形式安排各组为情境中不同角色发言： （1）两组学生代表"小丽"发言，从她的立场思考理由； （2）两组学生代表"张伯伯"发言，从他的立场思考理由； （3）两组学生代表"其他乘客"发言，说出他们对有关情境的观点； （4）两组学生代表"站长"，聆听三方的论证，并提出解决的方法及其理由。 4. 5 分钟后，老师介绍讨论程序，并带领学生依以下程序进行讨论活动： （1）由"小丽"解释为什么自己应先上车，并说出张伯伯插队不公平的理由； （2）由"张伯伯"解释为什么自己应先上车，否则就是对他不公平； （3）由"其他乘客"发言，说出对此事的看法； （4）由"站长"向各方提问，并解释谁可先上车、对谁不公平。 5. 最后老师问全班同学"谁可先上车？"，学生以举手表态。老师可再问学生："如果张伯伯没有病，你会不会让他先上车？"学生举手表示自己的选择。 6. 讨论完毕，老师引导学生思考以下问题： （1）公平是否代表人人都应享有同样的东西？	附录 1 附录 2	25 分钟

续表

活动	步骤	教学工具	时间
	（2）在维护公平时，个别人士的需要是否应该被考虑？ （3）对于"公平"和"个别人士的需要"，我们如何取舍？你有何看法？		
Ⅲ．总结	1. 公平是人们共同追求的，每个人总有自己的理由和需要去追求公平。在任何情况下，没有公平，便会有人蒙受损失。 2. 我们有责任去维护公平，维护公平可从两方面做起：第一，先从自己做起，学会付出；第二，遇到不公平的事情，便要站出来，不可忍气吞声。 3. 在维护公平的同时，情理兼顾也非常重要。我们确实需要因事制宜，在情、理之间取得平衡，分析当时的情况再做出决定		5分钟
Ⅳ．自我反思	1. 老师在课堂结束前派发"成长拼图"，引导学生静默反思并填写"成长拼图"。 2. 最后，老师应对学生的合作表现加以鼓励和赞赏	成长拼图	5分钟

教学建议

1."谁可先上车？"	•以小组形式进行讨论，初一的学生可能不太熟悉，难以营造热烈的气氛。建议老师先简单介绍讨论程序，并向学生强调需要以当中人物的立场思考理由。 •老师可以设立一些奖项，鼓励学生发言，例如，"最佳表现奖""最佳发言奖"等。 •有些班级讨论气氛会很热烈，请老师注意把握好时间，建议限定每组发言时间。 •因每个角色都由两组负责，建议各组轮流发言，避免其中一组垄断所有观点。 •老师应留意是否每组同学都有发言，并鼓励每一组都发言。对一些发言较少的学生，老师可多提问，说出每个角色可先上车的理由，引导学生说出这对其他角色会造成怎样的影响，以带出重点。 •建议老师在每组发言时，把他们的论点写在黑板上，方便学生总结时归纳。

	• "站长"的观点，可能会引起其中一方学生的不满，请老师多加留意并控制秩序，并告诉他们本课程最重要的目的在于学习，不在于胜负。 • 老师可在上课前多预备一些发生在学校里和家庭里的例子，引起学生的共鸣，以便讨论
2. 总结	• 可用提问形式引导学生归纳本课的重点，例如，"没有公平怎么样？""我们可以怎样维护公平？""维护公平自己一个人是否可以做得到？""对于'公平'和'个别人士的需要'，我们如何取舍？你有何看法？" • 如果学生很快已经明白本节课的目的，老师可以立刻想一些校内情境供学生讨论，例如，"如果你是大队长负责校内小超市的秩序，有一名生病的同学需要立刻买东西吃，然后吃药，但如果排队，需要很长的时间，你会如何处理？"

延伸活动建议

活动	内容	建议
1. 实地观察	目的：从事件中学习处理不公平的事 学生在课后，以旁观者或当事人的身份，观察并描述在公共场所遇见的不公平事件，并说出当时的感受和处理方法（可作为家庭作业布置，在下节课前讨论）	学生可用文字或图书去完成有关观察报告
2. 公平自律表	目的：鼓励学生学习公平处事 请学生为自己设定一些可行的、维持公平的行动，以表格的形式记录下来，在一个月内检查自己有没有做到，并呈交有关记录	老师可鼓励学生设定一些可在学校做到的事情，例如，维持课堂秩序。老师也可以与学生一起订立或列举多些例子供学生参考。 假如学生在一个月内能做到维持公平的事情，老师可给予奖励或积分；假如学生未能做到某些事项，老师应给予学生建议和鼓励

附录 1　讨论资料："谁可先上车?"

　　7 月 6 日，天晴，气温 32℃。小丽和好朋友在明水镇看完电影，吃过午饭后，和明水镇的好朋友告别，走到附近的明水镇汽车站等车回高山镇，下午，她要参加学校的演讲比赛。汽车站排队的人很多，小丽不能立刻上车，只有跟在其他乘客后面在炎热的太阳下等候。

　　排在小丽前三个位置的张伯伯，刚刚从医院出来，身体非常疲倦。他排了好一会儿队，感到身体不舒服。于是他告诉排在他前后的乘客，需要到阴凉处休息一卜，等汽车到的时候他再回米上车。排在张伯伯前后的乘客都同意了。

　　15 分钟后，一辆 16 座的汽车到了，小丽立刻数了数排在前面的人数，自己刚巧是最后一个可以上车且有座位的人。排队的人开始上车了，小丽迫不及待地拿出钱包准备上车。这时，张伯伯也开始从阴凉处慢慢地走出来。

　　小丽看见这样，感到不妙。如果张伯伯上车，她可能要迟到，而且还要继续在炎热的太阳下等车。于是她立刻礼貌地对张伯伯说："老伯伯，麻烦您到后面排队，不好插队的。"张伯伯没有理会小丽，继续随着人群上车。小丽越来越气愤，挥手向站长示意有人插队。

这时，那一位排在张伯伯前面的乘客开口说："小姑娘，这位伯伯刚才跟我说过了他不太舒服，要暂时去阴凉的地方休息。伯伯身体不舒服，应该让他先上车的！"

小丽立刻说："不可以，不公平。我要赶时间的，要不就迟到了，应该让我先上车。"

张伯伯说："刚才我同其他人说过了我走开一会儿，我不舒服啊。我老了，这个太阳这么晒，我受不了的。我又不是存心要插这个队，你让伯伯先上车吧。"

小丽也回应说："老伯伯，我也是排队的，我是一直站在队伍里排队的，而且你已经走开了嘛，排队不是这样的，排队是要站在队伍里排的，所以应该是我先上车。"

其他乘客看到这样，有些帮小丽嚷着要张伯伯等下一班车，有些则劝小丽体谅张伯伯让他先上车。小丽仍然觉得很不公平，于是请站长快来解决。站长也无可奈何。

（注：此处的汽车为 16 座，且必须一人一座，不能超载。）

附录 2　老师参考资料：讨论指引

小组分配及安排

- 先把学生分成八组；
- 两组学生代表"小丽"发言，从她的立场思考理由；
- 两组学生代表"张伯伯"发言，从他的立场思考理由；
- 两组学生代表"其他乘客"发言，说出他们对有关情境的观点；
- 两组学生代表"站长"，聆听三方的论证，提出解决/预防的方法和理由。

（A）你认为这件事，谁受到不公平的对待？请说出理由。

（B）如果你是小丽，你有什么理由支持自己先上车？

（C）如果你是张伯伯，你有什么理由支持自己先上车？

（D）如果你是其他乘客，你认为谁可以先上车？请说出理由。

（E）如果你是站长，负责调停此事，你会如何处理？请解释。

你是：_____

你会怎么做：_____

_____

讨论形式和次序

• 由"小丽"解释为什么自己应该先上车，而张伯伯插队是不公平的；

• 由"张伯伯"解释为什么自己应先上车，否则就是对他不公平；

• 从"其他乘客"的角度出发，说出对于此事的看法；

• 由"站长"向各方提问，并由相关方面回应问题，最后由"站长"解释谁应该先上车，对谁不公平。

注意和建议事项

• 情境讨论没有一个预定的结果。假如学生最终认为"小丽"受到了不公平的对待，认为她可以先上车，老师可提出问题引导学生思考，例如，"为了坚持公平，而忽略了别人的需要，是否值得?"

● 假如学生认为"张伯伯"受到不公平的对待并可以先上车，老师应着重解释情理兼顾的重要性，避免学生借此学习张伯伯的行为而不排队。

● 老师也需要引导学生明白，应该小心分析当时的情况，教导他们不可以盲目地因别人有需要就放弃公平。老师可以举例，例如，"排在前面的是一对夫妇，丈夫正在排队，而他的妻子去买东西了，公交车来的时候妻子赶来插队上车了"。

● 本节的重点是教学学生维持公平之外，也要情理兼顾。学生可能觉得很难决定何时坚持公平，何时可以宽容。老师应鼓励学生寻求他人的帮助。

MC1.2 同一车厢内　　　　　　　　　"遵守规则　维护公德"

构　　念：分辨是非能力
对　　象：初一学生
单元目的：了解公德心的重要性，鼓励学生在公共场所要自律，多为他人着想
教学目标：1. 分辨公德和缺德的行为
　　　　　2. 明白在公共场所自律及为他人设想的重要性
教学工具：角色扮演资料："同一车厢内"（附录1）
　　　　　个人工作纸："没有公德"（附录2）
　　　　　小组工作纸："美好的车厢"（附录3）
　　　　　短剧道具
　　　　　成长拼图
教学方法：全班讨论
　　　　　小组讨论
　　　　　角色扮演

活动程序：40 分钟

★ ★ = 主要活动

★ = 次要活动

活动	步骤	教学工具	时间
Ⅰ．活动导入	回顾上节课的内容，引出本节课： 老师问学生："上节课布置了任务，请大家实地观察身边的不公平事件，能不能分享一下？"学生自由发言。但注意控制学生情绪。 老师再问："搭乘公共交通工具时，哪些行为是你们讨厌的？例如，插队、争先恐后、大声说话等。"又问："哪些行为是犯法的，可能罚款的？"请学生随意发表意见。 引导学生思考以下问题，借此带出主题： 为什么我们会对一些没礼貌或无公德的行为产生反感？ 你们认为法规或罚款能否完全防止无公德的行为？ 考虑与上节课公平性的关系		5 分钟
Ⅱ．角色扮演、 小组讨论 及全班讨论 "同一车厢内" ★ ★	目的：通过同学演绎不守公德的行为，让学生明白没有公德心带来的影响。 全班分成 8 个小组。 老师分发"没有公德"工作纸，引导学生填写，请他们完成以下两项工作： （1）为工作纸的 15 项缺德行为分等级，共有三级。最严重和不可接受的行为为第三级，给予"★ ★ ★"；没有那么严重的可给予"★ ★"；较轻微的给予"★"。 （2）在观看短剧时用"√"勾出短剧内出现的缺德行为，以便进行后面的分组讨论。 以抽签形式安排 4 组学生分别出演"同一车厢内"的 4 个短剧。每组一个情境。负责短剧的学生，有 4 分钟准备时间。 每个情境演绎完毕后，老师可带领全班讨论情境中的不当行为和它带来的影响，以及了解学生对该行为的评价等级。 让学生自由分级，老师可带出：没有一个标准的答案，主要是希望学生明白没公德心的行为不论轻重都是不应该做的。 老师引导学生思考："假如你是情境中的一位乘客，你可以做什么？"	附录 1 附录 2 附录 3 短剧道具	20 分钟

续表

活动	步骤	教学工具	时间
Ⅲ．总结	除了公共交通工具外，在其他公共场所，我们也有责任尊重他人，为他人着想，注重公德，使大家拥有一个美好的生活环境。 要学习在各种不同的情况下处理各种问题的能力，多考虑行为带来的后果和他人的感受。 提醒学生不论缺德行为是否严重，都不可以做		10分钟
Ⅳ．自我反省	老师在课堂结束前派发"成长拼图"，引导学生静默反思并填写"成长拼图"。 最后，老师应对学生的合作表现加以鼓励和赞赏	成长拼图	5分钟

教学建议

1．"同一车厢内"	●对于一些整体氛围比较内向、被动的班级，学生可能不愿意演出短剧，老师应该想办法（例如，送小礼物）加以鼓励或示范演出。 ●对于一些比较好动或秩序混乱的班级，老师应给予负责短剧的学生更多指示，避免他们演剧的时候胡乱演绎，制造混乱。 ●讨论情境时，老师可多鼓励学生做深入的反思
2．"美好的车厢"	●为了集中学生的注意力，小组讨论的部分，可让学生把建议写在投影纸上，然后用投影仪投放出来，让全班学生都能看到其他小组的意见。 ●学生发表改善建议的时候，如果遇到不恰当的建议，老师立刻以鼓励的语气加以纠正。 ●如果时间不够让所有小组发表意见，可将他们提出的建议贴在教室内的黑板报上。 ●每组学生必须对剧中一项行为提出改善建议，如果老师发现剧中有一些行为学生没有提及，可提醒学生。 ●也可以让学生参考一些城市的交通工具乘坐规则
3．总结	●短剧中或工作纸上每一个不适当的行为，总有其不适宜做的原因，老师可加以解释。例如，在车厢内大声打电话，虽然没有违反法规，但我们也应该为其他乘客着想，保持车厢内安静，轻声说话；没有让座给有需要的人是自私的行为。 ●建议老师着重鼓励学生学习考虑没有公德心的行为所带来的后果及别人的感受，让他们明白这是自私的行为，遵守公德是为他人着想的行为。如果学生能明白这一点，能多考虑别人的感受，相信有助于建立他们的公德心，这比直接告诉学生什么事不可以做的方式有效。

	• 总结时，老师可以采取互动形式与学生一起总结本节课所学的重点，让学生亲口说出要点，可以加深他们的印象。 • 除了公共场所外，老师也可利用教室的环境作为例子，鼓励全班一起改善，例如，垃圾桶的情况、教室课桌椅的整齐程度等

延伸活动建议

活动	内容	建议
剪报（个人）	目的：通过剪报和阅读新闻，明白公德的重要性 学生回家后从不同报纸中，寻找有关公德的新闻，并写下感想	可将较好的作品/感想张贴在黑板报上，以鼓励其他学生
公德日/公德周（全班/全校）	目的：通过校内活动学习公德行为 这项活动是全校/全班性的，学校大约可以安排一些高年级同学/大队长作为公德大使监察同学的公德行为。如果发现没公德心的行为，可在记录册上为该同学贴上缺德标记。如果发现良好公德行为（例如，帮助同学），可为该同学贴上一款公德标记	老师也可参与，如果有学生协助处理班级事务，老师也可在记录册上给予学生标记，以示鼓励

附录1　角色扮演资料："同一车厢内"

情境：有礼中学校门外的一个汽车站

人物：五名有礼中学学生：同学甲、乙、丙、丁和戊以及二至四名其他乘客

放学的铃声响起，一群有礼中学的学生冲出校园，赶乘公共汽车回家。五名甲班的同学甲、乙、丙、丁和戊在 36 路汽车站候车。汽车还未抵达，这五名学生在队伍中不断嬉戏，大声谈

笑，甚至撞到一名乘客。其余的乘客都向他们投去鄙视的目光。汽车终于到了，是一辆空调车。以下是有礼中学的同学从上车到下车所发生的事。

情境一：上车的时候

➤同学甲首先上车，他准备取出交通卡，却一时找不着，于是便急忙从书包里拿硬币代替。这妨碍了排在后面的乘客上车，但他一点歉意也没有，还继续和排在他后面的同学说笑玩耍。

➤上车后，同学甲拿出他的手机，大声谈笑。听完电话之后因为心情不好，拿出涂改液在车厢内壁上写字，发泄心中的不满。

（建议对话动作和内容）

> 同学甲说："嘿，忘记带交通卡了。（对同学乙）一定是你咒我的（用手打同学乙）。谁有扇子（对后面的同学丙）？喂，你有没有啊？借来用用！"
>
> 同学乙说："你想找打啊？有本事单挑！"
>
> 同学丙说：（好像闹着玩的样子过去）"有没有扇子啊，喂，快点啊，好热的。"
>
> 同学丁、戊：同时一起好像闹着玩的样子扑上前，排在后面的乘客一脸鄙夷。

附录1 角色扮演资料："同一车厢内"

情境二：车厢内

➤同学甲快速地占了两个座位，大声说："喂，快上来啦，我占了两个很好的位置，可以继续玩纸牌啦。"

➤同一时间，车厢内的一位婆婆问："那个座位有人坐吗？"同学甲立刻用眼神示意同学乙赶快上前坐下。

➤于是同学乙立刻冲上前，在该位置上坐下，其间撞到了一位乘客，但没有道歉。他还向婆婆说："这个位置已经有人啦。"之后和同学甲一起玩纸牌，并发出很大的声音。

（建议对话动作和内容）

> 同学甲：快速地霸占两个座位，大声说："喂，快上来啦，我占了两个很好的位置，可以继续玩纸牌啦。"
>
> 一位婆婆问同学甲："那个座位有人坐吗？"他立刻用眼神示意同学乙快上来坐。
>
> 同学乙响应："来了来了来了，你抢位置的功夫好高呀，你真强！"然后冲上前对着婆婆说："这个位置已经有人啦。"其间撞到了一位乘客，但没有道歉。
>
> 乘客说："你撞到我了，不要在汽车上乱冲乱撞啦！"
>
> 同学甲和同学乙：一起玩纸牌，很大声说："Yeah……我都说你会输啦！"

附录1　角色扮演资料："同一车厢内"

情境三：车厢内

➤同学甲上车后，双脚放在对面的座位上，与同学乙吃薯片和喝汽水，并将吃完的垃圾四处乱扔，还把食物传给别的同学吃。

➤同学乙把自己的口香糖吐出并粘在椅子上。

➤同学丙把痰吐在地上。

➤同学丁将脚放在座位上睡觉。

➤其他乘客看见他们的行为，极为不满。

（建议对话动作和内容）

> 同学甲说："好累啊，让我伸直腿舒服舒服，（对同学戊）拿东西出来吃呀，肚子好饿。喂，你到底吃不吃呀？"
>
> 同学乙说："好呀，给我也来点呀，肚子这个时候真是好饿。（吃完食物后，将口中的口香糖吐出粘在椅子上）让我也学学你伸直腿舒服一会儿，反正对面不会有人坐的。"
>
> 同学丙说："我……呸（吐痰）！"
>
> 同学丁说："我休息一会儿，我一个人先睡会儿啊！"

附录1 角色扮演资料："同一车厢内"

情境四：汽车到站

➤汽车终于到站了，这五名学生争先恐后地下车，其他乘客对他们的行为非常不满。

（建议对话动作和内容）

> 同学甲说："喂喂……下车啦，快走啦，赶回去打游戏呀！"
>
> 同学乙、丙说："得啦得啦……前面好多人下车，我先冲啦。"
>
> 同学丁、戊说："快点啦……不快我就压上来了哈。"
>
> 他们五人又大声嬉笑着下了车。

附录2 个人工作纸："没有公德"

姓名：_____

• 请为每个短剧内出现的没有公德的行为在空格中画上"√"号。

• 请为每项行为评级，你认为最严重的请在等级一栏内填"★★★"；没有那么严重的填"★★"；最轻的填"★"。

编号	行为	"√"	等级
1	上车前，没有做好准备（如准备足够的硬币），妨碍他人上车		" "

续表

编号	行为	"√"	等级
2	在车厢内，大声说话或打电话，打扰其他乘客		" "
3	破坏车厢内的椅子		" "
4	在车厢内随处吐口香糖		" "
5	在汽车上吃东西		" "
6	用涂改笔在车厢内涂鸦		" "
7	撕掉车上的广告		" "
8	霸占座位给后上车的朋友		" "
9	乱扔垃圾		" "
10	没有让座给有需要的人		" "
11	在车厢内嬉戏、喧哗、追逐		" "
12	把双脚放在座位上		" "
13	胡乱告诉司机要求下车		" "
14	整个身体倚在扶手上		" "
15	上下车时争先恐后		" "

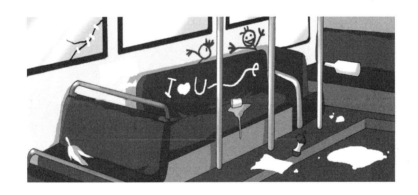

附录3 小组工作纸："美好的车厢"

• 对于短剧内同学不守公德的行为，请选择一项行为讨论，写出一些改善方法，写下你们遇见这些行为时会怎么办。

不守公德行为（编号）：（　　　　　）　　　　严重程度：（　　　　　）

我建议……

_____

_____

_____

_____

假如我遇见以上不守公德的行为，我会……

_____

_____

_____

_____

_____

_____

第十三章　自我效能感[*]

理念

本构念是自我效能感，英文为 Self-efficacy，缩写为 SE。自我效能感影响一个人的感受、思想、行为和做事的毅力。自我效能感较高的人，相信自己有能力胜任所承担的工作（Bandura，1997）。自我效能感最少受五种因素影响，包括：（1）个人的成功经验（Mastery Experiences）；（2）从他人的成功经验得到鼓舞（Vicarious Experiences）；（3）想象的成功经验（Imaginal Experiences）；（4）旁人的观感和意见（Social Persuasion）；（5）身体情绪状态（Physiological and Emotional States）（Bandura，1997；Maddux & Gosselin，2003）。Bandura（1994）指出自我效能感通过心理过程（Psychological Process）影响我们的行为和表现。心理过程可细分为四种：认知、动机、情感和选择。

自我效能感影响很广，包括心理、生理、社交和道德发展等各个方面（Ehrenberg，Cox，& Koopman，1991）。自我效能感较高的人正面素质也较多，如做事有毅力、能找到工作的意义、视

---

* 第一版：曾洁雯
　第二版修订：韩晓燕、赵鑫、谢俊峰、沈功翠
　第三版修订：顾珉珉

困难为成长机会、尝试实践远大目标等。他们能够很快从失败中站起来，把失败归因于没有足够的知识和技能，而不否定自己的价值。根据社会认知理论（Bandura，1997），自我效能感在婴孩时期便已开始，随着个人的成长和经历有不同的发展。能否建立较高的自我效能感，与每个人的经历、能力和能否完成成长任务密切相关。

自我效能感作为一种重要的积极心理资本，对农村学生的学业和心理健康有显著的保护作用（Shek，Peng，& Zhou，2022）。相对于城市学生，农村学生在学校、家庭等方面的资源较少，可以获得的培养他们的自我效能感的机会或活动也比较有限（Qi et al.，2021）。自我效能感可以帮助农村学生发挥主动性，有更高的成就动机和更强的克服困难的动力（Zhou et al.，2021）。但是，以往很少有研究或项目考虑到中国农村青少年的需要，专门有针对性地提升中国农村青少年的自我效能感（Qi et al.，2020；Shek & Yu，2011）。因此本章内容开创性地设计了若干培育和提升自我效能感的活动，有助于促进农村学生的正面成长。

"共创成长路"初一活动手册着重发掘学生的能力，让学生通过成功的经验来提升自我效能感。单元 SE1.1 帮助学生辨识不同领域的自我效能感，并认识到每个人都有自己独特的能力；单元 SE1.2 则让学生通过过往和现在的成功经验，体验自我效能感。单元 SE1.3 通过处理父母以训斥责备的语气说话的情景，帮助学生肯定自我；单元 SE1.4 教学生订立实际可行的目标，体会成功实现目标后获得的自我效能感。

参考文献

Bandura, A. （1994）. Self-efficacy. In V. S. Ramchaudran （ed.）, *Encyclopedia of Human Behavior* （Vol. 4, pp. 71-81）. New York：Academic Press.

Bandura, A. (1997). *Self-efficacy: The Exercise of Control*. New York: W. H. Freeman.

Ehrenberg, M. F., Cox, D. N., & Koopman, R. F. (1991). The relationship between self-efficacy and depression in adolescents. *Adolescence*, 26 (102), 361.

Maddux, J. E., & Gosselin, J. T. (2003). Self efficacy. In M. R. Leary, & J. P. Tangney (eds.), *Handbook of Self and Identity* (pp. 218-238). New York: The Guilford Press.

Qi, S., Hua, F., Zhou, Z., & Shek, D. T. (2020). Trends of positive youth development publications (1995-2020): A scientometric review. *Applied Research in Quality of Life*, 17, 421-446.

Qi, S., Liu, H., Hua, F., Deng, X., & Zhou, Z. (2021). The Impact of Household Assets on Child Well-being: Evidence from China. *Applied Research in Quality of Life*. Advance online publication.

Shek, D. T., Peng, H., & Zhou, Z. (2022). Editorial: Children and adolescent quality of life under socialism with Chinese characteristics. *Applied Research in Quality of Life*, 22, 1-7.

Shek, D. T. L., & Yu, L. (2011). A review of validated youth prevention and positive youth development programs in Asia. *International Journal of Adolescent Medicine and Health*, 23 (4), 317-324.

Zhou, Z., Ma, Y., Du, W., Zhou, K., & Qi, S. (2021). Housing conditions and adolescents' socioemotional well-being: An empirical examination from China. *Applied Research in Quality of Life*. Advance online publication.

活动单元概览

单元	单元目的	教学目标
天生我才（SE1.1） （40分钟）	辨识在不同领域的自我效能感	• 明白自己在学业、社交、仪表和生活习惯方面的自我效能感
我做得到 （SE1.2） （40分钟）	通过成功的经验体验自我效能感	• 体会成功的经验 • 从以往的生活中寻找成功的经验

单元	单元目的	教学目标
我值得赞赏 （SE1.3） （40分钟）	学会体谅父母说负面话语时的心情，以提升自我效能感	• 了解父母的期望，增进亲子关系，自我肯定以提升自我效能感
我为我掌舵 （SE1.4） （40分钟）	体会成功实现目标后带来的自我效能感	• 订立实际可行的目标 • 明白在订立目标时需要按照自己的能力做出调整

SE1.1 天生我才

```
构　　念：自我效能感
对　　象：初一学生
单元目的：辨识在不同领域的自我效能感
教学目标：明白自己在学业、社交、仪表和生活习惯方面的自我效能感
教学工具：自备PPT："我信我能够"、"星光大道"参考资料
　　　　　个人工作纸："星光大道"（附录1）
　　　　　学生参考资料："星光大道"补充资料（附录2）
　　　　　老师参考资料："星光大道"参考资料（附录3）
　　　　　"是谁发掘我强项"（附录4）
　　　　　成长拼图
教学方法：个人创作活动
　　　　　小组讨论
```

活动程序：40分钟

★★＝主要活动

★＝次要活动

活动	步骤	教学工具	时间
I.引起动机 "我信我能够"	老师向学生展示郎朗（钢琴演奏家）、邰丽华（听障、《千手观音》领舞）和苏炳添（奥运会短跑选手）的幻灯片（"我信我能够"）。 老师问："看完这三位人士的介绍后，你认为他们分别有什么能力呢？"然后，挑选两位同学简单回答这个问题。 老师再问："那么你认为自己有什么能力呢？"学生回答后，老师带出本课主题：我们都有不同的能力和限制，如果我们相信自己有完成某件事情的能力，就是自我效能感的表现	幻灯片	5分钟

活动	步骤	教学工具	时间
Ⅱ. 个人创作活动 "星光大道" ★★	目的：辨识不同领域的自我效能感 分发个人工作纸（附录 1） 学生必须在工作纸 10 个手指的位置上填写自己能够做的事情。手指的长短代表不同能力的高低。写在拇指上代表学生最有把握做得很好的事情，而写在小指上则代表学生认为较难做得好的事情。 学生在工作纸的左手上填写相信自己具有的学业和社交能力；在右手上填写相信自己具有的仪表和生活习惯能力。 老师应鼓励学生细心思考自己的能力，提示学生：有些能力常常被我们忽视，例如，跑步、走路、健谈等。 老师可利用幻灯片（"星光大道"参考资料）做填写示范	附录 1 附录 2 附录 3 幻灯片	15 分钟
Ⅲ. 小组讨论 "星光大道记者会" ★	目的：了解每个人在不同领域的自我效能感 全班分成若干小组，3~4 人一组。 讨论"星光大道"工作纸上写的内容。 老师可强调：不同领域的自我效能感各有高低是正常的事，老师可用自己作为例子加以说明。强调指出某一方面的自我效能感较低，并不代表就是个失败者	附录 4	10 分钟
Ⅳ. 总结	老师强调：每个人的能力都不一样，有些人在某些方面能力较强，但在其他方面的能力则较弱。 老师可引用"天生我材必有用"和"十个手指有长短"，鼓励学生认真检视自己的能力，取长补短，不断进步		5 分钟
Ⅴ. 自我反思	老师于课堂结束前派发"成长拼图"，让学生静默片刻反思并填写学生自己的"成长拼图"。最后，老师应对学生的合作表现加以鼓励和赞赏	成长拼图	5 分钟

教学建议

1. 引起动机	• 学生如对自我效能感的概念比较陌生，可参考自我效能感与自信心、自尊心等定义的区别。 • （1）自我效能感：相信自己有能力妥善地完成某些特定的

续表

	工作，是对特定领域能力的自我肯定，例如，我相信我能够把数学题目做对。 • （2）自信心：个人对某些事情的概括性评价，例如，我对考试充满信心。 • （3）自尊心：对自我的评价，例如，我觉得我是有价值的。成绩优秀的学生不一定表示他们的自我效能感比其他学生高；相反可能会较低。有研究指出，这种情况可能是因为学生受到外界对自己评价的影响（如家长有更高的期望或把学生与成绩更优秀的学生做比较）
2. "星光大道"	• 老师可运用老师参考资料（附录3），指导学生填写工作纸。假如老师估计学生填写有困难，可让学生参考资料（附录2）。老师必须强调其内容未必适合所有学生，并鼓励他们用心思考自己的情况。 • 两个小指的位置可留作填写个人认为较为困难的事情，老师可以提醒学生，发现弱点是改善自己的先决条件，不是否定自己的价值。 • 有些学生可能较为自卑，低估或否定自己的能力。有些学生在"星光大道记者会"环节讨论时可能会被同学取笑，老师应该使学生明白，每个人都有不足之处，能勇敢地面对自己的不足是值得嘉奖的，并鼓励学生不应该过分与别人去比较

延伸活动建议

活动	内容	建议
是谁发掘我强项	目的：鼓励学生们彼此欣赏，发掘自己和他人的强项 鼓励学生邀请其他同学填写自己的"是谁发掘我强项"工作纸（附录4），完成的工作纸可在班级黑板报处展览	鼓励学生互相填写彼此的工作纸，如果有同学一直没有完成，老师可协助其完成
"饭饭"之交	目的：提供学生展示个人成就的空间，并传达"一个人的能力可以是多方面的"这样的信息 利用展板或其他设施，提供学生展示个人成就的舞台。需要强调成就不仅可以是学业上的，也可以是体育、社交、为班级做贡献等各方面的。学生提供文字、照片等材料。展板定期更换	老师鼓励学生参与，对于学生提交的材料尽可能安排其上展板

附录1 个人工作纸："星光大道"

姓名：_____

请在 10 个手指上填写"我信我能够_____做到的事情"。

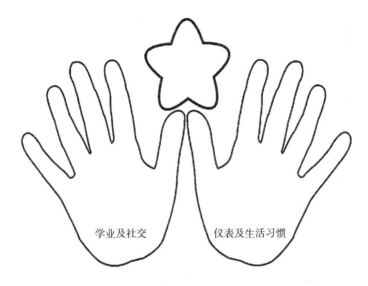

学业及社交　　　　仪表及生活习惯

附录2 学生参考资料："星光大道"补充资料

学业能力	• 准时交作业
	• 上课时举手回答老师提问
	• 掌握复习方法
	• 写作流畅
	• 掌握基本英语会话
	• 会心算
	• 能进行计算机基本操作
	• 能快捷有效地上网搜索所需资料
	• 善于发现事物之间的联系
	• 掌握查漏补缺的能力

续表

社交能力	• 说话速度、声音大小适中，表达意思清晰有条理
	• 有礼貌
	• 细心聆听
	• 能够专心听老师、同学讲话，并进行对答
	• 关心别人
	• 参与义务劳动
仪容仪表	• 梳洗整洁
	• 衣服整齐清洁
	• 会搭配服装
	• 懂得处理体臭、口臭等情况
生活习惯	• 懂得时间管理
	• 生活有规律，做事先后有序
	• 用钱有计划、懂得节制
	• 零用钱该用则用，有储蓄习惯
	• 不会沉迷上网或某种活动

附录 3　老师参考资料："星光大道"参考资料

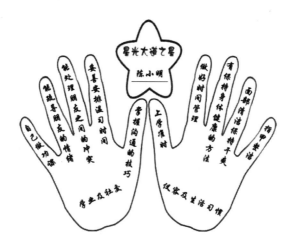

附录 4　是谁发掘我强项

邀请同学与你一起发掘更多你的强项。当他们发现你在某场合/事情上发挥了某强项时，请他们在你的强项记录表中具体地写出事例。

SE1.2 我做得到

```
构　　念：自我效能感
对　　象：初一学生
单元目的：通过成功的经验体验自我效能感
教学目标：1. 体会成功的经验
　　　　　2. 从以往的生活中寻找成功的经验
教学工具：个人工作纸："我的成功日记"（附录 1）
　　　　　羽毛 8 根（也可用气球、餐巾纸等代替）
　　　　　计时器 1 个
　　　　　成长拼图
教学方法：小组游戏
　　　　　小组分享
```

活动程序：40 分钟

★★＝主要活动

★＝次要活动

活动	步骤	教学工具	时间
1. 引起动机	老师把以下问题写在黑板上："怎样可以使一根羽毛在半空中飘浮数秒钟？" 请学生与邻座商量，然后老师问一两位学生的意见		3 分钟
Ⅱ. 小组游戏"轻于鸿毛"　★	目的：体会成功的经验 全班学生分成 3～4 人的小组，围圈站立，每组发放一根羽毛。 每组用已商量好的方法或其他方法，使羽毛在圈内的半空飘浮。每组有 5 分钟练习时间，然后分组比赛。 看看哪一组可以使羽毛在半空飘浮的时间最长。 假如羽毛触及人或物体，便视为结束。 比赛后，请每一组分享让羽毛飘浮在空中的经验	羽毛 8 根 计时器	12 分钟

续表

活动	步骤	教学工具	时间
Ⅲ. 小组分享"我的成功日记"★★	目的：回味成功的经验 分发每人一张工作纸（附录 1），在工作纸上写下成功经验以及是如何做到的。 全班学生分成 3~4 人的小组，学生在小组内分享自己的成功经验。 老师可用顺时针方向或按出生月份等方法排出分享者的次序。分享后，请学生以掌声鼓励同学为那次成功经验而付出的努力	附录 1	15 分钟
Ⅳ. 总结	欣赏生活里的细节，便可找到成功的经验。"成功"是主观的，每个人都可以有自己的定义，不需要与别人比较，但是可以借鉴别人的成功经验来鼓励自己。 每个人都一定有成功的经验。肯定我们自己的能力，会使我们再接再厉，做得更好		5 分钟
Ⅴ. 自我反思	老师在课堂结束前派发"成长拼图"，让学生静默片刻反思并填写"成长拼图"。 最后，老师应对学生的合作表现加以鼓励和赞赏	成长拼图	5 分钟

教学建议

1. "轻于鸿毛"	• 老师可请学生一起把教室前排的桌椅移往后面，腾出空间进行小组比赛。 • 可把学生分成 4 个组，8~10 人一组。但是，老师可能要花一些时间在分组方面。如果分成 8 组，每位学生站在自己的座位里边可进行此游戏。 • 小组比赛时，请学生学习别人的成功经验。 • 假如时间允许，可进行第二轮比赛，或增加游戏的难度。如站在原位不动，同时使两根羽毛飘浮在半空中。 • 羽毛容易折断，请多预备一些羽毛作后备之用。 • 派发羽毛后，便立刻开始比赛，以免学生弄断羽毛。 • 假如有小组不能使羽毛飘浮在半空，老师可让这些学生多一些时间练习，最后让他们"表演"，以免在课后留下挫败的体验

2. "我的成功日记"	• 学生对"成功"的定义可能不同，老师可以举例说明不是"第一"才是成功。以前做不到，现在能够做到，也是成功的表现。 • 部分学生可能记不起自己的成功经验，或不愿公开透露。老师可鼓励学生回想刚完成的游戏，尝试将克服困难的过程和喜悦的感觉表达出来。老师也可鼓励学生写出一个期待的成功经验，想象自己为了达到成功要做些什么努力。 • 老师可以分享自己的成功经验，并与学生共享，使学生产生共鸣（如看完一本书、比赛获奖等）。 • 老师应该保持"每个学生都能成功"的想法，鼓励学生把在不同领域的成功经验，推广到尚未成功的领域里（如从运动到品德、从电脑到学业等）。 • 老师可把工作纸贴在黑板报上，或请学生贴在家里显眼的地方，时常提醒自己曾有过成功的经验，以提升自我效能感

延伸活动建议

活动	内容	建议
成功互助社	目的：提倡学生追求卓越的态度，提升学业能力和自我效能感 鼓励学生和老师写下平时的学习心得，包括如何安排复习策略和做笔记、作文心得、考试策略等，并与同学分享在学业上取得的成功经验	作为示范，老师可以选择一位平时学业表现一般的同学，指出该同学在学业上做得出彩的地方，让学生了解成功不仅仅是结果，也可以是努力的过程
寻找成功的故事	目的：学习观摩别人的成功经验 鼓励学生从电视、电影、动画、漫画、报纸上收集一些成功人士的故事	老师可以分析成功经验，让学生了解成功并非一步登天，也不是遥不可及的。每个人都能成为成功的人

附录 1　个人工作纸："我的成功日记"

姓名：＿＿＿＿＿＿＿

回想过去一次成功的经验，并细想一下成功背后的原因，把它们记录在工作纸上。

成功经验：

我做到了＿＿＿＿＿＿＿＿＿＿＿＿＿＿＿＿＿＿＿＿＿＿＿＿

＿＿＿＿＿＿＿＿＿＿＿＿＿＿＿＿＿＿＿＿＿＿＿＿＿＿＿＿＿＿

＿＿＿＿＿＿＿＿＿＿＿＿＿＿＿＿＿＿＿＿＿＿＿＿＿＿＿＿＿。

成功原因：

我做到了上述事情是因为＿＿＿＿＿＿＿＿＿＿＿＿＿＿＿＿＿＿＿

＿＿＿＿＿＿＿＿＿＿＿＿＿＿＿＿＿＿＿＿＿＿＿＿＿＿＿＿＿＿

＿＿＿＿＿＿＿＿＿＿＿＿＿＿＿＿＿＿＿＿＿＿＿＿＿＿＿＿＿＿

SE1.3 我值得赞赏

构　　念：	自我效能感
对　　象：	初一学生
单元目的：	学会谅解父母说负面话语时的心情，以提升自我效能感
教学目标：	1. 了解父母的期望，增进亲子关系 2. 自我肯定以提升自我效能感
教学工具：	PPT："父母生气时"（附录1） 乒乓球（多个）、手工纸（每人一张）、A3颜色画纸（2张）、透明胶 成长拼图
教学方法：	小组游戏 全班分享

活动程序：40分钟

★★＝主要活动

★＝次要活动

活动	步骤	教学工具	时间
Ⅰ. 引起动机 "父母生气时"	老师问："在这个月里，家人（父母或其他住在一起的家人）有没有赞赏你的表现？"请学生举手表示。 老师问："你听过这些句子吗？"播放幻灯片。幻灯片内容为父母责骂子女时的负面语言。	附录1	5分钟

续表

活动	步骤	教学工具	时间
	老师问："你们听过父母说这种话吗?"请学生回答。 老师再问："你们在家里经常听到的负面话语是什么?"请学生把他们听到的负面话语写在黑板上，但不可以写粗话脏话		
Ⅱ. 小组游戏"解构父母心"★★	目的：谅解父母说负面话语的动机和心情 把学生分成 8 个小组。 分组比赛。每组派代表站在黑板前距离一至两米的地方，用书本作为乒乓球拍，把乒乓球打向黑板上任何一句同学所写的父母说的负面话语，然后向同学解释这句话的意思，为什么要用负面语气说出来，究竟这句话有何弦外之音，父母到底想子女做些什么。 每组轮流做一次，然后请全班同学举手投票，决定哪一组的演绎最精彩。 老师小结：有时候，父母只留意我们的缺点，为此可能会说一些负面的话，甚至责骂我们。有可能父母也不懂得表达自己，不能运用合适的语言来赞赏和肯定我们的能力。与其等待父母的赞赏，不如做好自己，向父母证明自己的能力	乒乓球 (多个)	15 分钟
Ⅲ. 全班分享"我值得赞赏"★	目的：回味成功的经验 向学生分发手工纸，在黑板一角贴两张有颜色的画纸。 请学生在手工纸上填写 1~3 件值得父母赞赏的事情。老师可举例以引导学生思考。 学生填写完毕后，依次把手工纸贴在黑板的画纸上	手工纸 A3 颜色画纸 透明胶	10 分钟
Ⅳ. 总结	根据手工纸上的资料，老师概括最值得父母称赞的事情，然后与学生讨论。 鼓励学生多欣赏自己，纵然父母暂时没有发觉自己的优点和长处，讲了一些负面的话，学生也应该肯定自己，以行动向父母展示自己的能力		5 分钟

活动	步骤	教学工具	时间
Ⅴ. 自我反思	老师在课堂结束前派发"成长拼图"，让学生静默片刻反思并填写"成长拼图" 最后，老师应对学生的合作表现加以鼓励和赞赏	成长拼图	5分钟

教学建议

1. "解构父母心"	• 请预备多个乒乓球，以备在活动中遗失时可以立即取用。老师可用其他物品代替乒乓球，如网球等。 • 学生的解释没有正确与否的标准，只要合理即可
2. "我值得赞赏"	• 老师可采用不同形状和颜色的纸，让学生填写值得父母赞赏的事情。 • 老师可在两张A3尺寸合并的画纸上，画上不同图形以增加吸引力，完成活动后，可把这张画纸贴在黑板上。老师可举例说明什么是值得父母赞赏的事情。例如，性格开朗、努力读书、有好朋友、愿意与父母分享心事等。 • 如果时间不够，老师可随意请一至两位学生分享值得父母赞赏的事情，以节省时间

延伸活动建议

活动	内容	建议
说出"爱"	目的：增进亲子关系 鼓励学生今天放学回家后，向父母说一句表达对父母爱意的话。例如："妈妈，我爱你！"假如学生觉得难为情，可说一些比较含蓄的话，比如："妈妈，谢谢你做饭给我吃。"	在我们的日常生活中，很少用语言来表达爱意。如果学生认为做这件事情非常难为情，可用行动向父母表示，如写一封信、帮助父母做家务等

附录 1　PPT："父母生气时"

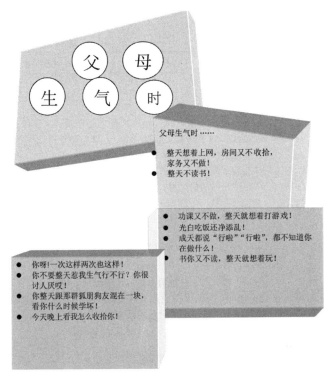

SE1. 4 我为我掌舵　　　　　　　　　"目标在前　全力拼搏"

构　　念：自我效能感	
对　　象：初一学生	
单元目的：体验成功实现目标后带来的自我效能感	
教学目标：1. 订立实际可行的目标	
2. 明白在订立目标时需要按自己的能力做出调整	
教学工具：SMART 内容（附录 1）	
讨论资料（附录 2）	
工作纸："目标存折"（附录 3）	
老师参考资料："目标存折"范例（附录 4）	
卷筒纸、便笺纸、A4 打印纸、A3 海报纸若干	
成长拼图	
教学方法：小组游戏	
小组讨论	
全班分享	

活动程序：40 分钟

★★＝主要活动

★＝次要活动

活动	步骤	教学工具	时间
Ⅰ. 引起动机： 放飞机 ★★	目的：体验设立目标的重要性 把学生分为每组 3~4 人的小组。 向各组派发 4 张不同质地的纸张（卷筒纸、便笺纸、A4 打印纸、A3 海报纸）。学生需要运用这些纸张，折成 4 架飞机。 学生使这些飞机飞到已经布置好的跑道区域，飞机落在不同的区域，该组将会获得该区域相应的分数。4 架飞机所得的分数总和就是该组的得分。但如果飞机落地时离开了指定的区域或到达了界外，则得 0 分。 需要留意的是，在各组飞出 4 架飞机之前，需要为各组定下一个期望得到的分数。如果最后飞机飞出后获得的分数与所期望的分数是一样的，该组由飞机飞出的分数将会翻倍。相反，若飞机飞出的分数与所期望的分数有差异，则只会以飞机飞出的分数作为该组的最后分数。 计算所有分数后，获得最高分的一队就会获得胜利。 老师在每组开始前，会给予他们一次练习机会（不多于 30 秒）。 活动完成后，老师可就以下问题与学生做出讨论： 刚才哪些组能够把分数翻倍？ （对任何组别）你们是根据什么因素而为自己定下目标分数的？ （如组别分数未能翻倍）你们觉得有什么因素影响了你们的目标分数与实际分数？ 你们觉得怎样才能达到目标与现实一致？		15 分钟

活动	步骤	教学工具	时间
Ⅱ. 介绍 SMART ★★	目的：了解 SMART 老师介绍 "SMART" 的详细内容 Specific 具体的 Meaningful 有意义的 Achievable 可达到的 Realistic 实际的 Timely 适时的 老师强调 "SMART" 的精神是按照自己的能力来调整目标，学生可以通过 "SMART" 五大内容来做出自我调整，以订立实际可行的目标并切实执行	附录 1	
Ⅲ. 小组讨论及全班分享：订立目标 ★	目的：学习运用 "SMART" 作为订立目标的准则 把学生分为每组 3~4 人的小组 每组派发讨论资料的一个个案（附录 2）及工作纸（附录 3）。 请学生先讨论个案主角的问题和困难所在，然后根据 "SMART" 的内容为他订立一个实际可行的目标，写在 "目标存折" 上。 每组派组员到黑板前汇报所商讨和订立的目标	附录 2 附录 3 附录 4	15 分钟
Ⅳ. 总结	鼓励学生为自己订立目标。 强调订立目标应该根据自己的情况，每人的目标不同，不必与他人比较。		5 分钟
Ⅴ. 自我反思	老师在活动结束前派发 "成长拼图"，让学生静默片刻反思并填写 "成长拼图"	成长拼图	5 分钟

教学建议

1. 放飞机	• 老师运用游戏里学生的经验介绍 SMART
2. 介绍 SMART	• 老师可根据学生情况，再配合合适的例子来介绍 SMART
3. 订立目标	• 老师可运用 "目标存折" 范例（附录 4）向学生介绍如何填写 "目标存折"

延伸活动建议

活动	内容	建议
我做得到	目的：订立为期一个月的短期目标 老师分发给学生每人一张"目标存折"（附录3）。 请学生按"SMART"原则，根据个人能力订立一个月的目标。 找班上的同学为见证人，请他在"目标存折"上签名，以做监督。	其间老师可关心学生的进展，给予适当支持和鼓励
有目标，生活更美好	目的：实践"SMART"，订立目标的方法，完成一项自我改善的计划 老师鼓励学生以"SMART"为订立目标的准则，并于限定期前实现一个自我改善目标	其间老师可关心学生的进展，给予适当支持和鼓励

附录1 SMART 内容

Specific
具体的，切忌高、大、空，说白话

Meaningful
有意义的，完成时会使自己高兴

Achievable
可达到的，能力范围内可以做到的

Realistic
实际的，不是凭空想象的

Timely
适时的，目标可分短期、中期、长期来实践

附录 2 讨论资料

1.社交

小明："我很怕和同学交谈，我怕他们嫌我沉闷，跟他们谈不拢。"
小明的背景：初一学生，没有和小学同学升读同一所学校，很少与现在的同学交谈。
订立目标范畴：提升社交技能

2.仪容仪表

小贤："我好怕照镜子看到自己的青春痘，妈妈总说我丑死了。"
小贤的背景：很少打理仪容、爱吃煎炸食物。
订立目标范畴：改善个人仪容仪表

3.学业

小芳："我真是觉得自己好蠢，数学题错了好多。"
小芳的背景：她在班中的成绩属于中上，对自己要求很高。
订立目标范畴：提升数学学习效能——相信自己能够提高数学成绩

4.学业

小杰："我上英语课时总是提不起劲。"
小杰的背景：他的英文能力较弱，不懂如何改善。
订立目标范畴：提升英语学习效能——相信自己上课时能够接受老师教导，提升英语成绩

附录3　工作纸："目标存折"

目标订得好 进步Goal Go 高	BANK OF PATHS

立志者

我的目标

执行方法

目标小贴士

Specific
Meaningful
Achievable
Realistic
Timely

时限 ＿＿ 至 ＿＿
年 月 日　　　年 月 日

挑战级数

给立志者的鼓励
我为你打气：
□成功在望　□It is possible　□我信你能够

见证人

共创成长路 P.A.T.H.S. to Adulthood　　好目标·应具体·有意义·可达到·重实际·要适时

附录4　老师参考资料："目标存折"范例

目标订得好 进步Goal Go 高	BANK OF PATHS

立志者　小克

我的目标　我希望通过校篮球队的选拔

执行方法　1. 每天完成温习后，练习1.5小时

　　　　　2. 暂停参加音乐社的娱乐活动

目标小贴士　3. 与球技比自己精湛的朋友较量

Specific
Meaningful
Achievable
Realistic
Timely

时限 2014-10-12 至 2014-12-12
年 月 日　　　年 月 日

挑战级数

给立志者的鼓励
我为你打气：祝你成功加入校队
□成功在望　☑It is possible　☑我信你能够

陈文文　李嘉嘉
见证人

共创成长路 P.A.T.H.S. to Adulthood　　好目标·应具体·有意义·可达到·重实际·要适时

第十四章　亲社会规范[*]

理念

本构念是亲社会规范，英文为 Prosocial Norms，缩写为 PN。亲社会规范是一些明确的、正面的、健康的、合乎道德的标准，有助于增强群体信念，引导群体行为（Hawkins, Catalano, & Miller, 1992）。

亲社会规范的典型体现是利他信念，其他亲社会规范包括合作、分享、关怀、援助以及对他人负责任等（Radke-Yarrow, Zahn-Waxler, & Chapman, 1982）。亲社会规范比较适合在社群聚合性较强的群体中培养，如在家庭或学校中传授（Nurco & Lerner, 1999）。同时，青少年也可在探讨道德风俗（包括品德关怀）和民间风俗（包括礼仪行为和日常规范）的过程中学习亲社会规范。此外，遵循亲社会规范的理性基础，是亲社会行为所牵涉的成本（如帮助他人在地上捡起一支笔）低于其他行为的成本（如做出一些捐献及义工服务）（Eisenberg et al., 1985; Eisenberg et al., 1987）。

---

[*]　第一版：萧敏康
第二版修订：韩晓燕、赵鑫、庞丽娟、朱丽君
第三版修订：蒋和超

在青春期初期，青少年会逐渐从高层次的亲社会角度推理，如使用代入不同角色（perspective taking）的技巧，去取代享乐主义的道德推理（hedonistic moral reasoning），并且这个过程与社会责任感及亲社会行为的发展是相连的（Eisenberg et al.，1995；Shaver & Schutte，2001）。Underwood 和 Moore（1982）的元分析结果清楚指出道德推理与亲社会行为存在显著的相关关系。但一项基于香港青少年的研究表明，在 15 个衡量青少年正面成长的指标中，包括亲社会规范在内的 8 个指标均呈现 U 形发展的趋势（Shek & Lin，2017）。这种情况同样会发生在内地农村地区青少年身上。这是因为：一方面，我国很多家庭目前只有一个孩子，相比非独生子女家庭，独生子女家庭往往会给予孩子更多的关爱，更多地满足孩子物质和心理需求，但这也容易导致青少年形成拜金主义、个人主义、工具主义价值取向；另一方面，在我国农村地区不少青少年的父母常年在外务工，缺少对孩子的管教，农村地区青少年还会面临传统道德约束下降带来的亲社会规范减少的风险。

根据社会学习理论和认知发展理论，青少年的亲社会规范尚未定型（Bandura，1977，1986；Kohlberg，1969；Eisenberg & Mussen，1989；Brownell，2016）。相关研究也表明，通过正面成长项目、服务学习、观看影视、想象联系以及互助式学习等社会干预措施可以增进青少年的亲社会规范（Astin et al.，2000；Caprara et al.，2014；Meleady & Seger，2017；Baumsteiger，2019）。因此，我们认为内地农村地区青少年的亲社会规范、利他信念同样也是可塑的。

作为最具影响力的青少年正面成长项目之一，"共创成长路"项目已经在香港和上海多次开展（Shek & Yu，2011），为我们提供了一个增进农村地区青少年亲社会规范的参考方案。基于实验研究的方法，Ma 等（2019）发现无论是基于学校还是基于社区的正面成长干预项目，均能对青少年的亲社会规范和亲社会行为产生积极的促进作用。因此，我们借鉴田家炳"共创成长路"课程设计了本章的内容。它包含两个单元：单元 PN1.1 着重教导学生如何界定社会规范，让学生明白在现实生活中，除了遵守法律，还必须遵守社会规范；单元 PN1.2 教导学生学习识别不同社群的风俗习惯，并了解人际交往的一些道德规则。通过"家有家规""生活小例子""孖沟村一日游""规则 IN & OUT"等 4 个教学活动充分展现了家规、国法、社会规范和地方习俗等不同层面的规范，让学生明白利他信念和亲社会行为的定义，并认识实现利他信念的重要性。通过本章的学习，最终将提高内地农村地区青少年对家规、国法、社会规范和地方习俗的认识，使其有效地融入群体，融入社会。

参考文献

Astin, A. W. , Vogelgesang, L. J. , Ikeda, E. K. , & Yee, J. A. (2000). *How Service Learning Affects Students*. Los Angeles: Higher Education Research Institute.

Bandura, A. (1977). Self-efficacy: Toward a unifying theory of behavioral change. *Psychological Review*, 84, 191–215.

Bandura, A. (1986). *Social Foundations of Thought and Action: A Social Cognitive Theory*. Englewood Cliffs, NJ: Prentice Hall.

Baumsteiger, R. (2019). What the world needs now: An intervention for promoting prosocial behavior. *Basic and Applied Social Psychology*, 41 (4), 215–229.

Brownell, C. A. (2016). The Early Social Development Research Lab. Prosocial behavior in infancy: The role of socialization. *Child Development Perspectives*, 10, 222–227.

Caprara, G. V. , Kanacri, B. P. , Gerbino, M. , Zuffiano, A. , Alessandri, G. , Vecchio, G. M. , & Bridglall, B. L. （2014）. Positive effects of promoting prosocial behavior in early adolescence: Evidence from a school-based intervention. *International Journal of Behavioral Development*, 38 （4）, 386-396.

Eisenberg, N. , & Mussen, P. H. （1989）. *The Roots of Prosocial Behavior in Children*. Cambridge University Press.

Eisenberg, N. , Boehnke, K. , Schuhler, P. , & Silbereisen, R. K. （1985）. The development of prosocial behavior and cognitions in German children. *Journal of Cross-Cultural Psychology*, 16 （1）, 69-82.

Eisenberg, N. , Carlo, G. , Murphy, B. , & van Court, P. （1995）. Prosocial development in late adolescence: A longitudinal study. *Child Development*, 66, 1179-1197.

Eisenberg, N. , Shell, R. , Pasternack, J. , Lennon, R. , Beller, R. , & Mathy, R. M. （1987）. Prosocial development in middle childhood: A longitudinal study. *Development Psychology*, 23, 712-718.

Hawkins, J. D. , Catalano, R. F. , & Miller, J. Y. （1992）. Risk and protective factors for alcohol and other drug problems in adolescence and early adulthood: Implications for substance abuse prevention. *Psychological Bulletin*, 112 （1）, 64-105.

Kohlberg, L. （1969）. Stage and sequence: The cognitive-developmental approach to socialization. In D. Goslin （ed. ）, *Handbook of Socialization Theory and Research*. Chicago: Rand McNally.

Ma, C. M. S. , Shek, D. T. L. , & Chen, J. M. T. （2019）. Changes in the participants in a community-based positive youth development program in Hong Kong: Objective outcome evaluation using a one-group pretest-posttest design. *Applied Research in Quality of Life*, 14, 961-979.

Meleady, R. , & Seger, C. R. （2017）. Imagined contact encourages prosocial behavior towards outgroup members. *Group Processes & Intergroup Relations*, 20 （4）: 447-464.

Nurco, D. N. , & Lerner, M. （1999）. A complementary perspective to primary socialization theory. *Substance Use & Misuse*, 34 （7）, 993-1003.

Radke-Yarrow, M. , Zahn-Waxler, C. , & Chapman, M. （1982）. Children's prosocial dispositions and behavior. In Hetherington, E. M. (ed.), *Manual of Child Psychology: Socialization, Personality, and Social Development* (4th ed., pp. 469-545). New York: John Wiley.

Shaver, K. G., & Schutte, D. A. (2001). Towards a broader psychology foundation for responsibility: Who, what, how. In Auhagen, A. E., & Bierhoff, H. W. (eds.), *Responsibility—The Many Faces of a Social Phenomenon* (pp. 35-47). London: Routledge.

Shek, D. T. L., & Lin, L. (2017). Trajectories of personal well-being attributes among high school students in Hong Kong. *Applied Research in Quality of Life*, 12, 841-866.

Shek, D. T. L., & Yu, L. (2011). A review of validated youth prevention and positive youth development programs in Asia. *International Journal of Adolescent Medicine and Health*, 23 (4), 317-324.

Underwood, B., & Moore, B. (1982). Perspective-taking and altruism. *Psychological Bulletin*, 91 (1), 143-173.

活动单元概览

单元	单元目的	教学目标
国有国法、家有家规 （PN1.1） （40分钟）	教导学生界定什么是社会规范，学习识别日常生活（学校和家庭）中的行为规则，并了解在人际交往中需要遵守的道德规范	• 加深学生对社会规范的认识，让学生明白遵守社会规范的原因 • 让学生明白生活中，除了遵纪守法，还要遵守日常生活中的行为规范
入乡随俗 （PN1.2） （40分钟）	教导学生界定什么是社会规范，识别不同地方的风俗习惯，了解人际交往需要遵守的社会规范	• 让学生了解在陌生的社群中违反民间风俗的后果

PN1.1 国有国法、家有家规　　　　　　　　**"家规国法　人人有责"**

构　念：亲社会规范
对　象：初一学生
单元目的：教导学生界定什么是社会规范，学习识别日常生活（学校和家庭）中的 　　　　　行为规范，并了解在人际交往中需要遵守的道德规范
教学目标：1. 加深学生对社会规范的认识，让学生明白遵守规范的重要性，明白遵 　　　　　守社会规范的原因 　　　　　2. 让学生明白生活中，除了遵纪守法，还要遵守日常生活中的行为规范
教学工具：角色扮演资料："家有家规"（附录 1） 　　　　　延伸活动："生活小例子"（附录 2） 　　　　　成长拼图
教学方法：角色扮演 　　　　　全班讨论

活动程序：40 分钟

★★ = 主要活动

★ = 次要活动

活动	步骤	教学工具	时间
Ⅰ. 引起动机	• 老师说："所谓'国有国法、家有家规'，是指每一个地方、每一个家庭，都有其生活和文化的特色及规则。" • 老师问："一天，当一个正在休假的救生员经过码头时，看见有人溺水。当时只有他一个人，他却没有伸出援手。你觉得他犯法了吗? • 老师总结学生的答案，告诉学生："休假救生员没有犯法，但他若伸出援手更符合大家对救生员的职业期待。"		8 分钟
Ⅱ. 角色扮演 "家有家规" ★	目的：通过角色扮演让学生明白遵守社会规范对人际关系的重要性 • 给学生 5 分钟演出时间，老师提醒学生演出时用语、举止都要文明 • 学生演出前，老师简单介绍个案，让学生掌握个案内容	附录 1	10 分钟
Ⅲ. 全班讨论 "家有家规" ★★	目的：通过讨论让学生明白遵守社会规范对社会的运作是很重要的 • 在演出"结局"之前，先问学生：如果自己是 D 同学，感受如何？再演出"结局"。		10 分钟

续表

活动	步骤	教学工具	时间
	●表演完毕后，老师带领全班学生就案例进行讨论。 ●讨论内容为：当同学完成作业离开后，母亲叮嘱儿子以后不要带同学回家，为什么？ ●老师可提示学生： （1）案例中人物的行为有什么问题？为什么？（2）案例中人物应有哪些适当行为？		
Ⅳ. 总结	●老师问学生："刚才个案中的人物行为并没有触犯法律，为什么我们不应该做？" ●老师引导学生明白，尽管没有犯法，但要遵守社会规范。 ●老师指出： （1）有时候我们不接受某些事物，是因为社会上存在各种规范，这些规范使我们认为很多事情是"应该"或"不应该"的，它影响着每个人对事物的看法、反应和行为。 （2）"亲社会规范"对建立个人与社会的正面关系是相当重要的。 （3）我们应学会识别自己所在地方的一些日常规范的意义、作用和重要性，并学会尊重和遵从这些规范		7分钟
Ⅴ. 自我反思	●老师在课堂结束前派发"成长拼图"，引导学生静默反思并填写"成长拼图" ●最后，老师应对学生的合作表现加以鼓励和赞赏	成长拼图	5分钟

教学建议

1. 引起动机	●问题："一天，当一个正在休假的救生员经过码头时，看见有人溺水。当时只有他一人，他却没有伸出援手，你觉得他犯法了吗？"救生员没有犯法，却违反道德，令人反感。 ●案例仅供参考，老师可根据实际需要，转换成与主题相关的、形式更加多样的其他故事、小游戏、图片等。 ●老师注意，这个问题是要引导学生明白在生活中，我们除了遵守法律，还要遵守社会对我们行为规范的期望，就好像我们觉得救生员的行为令人反感一样

续表

2. "家有家规"	老师需在课前预先安排学生进行排演（附录1）。 • 老师可根据实际情况，改变个案一的故事内容（假如学生父母不在身边，可把个案一的母亲改为家中长辈），尽量选择一些符合该班学生实际的情况，避免尴尬。 • 老师可根据实际情况，改用个案二，但尽可能沿用个案一。多给学生自由创作和表达的空间。 • 老师可以给学生讲述田家炳老先生的事迹，将他作为激励学生的榜样。田老先生的事迹：笑容可掬的田老每次提及父母总是热泪盈眶："我是家中的独子，出生时父亲48岁，可说是'晚年得子'，当然十分疼爱，但从不溺爱。"初中二年级辍学的田老，待人处事，以至于营商之道，都来自父亲的家教。"自己有多少能力，袋中有多少钱，便做多少的事，即一定不会有事，这是从小就懂的道理。"踏实谦逊的田老，16岁开始继承"广泰兴"商号，从商40年来，经历中国抗日战争、撤出印度尼西亚、1965年香港银行危机、1967年香港六七暴动、1973年香港股市大跌、1974年世界石油危机、1982年中英香港问题谈判、1984年移民潮、1997年亚洲金融危机，"田氏化工"都能一一避过，而且日益壮大，关键仍是踏实谦逊，遵守父亲家训。"父亲教导我'孝亲之身，不如孝亲之心'，要我随时留意自己的一言一行，做个好孩子，不要辱亲，长大之后，多做有益大众、造福社会的事，教我《朱柏庐治家格言》。"七十多年前，田老父亲所教的《朱柏庐治家格言》，今时今日，田老仍能从随便某一句话开始背诵下去

延伸活动建议

活动	内容	建议
生活小例子	目的：让学生认识社会规范在日常生活中所扮演的角色 学生可在未来一星期内，留意日常生活中常见的或在报纸上看到的事件，记录在"生活小例子"（附录2）中，并分析： (1) 法律许可/不许可； (2) 社会接受/不接受。 请学生写下个人看法	学生在完成工作纸后，可和家长讨论，借此让学生与家长互相了解彼此对事情的看法

附录1 角色扮演资料："家有家规"

个案一：一天，同学 A、B、C 相约一起到同学 D 家做作业……

（1）大家到了同学 D 家，同学 D 要求三位同学换拖鞋。同学 A 和 B 换了，但同学 C 不理会便走进屋内。

（2）同学们进到屋内看见同学 D 的妈妈。同学 B 和 C 立刻向阿姨问好，只有同学 A 没有跟阿姨打招呼便直接走进同学 D 的房间。

（3）向阿姨问好后，同学 C 便跟同学 D 进房间，同学 B 却自行走到厨房拿了一大堆零食进房间。

（4）然后同学 A、B、C 便一起坐在同学 D 的房间里吃零食、喝汽水。

（5）同学 D 出言阻止并要求他们在客厅吃零食，却惹来同学 A、B、C 的不满。最后同学 D 只好把做作业地点改到客厅里的饭桌上。

讨论问题：当同学们完成作业离开后，母亲便不满地拒绝同学 D 以后带同学回家，为什么？（案例中人物共有 5 种问题行为，分别为以上 5 段的情况。）

个案二：一天，朋友 A、B、C、D 相约一起逛街……

（1）D 在没有告诉大家的情况下邀请了朋友 E 出来，大家为此有点不满。

（2）当 D 介绍 E 给 A、B、C 认识时，大家也礼貌地打招呼，唯独 C 不理不睬。

（3）当大家一起逛街的时候，D 在橱窗里看到一件很喜欢的衣服并驻足观看，B 却大声批评 D 没有品位/眼光差，使 D 很不开心。

（4）又过了一会儿，大家突然发现 A 不见了。大家立刻紧张地寻找并拨打 A 的手机。后来找到了 A，A 却解释因肚子太饿去买东西吃了。最终大家决定取消当天的活动，提早回家。

讨论问题：当天大家都很不开心才取消活动，为什么？

（案例中人物共有 4 种问题行为，分别为以上 4 段的情况。）

附录 2　延伸活动："生活小例子"

在未来一星期内，留意日常生活中常见或在报纸上看到的事件，记录在工作纸上，并从以下几方面做分析：

（1）法律许可/不许可的事件；

（2）社会接受/不接受的事件；

（3）请就事件写下个人看法（例如，你自己能接受吗？请写下原因）。

生活事件	法律许可/不许可	社会接受/不接受	你接受吗？	原因
（1）	□法律许可 □法律不许可	□社会接受 □社会不接受	□接受 □不接受	
（2）	□法律许可 □法律不许可	□社会接受 □社会不接受	□接受 □不接受	
（3）	□法律许可 □法律不许可	□社会接受 □社会不接受	□接受 □不接受	
（4）	□法律许可 □法律不许可	□社会接受 □社会不接受	□接受 □不接受	

PN1.2 入乡随俗　　　　　　　　　　　**"入乡随俗　融入社区"**

构　　念：亲社会规范

对　　象：初一学生

单元目的：教导学生界定什么是社会规范，识别不同地方的风俗习惯，了解人际交往需要遵守的社会规范

教学目标：让学生了解在陌生的社群中违反民间风俗的后果

教学工具：自备 PPT："情境"

　　　　　老师参考资料："情境"答案（附录 1）

　　　　　小组工作纸："尕（gǎ）沟村一日游"（附录 2）

　　　　　老师参考资料："尕沟村一日游"答案（附录 3）

　　　　　延伸活动："规则 IN & OUT"（附录 4）

　　　　　成长拼图

教学方法：小组讨论

　　　　　全班分享

活动程序：40 分钟

★★=主要活动

★=次要活动

活动	步骤	教学工具	时间
Ⅰ. 引起动机	• 老师用幻灯片播放三个违反民间风俗的情景。 • 老师以问答游戏方式要求学生猜出片中的人物正在想什么。 • 老师给出正确答案，并简单解释故事中的人物为什么会有此想法（因为违反了民间风俗）	幻灯片 附录 1	5 分钟
Ⅱ. 小组讨论、全班分享"尕沟村一日游"★★	目的：让学生思考并了解文化差异所造成的风俗差别 • 将学生分成 8 个小组，每组派发一张工作纸："尕（gǎ）沟村一日游"。 • 老师向学生简单介绍故事背景：班上来了两位插班生，他们是一对藏族孪生兄妹。两个月后，孪生兄妹邀请同学周末到他们所居住的尕沟村参加一个盛大活动。班上同学都十分高兴。到了活动当天，很多意料之外的情况发生…… • 学生针对发生的不同情况讨论其原因。 • 各组学生轮流发表看法。 • 老师就每个问题引导学生讨论，如遵守民间风俗的原因和违反规则的后果，并引导学生表达对这些规则的看法，与学生分享意见	附录 2 附录 3 附录 4	25 分钟
Ⅲ. 总结	• 尕沟村有自己本身的传统、规则和道理，但这些大多不受法律条文约束。 • 在我们的日常生活中，很多时候会遇到类似的情况（老师可举例——请参考教学建议）。我们除了要遵守法律，还要尊重并遵守社会、文化及传统规范		5 分钟
Ⅳ. 自我反思	• 老师在课堂结束前派发"成长拼图"，引导学生静默反思并填写"成长拼图" • 最后，老师应对学生的合作表现加以鼓励和赞赏	成长拼图	5 分钟

教学建议

1. 引起动机	•案例仅供参考，老师可根据实际需要，转换成与主题相关的、形式更加多样的其他故事、小游戏、图片等
2. 氼沟村一日游	•引导学生思考：为何在没有法律约束的情况下，氼沟村居民照样遵守这些规则？ •引导学生讨论为何会发生这些意料之外的情况，指出氼沟村的规则在以前的中国是很常见的，而不同的国家或文化对男女的行为都有不同的要求。 •在世界各地的历史中，村规都扮演着重要的角色。在社会还没有完善的法律系统时，村规成了规范人类行为的标准，使社会秩序有了保障
3. 总结	•解释民间风俗因文化差异而有所不同，可多举例，如日本人在吃面时会发出"shu"的声音来代表很好吃（越大声代表越好吃），而那声音也是给厨师的赞美；中国人却认为那是没有礼貌的行为

延伸活动建议

活动	内容	建议
分享习作	目的：让学生了解文化差异和社会规范的关系 学生可在未来两星期内，在校内收集曾到外地旅游的同学所经历的因文化不同而产生的趣事，然后思考这些趣事是否和"入乡随俗"有关，并指出它们有什么意义，这些行为有什么作用	如果时间允许，老师可让学生在班上分享他们访问的结果
衣食住行	目的：让学生感受日常生活中的行为是受到社会规范限制的 学生细心思考父母/朋友/学校对衣食住行各方面有没有一些特定的或不成文的规定，并记录在"规则 IN & OUT"（附录4）中	学生完成工作纸后可以与同学分享，借此了解日常生活中有不同的社会规范必须遵守

附录 1 老师参考资料:"情境"答案

情境一

在一个隆重的晚宴上,每位参与者都衣着华丽做盛装打扮。正当大家享受在这灯光璀璨的环境下交流时,突然有一个衣衫褴褛的人进入会场,大家都很惊讶。

建议情境答案:

其他参与者对他的看法是:"这人是哪里来的啊?!"

情境二

有数家大企业正在召开一个商业会议，所有公司代表都穿着套装及带手提电脑出席。但其中一人穿着运动套装出席。

建议情境答案：

其他公司代表对他的看法是："他不会是不记得今天要开会吧！"

情境三

夏日炎炎，大家都在泳池游泳，突然有一个穿着套装的人出现在泳池。

建议情境答案：

其他游客对她的看法是："她是不是热傻啦！"

附录2　小组工作纸："氶（gǎ）沟村一日游"

背景

班上来了两位插班生，他们是一对孪生兄妹。上课已两个月，同学们与这对兄妹成了好朋友。孪生兄妹所居住的氶沟村在星期六将有一个盛大的活动，因此邀请班上同学一起参加。同学们都十分高兴。到了星期六，同学们一起到了氶沟村……

（1）尜沟村的村边有一棵大树，有同学想在树上刻下"到此一游"的字样，马上就有很多村民过来阻止，因为：

_____

（2）尜沟村的村民都围着一只山羊朝向村边一棵大树跪下，其中有老人在念念有词，其他人则在各自位置全神贯注地观察羊的状态。有些同学在看了一会儿后，开始高声谈笑。尜沟村的居民对此很不满，因为：

_____

（3）为了尊重尜沟村的传统，同学们也想和村民一起跪在大树旁，但是马上被孪生兄妹拉住了，因为：

_____

附录 3　老师参考资料："尜沟村一日游"答案

班上来了两位插班生，他们是一对孪生兄妹。上课已两个月，同学们与这对兄妹成了好朋友。孪生兄妹所居住的尜沟村在星期六将会有一个盛大的活动，因此邀请班上同学一起参加。同学们都十分高兴。到了星期六，同学们一起到了尜沟村……

尜沟村的村边有一棵大树，有同学想在树上刻下"到此一游"的字样，马上就有很多村民过来阻止，因为：这棵树是尜沟村的神树，会有神灵降临到树上。

尜沟村的村民都围着一只山羊朝向村边一棵大树跪下，其中有些老人嘴里念念有词，其他人则在各自位置全神贯注地观察羊的状态。有些同学在看了一会儿后，开始高声谈笑。尜沟村的居民对此很不满，因为：这是尜沟村的传统，村民在拜树神，以求风调雨顺、五谷丰登、六畜兴旺和村民安康。

为了尊重尜沟村的传统，同学们也想和村民一起跪在大树旁，但是马上被孪生兄妹拉住了，因为：根据尜沟村的传统，参加者必须是成年男子。

总结：

老师向学生说明，尕沟村本身有自己的传统、规矩和习俗，但是这些全都不受法律条文约束。在日常生活中，很多时候，我们会遇到类似的情况，所以我们不仅要遵守法律，还要遵守社会、文化和传统规范。

附录 4　延伸活动："规则 IN & OUT"

姓名：＿＿＿＿＿＿＿＿＿＿

请细心思考你父母/朋友/学校对衣着、饮食、行为和学业等方面有没有特别的规定？形成这些规定的原因是什么？你认为这些规定合情合理吗？需要改变吗？

	规范	背后原因	你认为合情合理吗？
朋友对你的期望	例如，要保守秘密	因为这样，朋友才会放心与你交心	
父母对你行为的意见			
学校对衣着服装的规定			
父母对你学业的要求			

第十五章　抗逆能力[*]

理念

本构念是抗逆能力，英文为 Resilience，缩写为 RE。抗逆不单指面对逆境的复原能力，同时也包括当中的过程和结果（朱森楠，2001）。抗逆能力强的人能以积极的态度去面对逆境。在面对逆境的过程中，抗逆能力能使人的心理健康恢复到逆境发生前的状态，甚至表现出更理想的心理状态。环顾现今的中国社会，青少年正面临不同的困难和社会转变，如果青少年在成长时期能培养抗逆能力，他们将能更有效地面对日常生活中遇到的各种挑战和困难（Catalano et al.，2002）。

中国农村地区的青少年发展面临更多的风险和挑战。社会结构的变化、人口流动性以及福利差异都对农村青少年的发展产生了影响。当前关于青少年发展的研究主要集中在问题导向的视角和风险因素上，这对于农村青少年而言尤为显著。以往研究表明，农村青少年的心理健康总体水平明显低于城市青少年（李明霞、郑昊、刘正奎，2019）。同时，农村青少年的问题行为显著

---

* 第一版：曾洁雯
　第二版修订：韩晓燕、赵鑫、陈学芳、沈功翠
　第三版修订：穆莉萍

多于城市青少年（丁如一、何伟、马云涛，2019）。此外，在农村地区，特有的留守和贫困问题则进一步加剧了农村青少年心理及行为问题的发生。由于父母长期外出务工，农村留守青少年亲子互动具有非面对面交往的特殊性、时间上的间断性以及空间上的远距离性，从而在很大程度上破坏了正常的家庭结构和情感功能（申继亮等，2015）。这使农村留守青少年表现出比非留守青少年更多的抑郁、孤独和焦虑等消极情绪（范志宇、吴岩，2020；赵景欣等，2017）。相比留守对农村青少年家庭支持的削弱而言，贫困则是对农村青少年外部资源的剥夺，经济上的劣势会损害家庭进程，并对青少年的发展产生负面影响（Leung & Shek，2011）。贫困会对青少年的认知、心理社会能力、学业成就、行为和情感发展产生不利影响（Dashiff et al.，2009；杨科，2018）。然而，处境不利并不必然导致发展不良，青少年正面发展和抗逆能力研究视角的兴起表明，对于处境不利的青少年而言，他们虽然面临一些累积压力源和风险因素，但并非所有人都遵循相同的轨迹。事实上，有研究表明处境不利的青少年也有能力克服困境，获得抗逆能力，实现正面发展（Ungar，2001；Khanlou & Wray，2014）。在获得抗逆能力的过程中要关注青少年的潜能与优势，挖掘青少年自身所拥有的及其所处环境中的发展资源和保护因素（刘玉兰，2011）。

抗逆能力由内在保护因素和外在保护因素组成。内在保护因素包括正面的个人形象、效能感、乐观性格、幽默感、利他信念、良好的情绪管理及处理冲突能力等（Richardson，2002）。外在保护因素则包括与身边的朋友、家人及社区维持良好的关系及归属感。以上两种因素皆能帮助青少年面对逆境。

由于家庭是影响中国儿童发展的非常重要的因素（Leung & Fung，2021；Shek，Peng，& Zhou，2022），对于中国农村学生而言，家庭是他们成长与生活的重要场域，也是他们抗逆能力得以形成的关键的外在保护因素（熊晴、林克松，2020）。良好的家庭关系和家庭沟通有助于增强农村学生的自我认同，使农村学生形成积极的自我认知和乐观的情感体验，有助于学生习得逆境中的应对策略，促进其与他人互动，合作解决问题，提升自我效能（Lenora，2010；Saltzman，Pynoos，& Leste，2013；王凡、赵守盈、陈维，2017），一些实证研究表明良好的亲子关系与农村青少年的抗逆能力显著正相关（赵永婧、范红霞、刘丽，2014）。而在中国实施的一些项目也表明通过在活动中嵌入抗逆能力的概念，引导学生与家人建立良好的关系，能够显著减轻其抑郁症状，提升学生生活质量（Stewart & Sun，2007；Shek & Yu，2011）。因此，在外在保护因素中，除了要与身边的朋友、老师、社区等维持良好的关系及归属感外，家庭则成为农村学生坚强的后盾力量，良好的亲子关系和沟通模式对于提升农村学生抗逆能力至关重要。

在初一年级的学习中，"抗逆能力"着重强化学生的外在保护因素（包括建立学生对家庭的归属感）及内在保护因素（包括提升学生解决问题的能力、对抗负面情绪及处理冲突的能力），教导学生从不同的角度分析问题、了解及处理逆境。本章构念选择了一个单元 RE1.1，教授学生以不同的方法建立正面的价值观，应对负面情绪，有效对抗逆境。

参考文献

丁如一、何伟、马云涛，2019，《我国青少年的发展存在地区差异吗？——中国城市和农村留守、非留守青少年社会情绪能力发展状况调查》，第二十二届全国心理学学术会议摘要集。

范志宇、吴岩，2020，《亲子关系与农村留守儿童孤独感、抑郁：感恩的中介与调节作用》，《心理发展与教育》第6期。

李明霞、郑昊、刘正奎，2019，《农村青少年抑郁症状和亲社会行为的关系》，《中国学校卫生》第 11 期。

刘玉兰，2011，《西方抗逆力理论：转型、演进、争辩和发展》，《国外社会科学》第 6 期。

申继亮、刘霞、赵景欣、师保国，2015，《城镇化进程中农民工子女心理发展研究》，《心理发展与教育》第 1 期。

王凡、赵守盈、陈维，2017，《农村留守初中生亲子亲和与孤独感的关系：情绪调节自我效能感的中介作用》，《中国特殊教育》第 10 期。

熊晴、林克松，2020，《精准扶贫背景下乡村学生抗逆力培育的困境与路径——基于"环境—个体"互动模型》，《教育理论与实践》第 4 期。

杨科，2018，《精准扶贫视域下河南农村贫困地区青少年健康有关危险行为状况调查及影响因素分析》，《中国健康教育》第 10 期。

赵景欣、栾斐斐、孙萍、徐婷婷、刘霞，2017，《亲子亲合、逆境信念与农村留守儿童积极/消极情绪的关系》，《心理发展与教育》第 4 期。

赵永婧、范红霞、刘丽，2014，《亲子依恋与初中留守儿童心理韧性的关系》，《中国特殊教育》第 7 期。

朱森楠，2001，《从复原力观点谈国中中辍复学生的复原因素——以一个个案为例》，《新竹：九十年度教育研究集刊》，新竹县教育研究发展暨网路中心。

Catalano, R. F., Berglund, M. L., Ryan, J. A. M., Lonczak, H. S., & Hawkins, J. D. (2002). Positive youth development in the United States: Research findings on evaluations of positive youth development programs. *Prevention & Treatment* 5 (1).

Dashiff, C., DiMicco, W., Myers, B., & Sheppard, K. (2009). Poverty and adolescent mental health. *Journal of Child and Adolescent Psychiatric Nursing*, 22 (1), 23-32.

Khanlou, N., & Wray, R. (2014). A whole community approach toward child and youth resilience promotion: A review of resilience literature. International Journal of Mental Health and Addiction, 12 (1), 64-79.

Lenora, Marcellus. (2010). Supporting Resilience in Foster Families: A model for program design that supports recruitment, retention, and satisfaction of foster families who care for infants with prenatal substance exposure. *Child Welfare*, 89（1）, 729.

Leung, J. T. Y. , & Fung, A. L. （2021）. Editorial: Special issue on quality of life among children and adolescents in chinese societies. *Applied Research Quality Life*. https://doi. org/10. 1007/s11482-021-09915-9.

Leung, J. T. Y. , & Shek, D. T. L. （2011）. Poverty and adolescent developmental outcomes: A critical review. *International Journal of Adolescent Medicine and Health*, 23（2）, 109-114.

Richardson, G. E. （2002）. The metatheory of resilience and resiliency. *Journal of Clinical Psychology* 58（3）: 307-321.

Saltzman, William R. , Robert S. Pynoos, & Patricia Leste. （2013）. Enhancing family resilience through family narrative co-construction. *Clinical Child & Family Psychology Review*, 16（3）, 294-310.

Shek, Daniel T. L. （2014）. Where are we and issues for consideration. *Applied Research in Quality of Life*, 9（3）, 465-468.

Shek, Daniel T. L. , & Yu, Lu. （2011）. A review of validated youth prevention and positive youth development programs in Asia. *International Journal of Adolescent Medicine and Health*, 23（4）.

Shek, D. T. L. , Peng, H. , & Zhou, Z. （2022）. Editorial: Children and adolescent quality of life under socialism with Chinese characteristics. *Applied Research Quality Life*, 22, 1-7.

Stewart, D. , & Sun, J. （2007）. Resilience and depression in children: Mental health promotion in primary schools in China. *International Journal of Mental Health Promotion*, 9, 38-47.

Ungar, M. （2001）. *The Social Ecology of Resilience: A Handbook of Theory and Practice*. Springer.

活动单元概览

单元	单元目的	教学目标
一起走过的日子（RE1.1）（40分钟）	了解在不同的情况下，有不同的人可为自己提供帮助。此外，协助建立对父母与自己关系的正面看法，辨识父母的难处，认识到家人是强大的后盾，增强对父母的信任和对家庭的归属感，营造正向的家庭关怀氛围	• 指出在各种困难的情况下可为自己提供帮助的人 • 理解和建立与父母的正向关系，认识到家人是强大的后盾，增强对父母的信任和对家庭的归属感

RE1.1 一起走过的日子　　　　　　　　　"同心协力　排忧解难"

```
构　　念：抗逆能力
对　　象：初一学生
单元目的：了解在不同的情况下，有不同的人可为自己提供帮助。此外，协助建立
　　　　　对父母与自己关系的正面看法，辨识父母的难处，认识到家人是强大的
　　　　　后盾，增强对父母的信任和对家庭的归属感，营造正向的家庭关怀氛围
教学目标：1. 指出在各种困难的情况下可为自己提供帮助的人
　　　　　2. 理解和建立与父母的正向关系，认识到家人是强大的后盾，增强对父
　　　　　　母的信任和对家庭的归属感
教学工具：小组工作纸："一起走过的日子"（附录1）
　　　　　个人工作纸："坚强的后盾"（附录2）
　　　　　反思题
教学方法：小组讨论
　　　　　全班讨论
```

活动程序：40分钟

★★＝主要活动

★＝次要活动

活动	步骤	教学工具	时间
I. 引起动机"问答的方式"	• 老师问："这星期（或这个月）在生活上有没有遇到困难？除了自己去面对之外，还有谁能与你一起面对？"请学生回答		5分钟

活 动	步 骤	教学工具	时间
Ⅱ. 小组讨论 "一起走过的日子" ★★	目的：指出在各种困难的情况下可为自己提供帮助的人 • 将学生分为 8 个小组并分发小组工作纸。 • 简单介绍讨论内容，然后给学生 5 分钟讨论时间。 • 讨论内容：若遇到工作纸上所列举的困难或事件，会找哪些人倾诉或寻求帮助？并写出原因。 • 讨论结束后，请学生报告结果。 • 最后做总结： （1）遇到困难时，除了独自面对外，还可以找别人帮助； （2）不同的人面对同一困难时会有不同的处理方法； （3）不同的人有不同的选择，但是寻求别人帮助时，必须认真想清楚哪些人最可能提供正面、积极的帮助； • 让学生思考为什么他们在高兴时会与某些人分享，遇到困难时却不会？	附录 1	10 分钟
Ⅲ. 全班讨论 "坚强的后盾" ★	目的：辨识父母的难处，认识到家人是强大的后盾，理解和建立与父母的正向关系 • 分发个人工作纸。 • 工作纸上的内容让学生反思家人不理解自己的原因，学会辨识父母的难处，反思家人是最强大的后盾，鼓励学生理解和建立与父母的正向关系。 • 希望借此打破学生向权威人士（如父母）寻求帮助时的一些隔阂，以及让他们了解父母其实是很关心自己的，只是有时候不善于表达。同时父母在生活上可能有别的压力，学生应该多设身处地体谅他们。 • 请学生做简短的经验交流。 • 布置家庭作业。 • 家庭作业内容为【回家对家人说：我爱你，谢谢你，辛苦了】，下次活动来分享感受。 • 引导学生讨论如何才能提高自己的"容易相处指数"	附录 2	15 分钟

活 动	步 骤	教学工具	时间
Ⅳ.总结	• 鼓励学生遇到困难时寻求帮助。 • 有意打破一些阻碍自己寻求帮助的心理定式。 • 请学生思考：遇到困难时，除了向父母求助外，还有没有其他求助对象呢？		5分钟
Ⅴ.自我反思	• 老师于此节课结束前引导学生静默片刻，反思并填写"反思题"。 • 最后，老师应对学生的合作表现加以鼓励及赞赏	反思题	5分钟

教学建议

1. "一起走过的日子"	• 可通过投票，把学生的选择写在黑板上。 • 如学生的选择非常一致，则告诉学生，在不同范畴，可向不同的人寻求帮助（如金钱问题多找家人，情绪问题则多找朋友等）。如学生的选择差异很大，则指出基于不同背景及心理状况，不同的学生会做出不同的选择，但强调于选择前优先考虑还有没有更适合的人选；若有学生在多个项目上都是填"自己解决"，应该鼓励他多向别人求助；若学生语文能力较弱，可以不用填写"为什么?"一栏，改以口头汇报。 • 也可就"为什么?"一栏在黑板上写下一些答案以让学生参考，例如：（1）他能率直指出自己的问题；（2）他体谅自己；（3）他知识丰富等。这是孔子所说的"友直，友谅，友多闻，益矣"
2. "坚强的后盾"	• 部分学生的家庭背景复杂，或与父母关系欠佳，老师要特别注意学生的情绪反应，以便在适当时候提供情绪支持，鼓励学生设身处地为父母着想。这不是说遇到无理对待（如被殴打）也盲目忍受，而是体谅父母的困难，包容他们的过失，鼓励学生心平气和地向父母表达感受，有需要时向师长或心理辅导老师/社工寻求帮助。 • 如学生的心智较为成熟，可请学生进行角色扮演，不但能提高学生的参与程度，而且能让学生体会管教儿女的感受。另外，除了可请学生辨识父母的难处，更可请他们讲述如何理解父母，并想象如何与父母进行正向沟通，或是有什么办法有助于父母了解自己的感受。 • 农村的学生不善于对父母表达爱，通过家庭作业可以让学生勇敢向父母表达，也让学生鼓励父母经常表达爱，以增进他们之间的关系

延伸活动建议 1

活动	内容	建议
爱的书信	目的：建立良好的家庭关系及归属感 鼓励学生于课堂结束后写一封书信给父母，内容是感谢父母长期以来对自己的关心	如学生不善言辞，则可以与学生一同商讨书信内容，这也能增进师生之间的关系

延伸活动建议 2

活动目标：激发学生对同伴支持重要性的思考，在思考父母支持的重要性以外，感受同伴提供的支持，增强寻求外部资源支持的能力。

活动程序：40 分钟

★★＝主要活动

★＝次要活动

活动	步骤	教学工具	时间
Ⅰ.引起动机 "问答的方式"	●老师问："你觉得同学对你而言意味着什么？"请学生回答		5 分钟
Ⅱ.小组游戏 "信任背摔" ★★	目的：让学生体会同伴支持的重要性 ●学生分为 8 个小组。 ●每组选一个人站在前面，双手交叉胸前，向后仰，其他组员将他稳稳接住。向后仰的速度要快，不能犹豫。 ●每组可多人轮流尝试背摔和接住的角色。 ●游戏结束后讨论内容：（1）你相信你的同伴吗？（2）当你向后仰的时候是否充满恐惧，当你被同伴接住时感受如何？体会到了什么？（3）作为接住的角色，感受如何？ ●讨论结束后，请学生报告结果。		10 分钟

续表

活动	步骤	教学工具	时间
	●最后做总结： ●学会信任同伴很重要，信任是相互的，只有双方都信任彼此，才能稳稳接住。 ●在面对困难时，要找到能够信任的同伴，一起面对解决。而作为别人的同伴，也要积极给予信任者支持。 ●让学生思考可以从同伴那里获得哪些支持		
Ⅲ.全班分享"友情岁月" ★	目的：通过分享让学生回忆起从同伴那里获得的支持，增强班级归属感；充分表达希望获得支持的需求，增强同伴支持的有效性。 ●老师带领学生分享自己从同伴（同学）那里获得的支持情况，并向支持者致谢。 ●学生表达自己最近想从同伴那里获得的支持，引导其他学生给予支持和回应。 ●老师就分享内容做简短的总结：同伴的支持对我们很重要，尤其当我们面临困难时，应该积极寻求同伴支持		10分钟
Ⅳ.全班参与"助力清单" ★	●分发A4纸，引导学生填写一张能够为同学提供帮助和支持的助力清单 ●请学生分享清单内容，让学生意识到同伴的支持资源是非常强大的	A4纸	10分钟
Ⅴ.自我反思	●老师于此节课结束前引导学生静默片刻，反思并填写"反思题"。 ●最后，老师应对学生的合作表现加以鼓励及赞赏	反思题	5分钟

附录1　小组工作纸："一起走过的日子"

同学们，当你遇到以下事情时，你会向什么人倾诉或寻求帮助？为什么？

如果我遇到以下的困难……

我会找……

(请在你认为可依靠的人物旁画上"✓")

学业遇到困难
(如跟不上课程进度、有很多功课
不懂得处理)

□ 朋友　　　　　□ 心理辅导老师/心理
　　　　　　　　　医生社工
□ 老师
　　　　　　　　　□ 父母
□ 自己解决
　　　　　　　　　□ 其他：_____

为什么?_____
_____

心情不佳

(如不高兴、愤怒)

□ 朋友　　　　　□ 心理辅导老师/心理
　　　　　　　　　医生社工
□ 老师
　　　　　　　　　□ 父母
□ 自己解决
　　　　　　　　　□ 其他：_____

为什么?_____
_____

金钱上的问题

□ 朋友　　　　　□ 心理辅导老师/心理
　　　　　　　　　医生社工
□ 老师
　　　　　　　　　□ 父母
□ 自己解决
　　　　　　　　　□ 其他：_____

为什么?_____
_____

有成功或开心的事希望与人分享
(如成绩理想、获奖)

□ 朋友　　　　　□ 心理辅导老师/心理
　　　　　　　　　医生社工
□ 老师
　　　　　　　　　□ 父母
□ 不与别人分享
　　　　　　　　　□ 其他：_____

为什么?_____
_____

附录2　个人工作纸："坚强的后盾"

1. 家人在哪些方面不理解我？为什么？

_____

_____

_____

_____

_____

2. 家人最能在哪些方面帮助我？为什么？

_____

_____

_____

_____

3. 最想对家人说的话。

_____

_____

_____

_____

反思题

单元 RE1.1 一起走过的日子

姓名：_____   班级：_____   日期：_____

1. 我在课堂中表现得最好的是什么？

2. 我在课堂中学到了什么？

3. 学到的东西对我有什么帮助？

第十六章　自决能力[*]

理念

本构念是自决能力，英文为 Self-determination，缩写为 SD。自决能力（也称为自我决定能力）是指个人能够自主判断、抉择和订立目标的一种能力（Serna & Lau-Smith, 1995）。积极心理学派认为人是积极的个体，具有内在发展趋势，而内在动机和外在动机能够刺激一个人产生行为与决策（Ryan & Deci, 2020）。自决能力是技巧、知识及信念的结合，使人有目标导向、自我调控及自主的行为（Field et al., 1998）。这种能力需要青少年先认识及尊重自己，具备相关技巧，通过不断体验和学习才能培养出来（Field, Hoffman, & Posch, 1997）。此外，一个支持性的环境更有助于培养青少年的自决能力（Ryan & Deci, 2000）。

随着青少年成长，他们渐渐有能力为自己做出某些影响重大的决定，所以培养青少年的自决能力是很重要的。自决能力是青少年解决问题、做出健康人生选择的认知行为能力的重要部分，与其正面成长紧密相关，并有利于提升他们的福祉（Yu et al.,

---

* 第一版：许锦屏、曾洁雯
　　第二版修订：韩晓燕、赵鑫、周杰、王敏
　　第三版修订：张婧

2018；Zhou et al.，2020）。自主判断和抉择有益于开发青少年的创造力、好奇探索的欲望和想象力，帮助其自立，建立自尊（Owens，Mortimer，& Finch，1996）。不少研究指出自决能力与学习的关系密切，例如，自主的学生较懂得订立合适的目标，有较佳的学业表现、较强的能力感、自制能力、创意和肯定自我的价值观（Reeve，2002）。中国本土的研究同样发现自主学习和内在动机强的农村青少年有更好的课堂表现（Zhou，Ma，& Deci，2009）。

青少年的自主空间和自决的成功经验对他们形成积极的自我认知十分重要（Zhou，Shek，& Zhu，2020）。与此同时，自决能力要求青少年适当冒险并学习对自己的行为和决定负责。要成为独立的学习者及行动者，青少年必须学习解决问题的技巧，以及做抉择和寻求协助的方法。这些须在支持性的社会环境中培养（Hui & Tsang，2012）。家长和学校可以通过提供可行并有意义的选项供青少年参考以协助他们成为自主及自我负责的人。

自决能力是跨文化和跨性别的（Shek & Ma，2010），但不同社会文化环境下青少年的自决程度和内容具有差异性（Bush，2000）。中国传统文化价值重视对父母的孝顺及遵从。自主能力的特征并非中国父母考虑理想子女时所注重的（Shek & Chan，1999）。所以在设计提升中国青少年自决能力计划时，有些课题须特别处理，如与父母商讨抉择的自主时须基于对他们的尊重。同时，集体主义、孝道等传统文化价值与自决能力对青少年正向发展的影响并不对立。例如，有研究发现孝道与自主能力共同增强青少年学习动机（Hui et al.，2011）。

随着经济快速发展，中国青少年的身心发展亦呈现区域和城乡差异。一方面，农村青少年比城市青少年更倾向于遵从传统和权威，在价值选择与自我意愿相冲突时较少做出自我抉择（Lahat et al.，2009）；另一方面，由于父母外出打工，农村地区青少年受到的行为控制较宽松。有的研究发现在具体情境下农村青少年的自主和个人选择水平较城市青少年更高（Chen-Gaddini，2012）。而由于社会经济环境限制，低度发展地区、贫困地区的青少年可做自主选择的空间较小，机会较少（Xiang，2007）。我国农村地区还有数量巨大的留守儿童。相关研究表明，农村留守儿童的社会支持普遍较薄弱，而社会支持对留守儿童的心理适应尤为重要（Su et al.，2017）。然而，当前关于中国农村青少年正面成长的研究和培养其自决能力的服务项目较少（Shek，2014；Shek，Peng，& Zhou，2022；Shek & Yu，2011）。

本章相关的初一活动方案旨在通过自我反省、考虑抉择后果、订立及调整目标和探索及计划培养个人兴趣，让学生掌握自决能力所需要的技巧与策略。

单元 SD1.1 以学生日常生活情景为讨论材料，让学生了解自决的意义，检视父母、家人和老师认可的自主程度。

单元 SD1.2 以与辍学/校园欺凌有关的危机情景为讨论材料，其重心为加深学生对自我决定的环境因素和抉择技巧的了解，认识自决时需要衡量别人的意见，为自己的选择负责并承担后果，培养学生正向发展的思维，专注于解决问题而非关注惩罚性的后果。

其他提升自决能力的关键因素及技巧，如认知能力、社交能力和明确及正面的身份等将在本项目中的"与健康成人和益友的联系""社交能力""认知能力""自我效能感""亲社会规范""建立目标和抉择能力"等相关单元中展开。

参考文献

Bush，K. R.（2000）. Separatedness and connectedness in the parent-adolescent relationship as predictors of adolescent self-esteem in US and Chinese samples. *Marriage & Family Review*，30（1-2），153-178.

Chen-Gaddini, M. (2012). Chinese mothers and adolescents' views of authority and autonomy: A study of parent-adolescent conflict in urban and rural China. *Child Development*, 83 (6), 1846-1852.

Field, S., Hoffman, A., & Posch, M. (1997). Self-determination during adolescence: A developmental perspective. *Remedial and Special Education*, 18 (5), 285-293.

Field, S., Martin, J., Miller, E., Ward, M., & Wehmeyer, M. (1998). *A Practical Guide for Teaching Self-determination*. Reston, VA: Council of Exceptional Children.

Hui, E.K., & Tsang, S.K. (2012). Self-determination as a psychological and positive youth development construct. *The Scientific World Journal*, 2012 (1), 759358.

Hui, E.K.P., Sun, R.C.F., Chow, S.S., & Chu, M.H. (2011). Explaining Chinese students' academic motivation: Filial piety and self-determination. *Educational Psychology*, 31 (3), 377-392.

Lahat, A., Helwig, C.C., Yang, S., Tan, D., & Liu, C. (2009). Mainland Chinese adolescents' judgments and reasoning about self-determination and nurturance rights. *Social Development*, 18 (3), 690-710.

Owens, T.J., Mortimer, J.T., & Finch, M.D. (1996). Self-determination as a source of self-esteem in adolescence. *Social Forces*, 74 (4), 1377-1404.

Reeve, J. (2002). Self-determination theory applied to educational settings. *Handbook of Self-determination Research*, 2, 183-204.

Ryan, R.M., & Deci, E.L. (2000). Self-determination theory and the facilitation of intrinsic motivation, social development, and well-being. *American Psychologist*, 55 (1), 68.

Ryan, R.M., & Deci, E.L. (2020). Intrinsic and extrinsic motivation from a self-determination theory perspective: Definitions, theory, practices, and future directions. *Contemporary Educational Psychology*, 61, 101860.

Serna, L.A., & Lau-Smith, J.A. (1995). Learning with purpose self-determination skills for students who are at risk for school and community failure.

Intervention in School & Clinic, 30 (3), 142-146.

Shek, D. T. , & Chan, L. K. (1999). Hong Kong Chinese parents' perceptions of the ideal child. *The Journal of Psychology*, 133 (3), 291-302.

Shek, D. T. L. (2014). Where are we and issues for consideration. *Applied Research in Quality of Life*, 9 (3), 465-468.

Shek, D. T. L. , & Ma, C. M. S. (2010). Dimensionality of the Chinese positive youth development scale: Confirmatory factor analyses. *Social Indicators Research*, 98 (1), 41-59.

Shek, D. T. L. , & Yu, L. (2011). A review of validated youth prevention and positive youth development programs in Asia. *International Journal of Adolescent Medicine and Health*, 23 (4), 317-324.

Shek, D. T. L. , Peng, H. , & Zhou, Z. (2022). Editorial: Children and adolescent quality of life under socialism with Chinese characteristics. *Applied Research in Quality of Life*, 22, 1-7.

Su, S. , Li, X. , Lin, D. , & Zhu, M. (2017). Future orientation, social support, and psychological adjustment among left-behind children in Rural China: A longitudinal study. *Frontiers in Psychology*, 8.

Xiang, B. (2007). How far are the left-behind left behind? A preliminary study in rural China. *Population, Space and Place*, 13 (3), 179-191.

Yu, S. , Chen, B. , Levesque-Bristol, C. , & Vansteenkiste, M. (2018). Chinese education examined via the lens of self-determination. *Educational Psychology Review*, 30 (1), 177-214.

Zhou, M. , Ma, W. J. , & Deci, E. L. (2009). The importance of autonomy for rural Chinese children's motivation for learning. *Learning and Individual Differences*, 19 (4), 492-498.

Zhou, Z. , Shek, D. T. , & Zhu, X. (2020). The importance of positive youth development attributes to life satisfaction and hopelessness in Mainland Chinese adolescents. *Frontiers in Psychology*, 11, 2599.

Zhou, Z. , Shek, D. T. L. , Zhu, X. , & Dou, D. (2020). Positive youth development and adolescent depression: A longitudinal study based on mainland Chinese high school students. *International Journal of Environmental Research*

共创成长路：农村青少年正面成长理论与实务

and Public Health，17（12），1-15.

活动单元概览

单元	单元目的	教学目标
我能行/自主方向盘 （SD1.1） （40分钟）	了解自决的意义，检视父母、其他家人和老师认可的自主程度	• 明白自决的意义 • 了解个人的自主范围及其先决条件
我该怎么做/明智之举 （SD1.2） （40分钟）	加深学生对自决的环境因素和抉择技巧的了解，使其做出适当的选择	• 明白个人抉择的好处和坏处 • 认识自决时须衡量别人意见和考虑选择的后果

SD1.1 我能行/自主方向盘　　　　　"独立思考　共享自主"

构　　念：自决能力
对　　象：初一学生
单元目的：了解自决的意义，检视父母、其他家人和老师认可的自主程度
教学目标：1. 明白自决的意义
　　　　　2. 了解个人的自主范围及其先决条件
教学工具：自备PPT："听谁安排"
　　　　　老师参考资料："听谁安排"（附录1）
　　　　　个人工作纸："自主成长尺"（附录2）
　　　　　个人工作纸："自主通行证"（附录3）
　　　　　反思题
教学方法：全班讨论
　　　　　小组讨论

活动程序：40分钟

★★＝主要活动

★＝次要活动

活动	步骤	教学工具	时间
I. 引起动机	• 老师说："你们日常生活中的大小决定，通常是自己做主还是父母或其他家人做主的？或是你们依赖父母做决定？或是大家有商有量呢？（学生不用回答）让我们先看以下的PPT，然后再讨论。"		5分钟

活动	步骤	教学工具	时间
Ⅱ．全班讨论"听谁安排"★	目的：明白自决的意义 ●播放 PPT "听谁安排"，请学生留意内容。播放完毕，老师用问题引导全班讨论： (1) 你们觉得自己跟哪个角色类似呢？ (2) 三位主角的自决观念是怎样的？ 可能的答案： 小胖——没有独立思考的能力，什么都依赖家长做决定。 小强——自以为是。 小宜——衡量接纳不同人的意见，先做客观的分析，然后自主决定。 ●老师响应学生的意见，带出以下结论： (1) 在做决定的过程中，不适宜过分依赖别人和过分以自我为中心，应该衡量及接纳不同人的意见，并考虑决定的后果。 (2) 伴随着成长，我们渐渐有能力为自己做出某些决定。我们应学习平衡自决与由家人做主的程度。 (3) 自决的意义：在父母或其他长辈的支持下，自己能够做出客观、正确或亲社会的决定	幻灯片 附录 1	10 分钟
Ⅲ．小组讨论"自主通行证"★★	目的：思考自己在不同年龄所能自决的事情，及认识自决的先决条件 ●让学生填写"自主成长尺"工作纸（附录 2），请学生用 5 分钟完成工作纸。 ●再让学生填写"自主通行证"工作纸（附录 3）。请学生与邻座的同学讨论一件现在最想自决的事情及自己认为需具备的条件。 ●学生完成讨论后，请几位学生报告讨论结果，从中收集十个自决的条件，写在黑板上。 ●简单总结学生的讨论，指出在不同年龄所能自决的事情也有不同，这与自己的能力、家人的授权及彼此的信任有关。因此，我们先要具备一些重要的能力，如判断力和独立处事能力，让父母相信我们有能力做出适当的决定。 ●鼓励学生多与家长沟通，了解彼此的想法及立场，并建议学生回家后，利用"自主通行证"工作纸与家长一起了解彼此的想法和立场，重新厘定个人事件的自主程度	附录 2 附录 3	15 分钟

续表

活动	步骤	教学工具	时间
Ⅳ. 总结	• 自主和自决能力是需要学习和培养的。青少年不用着急争取自主权。在做决定的过程中，我们要平衡由自己或家人做主的利弊。 • 自主独立不等于一意孤行。即使我们在某些事情上拥有自决权，我们仍须多与父母或其他长辈沟通。一方面汲取他们的经验和意见，另一方面让他们知道和相信，我们有能力做出适当的决定		5分钟
Ⅴ. 自我反思	• 老师于此节课结束前，让学生静默片刻，反思及填写"反思题"。 • 最后，老师应对学生的合作表现加以鼓励及赞赏	反思题	5分钟

教学建议

1. "听谁安排"	• 可根据学生的需要把"听谁安排"内容投影在黑板上，或印发给学生，方便同学讨论。 • 若时间许可，老师可与学生分享自己在青少年时期一些自决的经验，但应按学生的需要去选材。 • 当学生发言较倾向于以自我为中心时，可说一些鼓励学生参考别人意见的话，并提醒他们考虑环境的因素，重点是要带出自主的意义
2. "自主通行证"	• 强调填写"自主成长尺"时，没有绝对的答案，让学生自由地表达自己认为重要的自主事件。 • 参考资料只供参考，老师可以自行选择和引导。 • 学生可能在填写"自主成长尺"时感到困难，老师需多在教室中巡视，为有需要的学生提供协助。 • 初一学生的自主权可能会因家庭背景或父母照顾程度的不同而有很大差异。因此，应该接受学生间关于自主范围的差异，避免比较学生的自主范围和能力；应集中让学生了解自己的自决能力和条件。 • 可讨论学生较关心的事情（如决定是否升学、能否使用手机、参加什么课外活动），重点是要引起学生的注意以及能带出自决的先决条件和取得父母支持的重要性。 • 在学生填写"自主通行证"中"已具备的条件"时，老师可适当为学生解释这些条件的定义。 • 学生列出自己的自决能力或具备某些自主的先决条件后，老师应赞赏并鼓励他们继续发展更成熟的自决能力。

● 学生在成长阶段普遍渴望获得更大的自主权，甚至希望家长不干涉他们，任由他们自由做决定。要留意学生列出的自主范围或最想自决的事，对于一些不符合亲社会规范或对青少年身心成长有害的事件，如过度沉迷游戏、辍学打工、赌博、吸烟等不良行为，就需要详细分析其内容及指出它们对青少年的危害，让学生学会承担做决定的后果

延伸活动建议

活动	内容	建议
自主共享事件簿	目的：共享自主需要及培养自决的方法 学生在教室黑板上自由表达希望在什么事情上获得自主权。其他学生可在旁边写出建议方法	可以建议学生负责任，以取得家长的信任

附录 1　老师参考资料："听谁安排"

以下是三位初一同学在休息时的一段对话。

小强：小宜、小胖，你们放学/周末会去干什么呀？

小宜：我会跟我弟弟（妹妹、朋友）去逛商场。

小胖：我不知道，可能会跟我妈妈出去吧！不……有妈妈在，她会决定去哪的吧！（轻快语气）

小强：连要干什么都不知道，你几岁啦？

小胖：13 岁了！因为每件事情、每样东西我的家人都会为我安排得很好，所以完全不用我做决定。

小宜：那么你妈妈拿条裙子给你穿，你都会穿吗？

小胖：看那条裙子漂不漂亮啦，如果像苏格兰格子裙也挺好的，不过我平时穿的这些衣服都是我妈妈帮我挑的。

小强：小胖，你很幽默呀！我从来都不听我父母说什么的，他们一个说东，一个说西……依我看谁都不听。说实话我们都这么大的人了，可是他们整天都不相信我们！依我看你应该学一学我，什么事都自己来做主，喜欢去哪儿玩就去哪儿玩，无论几点钟回家都可以，多自由呀！

小宜：不……我有时也想自己做决定，有更多自主权，想怎么样就怎么样。不过如果想得深入一点的话，有时候完全由自己做决定也未必是一件好事。你看我们做事情的时候需要很多人给我们提意见，有些事情找大人帮忙给点意见会好一点的，起码没那么容易出错。其实我的父母都很忙，不过如果我有重要的事，我都会先询问他们的意见。但是，小强，像你这样完全自由的话，行不行得通啊？你小心可别学坏了哦。

小强：但是难道要像小胖一样，没有半点独立思考吗？人家叫他干什么就干什么，有什么出息呀！

小宜：正所谓万事好商量，大人见到我们开始有想法和主见的时候会慢慢信任我们的。我们又不懂如何挣钱，就算我想去游乐场玩、要买手机，也要和他们商量才有钱啊。

小强：照你这么说，赚到钱就可以不用管他们了吗？

小宜：当然不是啦，等赚到钱的时候，我们就需要做更多的事情去影响自己和别人的决定，需要和一些人一起商量，集思广益嘛。

小胖：你说话怎么这么像大人啊。我觉得其实我是有主见的，只不过我的主见只会在适当的时候才用。

小强：什么时候用？

小胖：当我妈妈问我是要吃炸鸡腿还是卤鸡腿的时候。

小宜：那么你选什么？

小胖：两样味道都这么好，当然是全都要啦。

小宜、小强：难怪你不介意别人叫你小胖啊！

附录 2　个人工作纸："自主成长尺"

姓名：＿＿＿＿＿＿＿＿

请在"自主成长尺"的刻度旁写下你个人认为最重要的 4 个"自主"事件及该年龄。

将来由自己决定的事情

1.＿＿＿＿＿＿＿＿＿＿＿＿（岁）。
2.＿＿＿＿＿＿＿＿＿＿＿＿（岁）。
3.＿＿＿＿＿＿＿＿＿＿＿＿（岁）。
4.＿＿＿＿＿＿＿＿＿＿＿＿（岁）。

将来由自己决定

现在由自己决定的事情

1.＿＿＿＿＿＿＿＿＿＿＿＿（岁）。
2.＿＿＿＿＿＿＿＿＿＿＿＿（岁）。
3.＿＿＿＿＿＿＿＿＿＿＿＿（岁）。
4.＿＿＿＿＿＿＿＿＿＿＿＿（岁）。

现在由自己决定

过去由自己决定的事情

1.＿＿＿＿＿＿＿＿＿＿＿＿（岁）。
2.＿＿＿＿＿＿＿＿＿＿＿＿（岁）。
3.＿＿＿＿＿＿＿＿＿＿＿＿（岁）。
4.＿＿＿＿＿＿＿＿＿＿＿＿（岁）。

过去由自己决定

参考选项：

1.选择手机款式	2.选择信仰	3.选择玩具	4.分配娱乐时间
5.外出打工	6.选专业	7.结识朋友	8.选择衣服款式
9.选择暑期活动	10.谈恋爱	11.睡觉时间	12.选择电视节目
13.报读实习班	14.养宠物	15.零用钱金额	16.选择课外活动
17.处理压岁钱	18.自行上学	19.选择发型	20.写作业时间

附录3 个人工作纸："自主通行证"

姓名：＿＿＿＿＿＿＿

共创成长路 自主通行证

照片

我现在最想自决的事情是:

我已具备以下条件：（请画✔）

□思想成熟　□有判断力　□能自制　□诚实

□独立处事　□有责任感　□接受别人的意见

□其他，请注明:

家长选择：□同意　或　□不同意

家长签名：　　　　　　　　　　　　有效期至:

反思题

单元 SD1.1 我能行/自主方向盘

姓名：＿＿＿＿＿＿　班级：＿＿＿＿＿＿　日期：＿＿＿＿＿＿

1. 自决是什么?

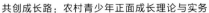
2. 自决时需注意什么？

3. 自决要得到他人（家人、老师、朋友等）的支持吗？父母不在身边时自己能想做什么就做什么决定吗？为什么？

SD1.2 我该怎么做/明智之举　　　　**"遇事有风险　选择需谨慎"**

> 构　　　念：自决能力
> 对　　　象：初一学生
> 单元目的：加深学生对自决的环境因素和抉择技巧的了解，使其做出适当的选择
> 教学目标：1. 明白个人抉择的好处和坏处
> 　　　　　　2. 认识自决时须衡量别人意见和考虑选择的后果
> 教学工具：自备视频："假如我是……"
> 　　　　　　老师参考资料："假如我是……"（附录 1）
> 　　　　　　小组工作纸："我该怎么做"（附录 2、3）
> 　　　　　　反思题
> 教学方法：角色扮演
> 　　　　　　小组讨论

活动程序：40 分钟

★★＝主要活动

★＝次要活动

活动	步骤	教学工具	时间
Ⅰ. 引起动机	●从学生的日常生活入手，问他们有没有参加以下活动或遇到相关情景，如下河游泳、打游戏、谈恋爱、打零工、旷课等；自己的意见与朋友或父母的不同，或者小组讨论时同学有不同的意见，他们会怎么做？		5 分钟

活动	步骤	教学工具	时间
Ⅱ．角色扮演"假如我是……"★	目的：明白不同人对同一件事情可能有不同的观点及其原因。 •播放视频"假如我是……"，请学生留意内容。播放完毕，将学生按照不同角色分成若干小组。 •每组分派剧中一个角色（每个角色最好有两至三个小组）。请每组用3分钟讨论应如何说服其他角色，令对方满意。 •讨论完毕后开始第一轮发表意见。规则是只可由发言的一组发表刚才讨论的结果，请其他组静心倾听，留意其内容。 •当所有小组第一轮发言完毕后，开始第二轮意见发表。各小组可以对其他小组第一轮的发言进行回应	视频 附录1	10分钟
Ⅲ．小组讨论"我该怎么做"★★	目的：决定前听取和分析身边重要他人的意见，可让自己考虑更周全。 •分发"我该怎么做"工作纸（附录2、3），请学生想象自己是故事主人公，按照刚才各组所发表的意见填写第一部分（附录2）。 •完成第一部分后，讨论填写工作纸的第二部分（附录3）。此部分要求每组同学分析他人的意见及理由，以及选择的后果、其影响和重要性。 •请小组报告讨论结果。 •老师总结各组的讨论	附录2 附录3	10分钟
Ⅳ．总结	•不同人对同一件事情有不同的观点、意见、赞成或反对的原因。当征询别人的意见时，不应单凭感觉或是说话人的身份来决定是否听取这些意见。 •建议做重要的决定前要先听取身边重要人物的意见，如家长、老师、好朋友等。因为每个人的背景和经历不同，对事情的认识深浅不一。集合各方意见，可让自己对事情的认识更全面，从而订出更周全的计划		5分钟
Ⅴ．自我反思	•老师在此节课结束前，让学生静默片刻，反思及填写"反思题"。 •最后，老师应对学生的合作表现加以鼓励及赞赏	反思题	10分钟

教学建议

1. "假如我是……"	• 角色扮演的内容设计可随学生的需要和日常生活背景而改变。 • 每个学校学生面临的危机及身处环境有差异。老师可就学生的需要进行引导。 • 活动过程中有的学生可能不习惯聆听别人的意见，在其他组发言时立刻反驳。老师须及时提醒学生尊重和聆听别人发表意见；并告诉他们每个人对同一件事情都有其立场，不可仓促否定与自己不同的意见。 • 可设立一些奖项，鼓励学生参与活动，如"最佳发言人""最佳组合奖"等
2. "我该怎么做"	• 强调本节重点是请学生先聆听他人的意见，拓宽个人的视野，从而客观地分析选择的后果，然后再做决定。 • 注重引导学生思考选择的后果、重要性和影响，使他们的思考更深入、更透彻。 • 课堂上应留意是否有学生面临辍学/校园欺凌等与课堂讨论材料相关的问题，并适当地做跟进

延伸活动建议

活动	内容	建议
明智之举	目的：学习聆听身边重要人物的意见及运用抉择技巧做分析和决定。 请学生在一定时间范围（如期中、本学期等）内选择一件需要抉择的事情，征询老师、家人和一位朋友的意见，利用活动所学（附录3、4）分析事情和所收集的意见，然后做抉择。 择期召开主题班会，由老师先做个人分享，然后请学生轮流分享	可以请学生分享感受到的两难情境，当中所面对的矛盾和感受，以及家人、朋友的意见对他们抉择的影响

附录 1 老师参考资料："假如我是……"

可参考以下视频资料。

校园暴力：《少年的你》

辍学：《我要上学》

附录 2 小组工作纸："我该怎么做"

组别：

他/她是……	他/她的意见是……	他/她的理由是……
老师		
家长		
同学甲		
同学乙		
同学丙		
其他＿＿＿＿＿		
其他＿＿＿＿＿		
其他＿＿＿＿＿		
其他＿＿＿＿＿		

附录 3 小组工作纸："我该怎么做"

组别：

他/她是……	他/她的意见是……	他/她的理由是……
老师		
家长		
同学甲		

他/她是……	他/她的意见是……	他/她的理由是……
同学乙		
同学丙		
其他_____		
其他_____		
其他_____		
其他_____		

第十七章　明确及正面的身份[*]

理念

本构念是明确及正面的身份，英文为 Clear and Positive Identi-ty，缩写为 ID。Erikson（1968）"人生八阶段"的社会心理发展理论指出，青少年的成长任务就是自我认同。成功的关键在于青少年的自我探索过程，有充足的探索机会，让他成功处理其生理、心理、社交、学业等方面的急剧转变和矛盾。在青少年早期，如能配合他们的认知发展来建立明确及正面的身份，就能有效提升他们的自尊水平，甚至有助于他们日后成人期的发展（Kroger，2000）。

帮助农村青少年建立明确及正面的身份认知有着重要的意义。因为经济及社会原因，农村地区的人口大量流入城市工作，造成农村地区存在较多留守儿童和青少年，研究表明和非留守青少年相比，农村的留守青少年自尊水平更低，抑郁水平更高（范兴华等，2018）。研究者通过追踪数据证实，建立积极的自我认知能够显著地降低青少年的抑郁水平，提升其生活满意度（Zhou

---

* 第一版：曾洁雯、萧敏康、马庆强、朱嘉仪
第二版修订：韩晓燕、赵鑫、庞丽娟、朱丽君
第三版修订：周正

et al.，2020；Zhou，Shek，& Zhu，2020）。自尊也能缓解不同领域生活压力对青少年抑郁的消极影响（Moksnes，Eilertsen，& Lazarewicz，2016）。因此，本章活动主要目的在于帮助农村青少年建立积极的自我身份认知，促进农村青少年正面成长。

Marcia（1966）根据Erikson的理论，以探索和投入作为评判标准，发展出四种自我认同状态。

（1）达成认同（identity achievement）：经历探索后能投入所选定的自我定位。

（2）尚在寻求（identity moratorium）：有积极探索但尚未能投入发展。

（3）过早定位（identity foreclosure）：未经历足够危机探索便鲁莽投入。

（4）未能认同（identity diffusion）：自我探索及投入尚未足够，自我概念仍很模糊。

另外，青少年的理想自我及现实自我若差异不大，亦有利于自我认同和建立明确及正面的身份（Higgins，1987）。自尊是指对自我的一种正面或负面的态度，正面的自我评价越高，自尊水平就越高。Borba（1989）建议可通过培养以下元素，提升自尊感，增强面对成长危机的免疫力。

（1）安全感（sense of security）：建立一个可靠的、能给予帮助的、可信赖的环境以帮助个人成长。

（2）独特感（sense of selfhood）：自我情绪认知及个人自觉能力的培养。

（3）联系感（sense of affiliation）：人际关系的锻炼。

（4）方向感（sense of mission）：订立目标、执行计划、解决问题及做决定的技巧。

（5）能力感（sense of competence）：发掘、肯定和欣赏个人的能力及专长。

提升自尊感涉及其他构念内容，如方向感和能力感会在"建立目标和抉择能力"和"自我效能感"环节中处理，联系感则在"与健康成人和益友的联系"环节中处理。在初一的手册中，本构念有一个单元，旨在培养学生的独特感，让学生懂得分辨在不同的场合和面对不同的人时，做适当交流，从中确认自己的身份。

参考文献

范兴华、方晓义、黄月胜、陈锋菊、余思，2018，《父母关爱对农村留守儿童抑郁的影响机制：追踪研究》，《心理学报》第 50 期。

Borba, M. (1989). *Esteem Builders：K-8 Self-esteem Curriculumfor Improving Students' Achievement, Behavior and Schoolclimate*. Torrance, CA：Jalmar.

Erikson, Erik H. (1968). *Identity, Youth and Crisis*. New York：W. W. Norton Company.

Higgins, E. T. (1987). Self-discrepancy：A theory relating self and affect. *Psychological Review*, 94 (3), 319–340.

Kroger, J. (2000). *Identity Development：Adolescence Through Adulthood*. Sage Publications, Inc.

Li, C., Wu, Q., & Liang, Z. (2017). Effect of poverty on mental health of children in rural China：The mediating role of social capital. *Applied Research in Quality of Life*, 14 (1), 131–153.

Marcia, J. (1966). Development and validation of ego identity status. *Journal of Personality and social psychology*, 3.

Moksnes, U. K., Eilertsen, M. E. B., & Lazarewicz, M. (2016). The association between stress, self-esteem and depressive symptoms in adolescents. *Scandinavian Journal of Psychology*, 57, 22–29.

Shek, D. T. L. (2014). Where are we and issues for consideration. *Applied Research in Quality of Life*, 9 (3), 465–468.

Shek, D. T. L., & Yu, L. (2011). A review of validated youth prevention and positive youth development programs in Asia. *International Journal of Adolescent Medicine and Health*，23（4）.

Shek，D. T. L.，Peng，H.，& Zhou，Z.（2022）. Editorial：Children and adolescent quality of life under socialism with Chinese characteristics. *Applied Research in Quality of Life*，22，1-7.

Zhou，Z.，Shek，D. T. L.，& Zhu，X.（2020）. The importance of positive youth development attributes to life satisfaction and hopelessness in Mainland Chinese adolescents. *Frontiers in Psychology*，11，Article 553313.

Zhou，Z.，Shek，D. T. L.，Zhu，X.，& Dou，D.（2020）. Positive youth development and adolescent depression：A longitudinal study based on mainland Chinese high school students. *International Journal of Environment Research and Public Health*，17，44-57.

活动单元概览

单元	单元目的	教学目标
在你眼里，发现自己（ID1.1）（40分钟）	明白通过与不同的人分享自己的经验并进行适当的交流，有助于确立自己的身份	• 明白向不同人表露自我的程度会有所不同 • 明白向别人开放自己是了解自我的一种方法，有助于建立对自己的身份认知

ID1.1 在你眼里，发现自己　　　　　　　　"真心分享　共同成长"

构　　念：明确及正面的身份
对　　象：初一学生
单元目的：明白通过与不同的人分享自己的经验并进行适当的交流，有助于确立自己的身份
教学目标：1. 明白向不同人表露自我的程度会有所不同
　　　　　2. 明白向别人开放自己是了解自我的一种方法，有助于建立对自己的身份认知
教学工具：个人工作纸："在你眼里，发现自己"（附录1）
　　　　　反思题
教学方法：个人反思
　　　　　全班反思

活动程序：40 分钟

★★＝主要活动

★＝次要活动

活动	步骤	教学工具	时间
I. 引起动机	• 老师问："不开心的时候，你们会找谁倾诉心事？"让学生回答。 • 再问："为什么不会向另一个人倾诉不开心的事？" • 再问："在路上遇上不认识的人闲聊，会不会向他们透露心事？为什么？" • 帮助学生分析答案，让学生知道，在不同场合和面对不同的人时，我们所表露的个人感受或透露的信息亦会不同。 • 老师可举一些例子，例如，与一起玩游戏的朋友分享游戏攻略；与另一些朋友畅谈最喜欢的明星		5 分钟
II. 个人反思 发现自己 1 ★	目的：让学生明白面对不同人物时，表露自我的程度有所不同。 • 给学生分发个人工作纸"在你眼里，发现自己"（附录 1），简述填写方法，请学生填写。 • 请学生用 5 分钟完成工作纸，同时老师也可填写，待稍后分享	附录 1	8 分钟
III. 全班反思 发现自己 2 ★★	目的：明白如何与别人交流以及与人分享对自己的好处。 • 学生填写完毕后，老师问学生："是否每一个人愿意分享的事情都不相同？" • 简单统计"最多"和"最少"的人物（愿意分享最多和最少事情的人）。 • 根据统计，老师可带出：面对不同的人，分享的事情也有所不同。面对某些人时会分享多一些，有的会分享少一些。 • 老师可以将个人作为例子与全班分享。然后，请一些学生讲述自己的情况。对于农村留守青少年，父母长期不在身边，可以有针对性地进行引导。请有代表性的学生分享自己的经历。 • 分享时，可引导学生思考和回答以下问题： A：为什么你对不同的人或在不同场合透露的信息会有不同？	附录 1	18 分钟

续表

活动	步骤	教学工具	时间
	B：你觉得在分享过程中，得到了什么益处？（例如，你向人倾诉最近遇到的困难时，感受如何？） ●把学生回答的原因和分享重点写在黑板上，然后总结。 ●最后，老师问："为什么我们要与别人分享自己的感受、讨论自己的情况？"请学生自由回答。 ●对于和父母缺少沟通的学生，引导他们与父母分享自己的感受		
Ⅳ. 总结	●在不同场合及面对不同人时，我们的身份角色有所不同，我们需要懂得选择性地透露自己的信息。 ●向别人介绍自己和透露自己的事情，也是自我了解的过程，通过与别人分享，自己可更加认识自己，从而更明确地建立自己的身份。 ●虽然我们对自己已有一定的了解，但仍然需要让身边的人了解我们。因此我们可以尝试开放自己，让别人更了解自己。这不但可以改善人际关系，而且可以让别人在适当的时候，帮助和支持我们		4分钟
Ⅴ. 自我反思	●老师在课堂结束前，引导学生静默反思，并填写"反思题"。 ●最后，老师应对学生的合作表现加以鼓励和赞赏	反思题	5分钟

教学建议

1. "我会分享" 1	●可鼓励学生回忆是否曾与别人分享表格中列举的事情，稍后做分享
2. "我会分享" 2	●建议上这节课前做充分的准备，以求有良好的效果。例如，可预先自我反思与别人分享时的情况和当中的感受、结果等。 ●可分享一些生活事情。例如，面对好朋友时，你可能会选择透露最近遇到的困难，因为那位朋友值得信任并会提供参考意见。

350

2. "我会分享" 2	• 同时也可分享向好朋友倾诉后的心情和感受。借此带出以下观点：向适当的人透露自己的事情，可让他们在适当的时候，帮助和支持自己。 • 可鼓励学生自行参加分享或以抽签形式决定发言次序。分享后，可向学生致谢。 • 此外，可设立最踊跃发言/最积极参与奖项，鼓励学生积极参与。 • 可从九种不同的分享对象中找出范畴相似的人做分享（例如，父母与兄弟姐妹属于家人，好朋友与爱好相同的朋友属于朋友等）。这会更明显地让学生认识到面对不同的交流对象时，分享的内容亦会有所不同
3. 总结	• 整个活动所带出的信息是面对不同的人时，我们会分享不同种类的资料。有需要时，亦可向学生讲解，同一种类的资料，在面对不同的人时也会有不同程度的透露

延伸活动建议 1

主题：老师，我想告诉你

活动	内容	建议
亲情温度计	目的：通过写信给老师，尝试与别人分享自己的事情。 写一封 100 字以内的信，向老师透露你愿意和他分享的事情	老师收到信后，可自行约见需要跟进的学生

附录 1 个人工作纸："在你眼里，发现自己"

姓名：＿＿＿＿＿＿＿当你与下列的人物相处时，你会愿意分享什么？请你在愿意分享的事项上画 "√"。

	个人基本资料	兴趣	最近遇到的困难	梦想	性格	开心的事情	最喜爱的事物	一个秘密
好朋友								
爱好相同的朋友								
刚认识的同学								
邻居								
父母								
兄弟姐妹和其他亲戚								
老师								
心理辅导老师/社工								
兴趣小组导师								

反思题

姓名：＿＿＿＿＿＿＿　班级：＿＿＿＿＿＿＿　日期：＿＿＿＿＿＿＿

1. 当你不顺心的时候，你会找谁倾诉？

2. 为什么你会找他倾诉？

3. 当你与别人分享了你的事情后，你会有收获吗？请写下两个收获。

第十八章　建立目标和抉择能力[*]

理念

　　本构念是建立目标和抉择能力，英文为 Beliefs in the Further，缩写为 BF。要培养青少年建立目标和抉择能力，首先要让他们对未来抱有希望和乐观态度，即协助他们建立理想的目标和计划，培养达成目标的信念、信心、自控能力和动力，教导他们在遇到困难时，尝试以各种不同的方法达成目标。

　　在中国文化中，有不少的乐观思想，如"天生我材必有用"，它们都会影响人们的生活态度，而拥有目标和乐观的态度对青少年的成长有正面的影响。西方的研究发现对未来抱有希望的学生会感到精力充沛、有自信，在追求目标时勇于接受挑战，有较高的自我评价、较低的抑郁感和较好的学习成绩。青少年对未来抱有积极取向不仅有利于当前的心理社会适应，而且对其以后的发展也发挥重要的作用（McCabe & Barnett，2000；Schoon & Parsons，2002；Vansteenkiste et al.，2005）。此外，对未来乐观的学生会比悲观的学生懂得如何更好地运用各种方法处理不同的问题

---

　*　第一版：石丹理、刘兆瑛
　　　第二版修订：韩晓燕、赵鑫、林霞
　　　第三版修订：黄君

（Scheier，Weintraub，& Carver，1986）。

协助农村地区青少年建立起订立未来目标的能力具有重要的意义。研究发现，心理健康与目标之间存在正向联系（Emmons，1992），低水平的自尊和高水平的抑郁与自我提升目标相关（Massey，Gebhardt，& Garnefski，2009；Salmela-Aro & Nurmi，1997）。相较而言，农村地区的青少年对未来缺乏明确的思考，乐观期待值较低，对未来的控制信念也较弱（Nurmi，1991）。处于农村地区及低社会经济地位的青少年对实现目标的自我效能感和控制感相对较低（Cohen & Cohen，1996，2001；Gordon，2001；Hill et al.，2004；Kasser et al.，1995；Khallad，2000；Wilson & Wilson，1992）。

研究一致认为，家庭社会经济地位是影响青少年认知及成就最重要的因素之一（Bradley & Corwyn，2002）。城市青少年对于未来教育的探索和投入明显多于农村青少年，农村地区可获得资源的有限性也制约了农村青少年对未来的期望，有些农村地区的青少年因家庭收入较低且缺乏受教育的机会，对未来的乐观期待值较低，对自己未来会进行相对悲观的评价。有些农村地区的青少年因父母长期外出务工而缺乏父母陪伴和家庭的教育引导，从而降低对自身未来的期待（Lee & Yu，2017），农村地区的青少年对未来的期望也就更为消极（Cooklin et al.，2015）。

另外，学者亦指出在四种探索自我身份的小组中，能成功寻找自我身份的小组展示出最多的正向社交行为。相反，在寻找自我身份的过程中，出现问题的青少年往往会有较多的反社会行为。因此，帮助学生建立正面的人际关系并培育明确的自我身份，有助于他们展现正向社交行为，成功地与别人和睦相处。

然而，过分乐观或悲观都是不健康的。过分乐观的人只期望好的事情，而对突发事件未能做好准备；相反，过分悲观的人会被负面看法蒙蔽，削弱他们处理问题的能力。因此，协助青少年以合适的态度面对未来是很重要的。有时青少年对未来的态度可

能会取决于他们对现在或过去事件正面或负面的看法（Gillham &
Reivich，2004），因此协助青少年了解自己的信念是有必要的。
本章活动的主要目的是帮助农村青少年准确了解自己的生活信
念，建立积极的未来目标。

　　本章构念的目标是鼓励学生了解自己的信念，并对未来抱以
乐观的态度。单元 BF1.1 着重教导学生建立对未来的信念，以正
面和乐观的态度来寻找人生的方向。

参考文献

Bradley，R. H.，& Corwyn，R. F.（2002）. Socioeconomic status and child
development. *Annual Review of Psychology*，21（3），371-399.

Cohen，P.，& Cohen，J.（1996）. *Life Values and Adolescent Mental
Health*. Mahwah，New Jersey：Lawrence Erlbaum Associates.

Cohen，P.，& Cohen，J.（2001）. Life values and mental health in adoles-
cence. In P. Schmuck，& K. M. Sheldon（eds.），*Life Goals and Well-being*. Gott-
ingen：Hogrefe and Huber Publishers.

Cooklin，A. R.，Westrupp，E.，Strazdins，L.，Giallo，R.，Martin，
A.，& Nicholson，J. M.（2015）. Mothers' work-family conflict and enrichment：
Associations with parenting quality and couple relationship. *Child：Care，Health
and Development*，41（2），266-277.

Emmons，R. A.（1992）. Abstract versus concrete goals：Personal striving
level，physical illness，and psychological well-being. *Journal of Personality and
Social Psychology*，62，292-300.

Gillham，J.，& Reivich，K.（2004）. Cultivating optimism in childhood
and adolescence. *The Annals of the American Academy of Political and Social Sci-
ence*，591（1），146-163.

Gordon，Rouse，K. A.（2001）. Resilient students' goals and motivation.
Journal of Adolescence，24，461-472.

Hill, N. E. , Castellino, D. R. , Lansford, J. E. , Nowlin, P. , Dodge, K. A. , & Bates, J. E. , et al. (2004). Parent academic involvement as related to school behavior, achievement, and aspirations: Demographic variations across adolescence. *Child Development*, 75, 1491–1509.

Kasser, T. , Ryan, R. M. , Zax, M. , & Sameroff, A. J. (1995). The relations of maternal and social environments to late adolescents' materialistic and prosocial values. *Developmental Psychology*, 31, 907–914.

Khallad, Y. (2000). Education and career aspirations of Palestinian and U. S. Youth. *The Journal of Social Psychology*, 140, 789–791.

Lee, S. A. , & Yu, J. J. (2017). Parenting, adolescents' future orientation, and adolescents' efficient financial behaviors in young adulthood. *Journal of Social Sciences*, 4, 197–207.

Massey, E. K. , Gebhardt, W. A. , & Garnefski, N. (2009). Self-generated goals and goal process appraisals: Relationships with sociodemographic factors and well-being. *Journal of Adolescence*, 32, 501–518.

McCabe, K. , & Barnett, D. (2000). The relation between familial factors and the future orientation of urban, African American sixth graders. *Journal of Child and Family Studies*, 4, 494–508.

Nurmi, J. E. (1991). How do adolescents see their future? A review of the development of future orientation and planning. *Developmental Review*, 11 (1), 1–59.

Salmela-Aro, K. , & Nurmi, J. E. (1997). Goal contents, well-being, and life context during transition to university: A longitudinal study. *International Journal of Behavioral Development*, 20, 471–491.

Scheier, M. F. , Weintraub, J. K. , & Carver, C. S. (1986). Coping with stress: Divergent strategies of optimists and pessimists. *Journal of Personality and Social Psychology*, 51 (6), 1257–1264.

Schoon, I. , & Parsons, S. (2002). Teenage aspirations for future careers and occupational outcomes. *Journal of Vocational Behavior*, 60, 262–288.

Shek, D. T. L. (2014). Where are we and issues for consideration. *Applied Research in Quality of Life*, 9 (3), 465–468.

Shek, D. T. L. , & Yu, L. (2011). A review of validated youth prevention and positive youth development programs in Asia. *International Journal of Adolescent Medicine and Health*, 23（4）, 317-324.

Shek, D. T. L., Peng, H., & Zhou, Z.（2022）. Editorial: Children and adolescent quality of life under socialism with Chinese characteristics. *Applied Research in Quality of Life*, 22, 1-7.

Vansteenkiste, M., Simons, J., Lens, W., Soenens, B., & Matos, L.（2005）. Examining the impact of extrinsic versus intrinsic goal framing and internally controlling versus autonomy-supportive communication style upon early adolescents' academic achievement. *Child Development*, 76, 483-501.

Wilson, P. M., & Wilson, J. R.（1992）. Environmental influences on adolescent educational aspirations: A logical transformation model. *Youth and Society*, 24, 52-69.

活动单元概览

单元	单元目的	教学目标
人生指南针（BF1.1）（40分钟）	帮助学生建立对未来的信念，鼓励学生以正面和乐观的态度寻找人生方向	• 列出信念对未来方向的重要性 • 列出自己在学业、家庭或交朋友等范畴里可做、能做、想做和应做的事

BF1.1 人生指南针　　　　　　　　　　　"坚定信念 正面人生"

构　　念：建立目标和抉择能力
对　　象：初一学生
单元目的：帮助学生建立对未来的信念，鼓励学生以正面和乐观的态度寻找人生方向
教学目标：1. 列出信念对未来方向的重要性
2. 列出自己在学业、家庭或交朋友等范畴里可做、能做、想做和应做的事
教学工具：老师参考资料："金牌背后"故事内容（附录1）
个人工作纸："人生地图"（附录2）
"人生指南针"例子（附录3）
"人生指南针"（附录4）
自备PPT："人生指南针"
反思题
教学方法：全班讨论
个人分享

活动程序：40 分钟

★★=主要活动

★=次要活动

活动	步骤	教学工具	时间
I. 引起动机	老师请学生双手紧握，伸直两只食指（手指尖相距 1~2 厘米），请学生把注意力集中在食指上，想象两只手指头有磁石般的引力。 • 以低沉的声音营造气氛："越吸越近……越吸越近……快要贴在一起……"正常情况下学生会观察到两只食指的距离越来越近。 • 当大部分学生成功做到后，老师问学生是什么促使手指靠近。 • 带出手指不自觉的靠近是由思想驱动的。我们日常生活中，有很多行为和处事方式受我们的思想/信念影响		3 分钟
II. 全班讨论"金牌背后" ★	目的：令学生明白信念对人的重要性。 • 老师讲"金牌背后"的故事，然后以全班形式讨论以下问题： （1）信念对个人重要吗？为什么？ （2）什么令谌利军成功？ （3）你有自己的人生信念吗？若有，是什么呢？ （4）你在什么时候可以感受到信念的重要性？ • 通过讨论谌利军的故事，让学生明白信念对个人十分重要，它是可以推动人生的重要力量，也可令人实现理想。就像谌利军，他一直坚持自己的信念，刻苦、忍耐，最后战胜困难而达成理想。信念是促使我们实现目标，坚持下去的重要推动力	附录 1	12 分钟
III. 个人分享"人生指南针" ★★	目的：激励学生思考自己的人生方向。 • 老师接着问学生：谌利军为何在 2016 年里约奥运会后一度想要放弃？ • 谌利军在遭受伤痛的日子里，好像失去了方向，但他最后找到了自己的方向。 • 老师可问学生：谌利军的人生方向是什么？ • 老师向学生解释，信念就像一辆汽车的燃油，与汽车行驶的方向是同等重要的。 • 要像谌利军般有清晰的人生方向未必是一	附录 2 附录 3 附录 4 幻灯片	20 分钟

活　动	步　骤	教学工具	时间
	朝一夕能够达成的事，需要时间去自我思考和摸索。接着，老师让学生从附录中剪下"人生指南针"，助其思考人生方向。 •给每人分发人生指南针后，问学生这指南针与普通的指南针有何区别。然后老师播放"人生指南针"PPT，解释人生指南针上各个简写的意思。 •分发人生地图，请学生把人生指南针放在人生地图上。老师先选择一个范畴（学业），学生根据人生指南针所指的方向（如可——可做的事情），写上自己有机会做的事。 •把人生指南针的方向扭转，根据人生指南针的其他方向，分别填上该范畴内应做、可做、想做及能做的事情。完成后老师可请学生在课堂上分享。针对农村青少年的特点，老师可进行有针对性的引导，请有代表性的同学分享自己的人生地图。		
Ⅳ. 总结	•信念和方向对每个人都是很重要的，我们有什么办法可以找到自己的人生信念和方向？ •学生应多加思考和自我鼓励，回家后可在其他范畴填上应、可、想及能做的相关事情		2分钟
Ⅴ. 自我反思	•老师在课堂结束前，引导学生静默片刻，反思并填写"反思题"。 •最后，老师应对学生的合作表现加以鼓励及赞赏		3分钟

教学建议

1. "人生指南针"	•此节内容的进行形式没有特别限制，因此老师可视学生情况或需要决定分组与否（2人小组至4人小组均可）。 •在活动进行过程中，老师要十分注意引导。因面对的群体为农村青少年，学生存在目标认识不清的可能，应注意及时加以解释与说明，并适时引导

或者

1. 引起动机	• 要使学生精神集中，老师可先指示学生紧握双手，等待每位学生预备好才发出进一步的指示。 • 过程中可能有部分学生不能达到预期效果。老师可指出，学生须专注，让心中产生"手指会互相吸引"的信念。 • 有些学生可能表示不相信活动的效果，甚至在课堂上争论。由于此活动只是作为热身，引起学习动机，故老师不应在此投入太多时间。老师可建议未能成功的学生回家再尝试
2. "金牌背后"	• 若老师发现学生未能实时掌握讨论问题（1）的要点，可先问学生对谌利军故事的感想，让学生表达个人意见，再深入讨论人生方向的问题。 • 要学生在课堂上立即找出/说出自己的人生信念是十分困难的事，尤其是对于农村初中生而言。讨论主要是让学生有更多反思的机会，令学生明白信念的重要性，鼓励学生找出自己的人生信念/座右铭。而学生所持的信念可以是十分简单的，只要能激励自己便可。老师可举例，如勤奋、珍惜等，都是可激励自己的信念。 • 在"金牌背后"部分，具体的成功人物可以根据不同地方的特色进行举例，比如河南的朱婷、广东的全红婵等
3. "人生指南针"	• 老师可根据学生的情况选择特定的范畴，作为课堂上的练习，其他的范畴则让学生回家填写。 • 老师可先利用人生指南针和人生地图进行个人分享，作为示范。 • 可把人生指南针设计及制作得更精美和耐用，鼓励学生好好保存，平日可用来做人生方向的提醒

延伸活动建议 1

活动	内容	建议
寻访他人的故事	目的：启发学生有关生活信念的思考。 收集其他人的生活信念，对象可以是老师、校长、家人、朋友，甚至任何学生认为值得效法的人，然后把这些信念及所得的启示记在学生手册上	安排时间进行分享，亦可以其他形式进行，如分组访问录音

活动	内容	建议
人生语录比赛	目的：加深学生对正面信念的认识。 学生在指定时间内提交一份可反映正面信念，以十六字为上限的常用语或语录，如吃得苦中苦，方为人上人	可以在全年级中进行，设若干奖项

延伸活动建议 2

主题：我的人生树

活动目标：通过活动，协助农村青少年正确认识乐观和信念，发展实际及乐观的未来取向，教导学生如何订立具有价值和可以达到的人生目标。

★★＝主要活动

★＝次要活动

活动	步骤	教学工具	时间
1. 信念是什么 1 ★	● 老师请学生每个人睁开眼睛，努力让自己的眼睛不眨，想象自己的眼睛可以坚持 30 秒。 ● 用温和的声音营造气氛："我还可以，我能坚持住，我还可以再坚持一下。"正常情况下学生会坚持一段时间不眨眼睛。 ● 当大部分学生成功做到后，老师问学生是什么促使我们坚持住不眨眼睛。 ● 从例子引出，是我们的信念在支撑着我们，在其他方面，也有许多事情受到我们信念的影响（如跑步）。		3 分钟
2. 信念是什么 2 ★	目的：令学生明白信念对我们的重要性。 ● 老师讲"蹦床皇后——何雯娜"的故事，看纪录片，然后全班讨论以下问题： 是什么让何雯娜拿到金牌？ 信念对我们重要吗？在什么时候可以感受到信念的重要性？ 你的人生信念是什么？ ● 通过讨论何雯娜的故事，努力让学生明白信念对我们来说非常重要，是可以促使我们实现目标，坚持下去的重要推动力	纪录片	12 分钟

续表

活动	步骤	教学工具	时间
3. 我的人生树 ★★	目的：协助学生思考自己的人生方向和目标，并乐观看待未来。 • 老师让每个学生拿出纸，纸上是利用树杈分支做成的 20 个目标（目标树），写出（或画出）自己想去做的 20 件事情（有 5 件是十分重要的，其他是次要的）。 • 每人完成后，老师可请学生与其他同学进行分享	白纸、笔	20 分钟
4. 总结	• 信念对我们来讲重要吗？怎样可以让信念来支撑我们完成目标？ • 引导、鼓励学生对未来有积极乐观的心态，先写好自己的 20 件事，然后慢慢扩充到 50 件事，100 件事……		2 分钟
5. 自我反思	• 填写"反思题"。 • 老师对学生的表现给予称赞和鼓励		3 分钟

附录 1　老师参考资料："金牌背后"故事内容①

　　谌利军，2020 年东京奥运会男子 67 公斤举重项目金牌得主。谌利军 1993 年出生于湖南安化县东坪镇杨林村的一个农民家庭，他从小就继承了父亲的"大力士"基因，身体非常结实。2003年，有人向下乡选拔体育人才的教练蒋益龙推了谌利军。为了争取这个好苗子，蒋益龙五次上门做工作，最后终于把谌利军带回了体校。

　　那时，满心期待的谌利军并不知道，一场"魔鬼训练"已经在他面前拉开了序幕。每天俯卧撑 150 次和跳绳 300 次的基础体能训练，已经是莫大的挑战，还没等他进入状态，高翻、借力推、负重体屈伸、膝上悬垂下蹲翻、原地纵跳……一个又一个训练接踵而至，并且越到后面，练习的强度越大。每天训练下来，

---

① 此案例根据谌利军的事迹材料重新撰写。

谌利军都腰酸背痛，像虚脱了一样。有时候因为一个动作没做规范，手上的皮都被磨掉了几层。这样逼近极限的训练，谌利军愣是凭着一股极强的信念，硬扛了下来。

凭着一股不退缩的信念，他从益阳市少年儿童体育学校晋级到省队，再到国家队。之后，他的职业生涯如开挂一般：2010年夺得世界青年锦标赛冠军，2013年获得世界举重锦标赛男子62公斤级冠军，2015年再次获得世界举重锦标赛男子62公斤级冠军，并打破世界纪录……

凭着这股信念，谌利军一路杀到了2016年里约奥运会。没想到决赛热身时，他突然肌肉抽筋，最后只能无奈退赛。这次打击，让谌利军很长一段时间都没能走出来。教练看着他低沉的样子，说："想想你一路走来的艰辛，你真正要战胜的对手，是你自己啊！"教练的激励如当头棒喝，让谌利军很快就重整旗鼓。而经历这次重创后，他的内心也比从前更为强大。

在2020年10月的一场比赛中，谌利军遭遇手臂肌腱断裂的严重外伤。而带伤练习的谌利军，却在2021年4月顺利拿下东京奥运会参赛资格，并在最后关头上演绝地逆袭，最终名扬天下。

有人说，成功的背后，一定有无数的汗水和泪水，失落和不甘，甚至委屈和绝望。确实，综观那些真正的成功者，谁不是和谌利军一样，经历过无数痛苦的锤炼，无数艰难的跋涉，才最终到达胜利的彼岸。这世上哪有什么从天而降的辉煌？一战成名的背后，从来都是百炼成钢和坚定的意志与信念。

附录2 个人工作纸："人生地图"

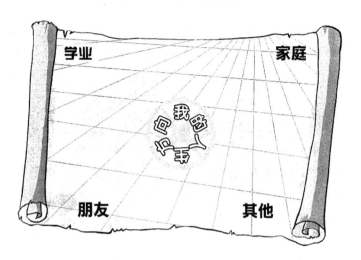

附录3 "人生指南针"例子

可——可做的事（可以做但未做的）

能——能做的事（有能力、资源做的）

想——想做的事（个人想做的）

应——应做的事（责任与义务）

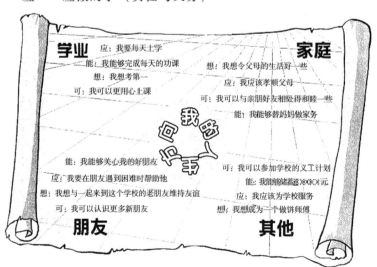

附录 4　"人生指南针"

请沿虚线把指南针剪下（每位学生一个）

反思题

单元 BF1.1 人生指南针

姓名：_____ 班级：_____ 日期：_____

1. 我在课堂中表现得最好的是什么？

2. 我在课堂中学到了什么？

3. 学到的东西对我有什么帮助？

第十九章　参与公益活动[*]

理念

本构念是参与公益活动，英文为 Prosocial Involvement，缩写为 PI。参与公益活动，如捐献、义工服务、协助他人等行为，是亲社会行为的一种（可参阅本书构念八"亲社会规范"）（石丹理、李德仁、韩晓燕，2015）。与亲社会行为相反的是"反社会行为"，即一些不当、破坏或偏差行为，如偷窃、滋事、逃学、吸食违禁药物等（Borduin et al.，1995；McCord & Tremblay，1992）。参与公益活动一方面可以鼓励亲社会行为，支持及接纳亲社会规范；另一方面可以有效预防反社会行为及减少参与越轨活动的机会（Radke-Yarrow，Zahn-Waxler，& Chapman，1983），实现社会治理创新和社会稳定（Hu，2020）。

需要指出的是，公益活动和慈善活动的根本目标都是增加善的价值或行为，但公益活动有别于慈善活动。慈善活动的本意是消除苦难，但慈善活动往往加剧了施惠者（富人）和受益者（穷人）在社会等级上的差异，可能会形成道德瑕疵（弗莱施哈克

＊　第一版：郑之灏、萧敏康

第二版修订：韩晓燕、赵鑫、陈丽、张宏宇

第三版修订：范慧

尔，2010；Gross，2003；战洋，2014）。而公益活动强调促进社会公平正义，活动组织更为规范。有研究指出，一项成功的公益活动不但可以帮助有需要的人、为社会做贡献，而且可以提供机会让参加者发挥个人的能力和技巧，从而促进参加者建立积极及正面的人际关系（O'Donnell et al.，1995；O'Donnell，Michalak，& Ames，1997）。因此，在鼓励青少年发展亲社会行为时，必须先让他们了解何谓有贡献的活动，然后鼓励他们计划及参与公益活动。

在本项目中，"参与公益活动"着重提升学生对公益活动的认识，鼓励他们多参与学校与社区举办的公益活动。例如，在学校积极参与义务大扫除、义务植树等活动；在乡村社区体验田间的农作物耕种、敬老院的助老以及环境保护等活动。让学生识别一些对学校和乡村社区生活有贡献的活动及其正面效果，鼓励学生对学校和乡村社区多做贡献。总之，服务学习是一种推动青少年志愿服务社会的行动模式，学生可以在学习中服务、在服务中学习，增强服务社会的意愿和能力，需要全面加以推动（彭华民，2012）。

参考文献

彭华民，2012，《服务学习之核心要素、行动模式与角色结构》，《探索与争鸣》第 10 期。

塞缪尔·弗莱施哈克尔，2010，《分配正义简史》，吴万伟译，南京：译林出版社。

石丹理、李德仁、韩晓燕主编，2015，《"共创成长路"田家炳青少年正面成长计划——初一级课程活动手册》（试教版），上海：学林出版社。

战洋，2014，《作为团结机制的慈善及其困境——一则政治人类学分析》，《清华大学学报》（哲学社会科学版）第 5 期。

Borduin，C. M.，Mann，B. J.，Cone，L. T.，Henggeler，S. W.，Fucci，

B. R. , Blaske, D. M. , & Williams, R. A. (1995). Multisystemic treatment of serious juvenile offenders: Long-term prevention of criminality and violence. *Journal of Consulting and Clinical Psychology*, 63 (4), 569-578.

Gross, R. A. (2003). Giving in America: From charity to philanthropy. In L. J. Friedman, & M. D. McGarvie (eds.), *Charity, Philanthropy and Civility in American History* (pp. 29-48). Cambridge: Cambridge University Press.

Hu, M. (2020). Making the state's volunteers in Contemporary China. *VOL-UNTAS: International Journal of Voluntary and Nonprofit Organizations*, 32, 1375-1388.

McCord, J. E. , & Tremblay, R. E. E. (1992). Preventing antisocial behavior: Interventions from birth through adolescence. *Journal of the American Academy of Child & Adolescent Psychiatry*, 33 (4), 598-600.

O'Donnell, J. , Hawkins, J. D. , Catalano, R. F. , Abbott, R. D. , & Day, L. E. (1995). Preventing school failure, drug use, and delinquency among low-income children: Long-term intervention in elementary schools. *American Journal of Orthopsychiatry*, 65 (1), 87-100.

O'Donnell, J. , Michalak, E. A. , & Ames, E. B. (1997). Inner-city youths helping children: After-school programs to promote bonding and reduce risk. *Children & Schools*, 19 (4), 231-241.

Radke-Yarrow, M. , Zahn-Waxler, C. , & Chapman, M. (1983). Children's prosocial disposition and behavior. In E. M. Hetherington (ed.), *Handbook of Child Psychology: Vol. 4. Socialization, Personality and Social Development* (pp. 469-546). New York, NY: Wiley.

Shek, D. T. L. (2014). Where are we and issues for consideration. *Applied Research in Quality of Life*, 9 (3), 465-468.

Shek, D. T. L. , & Yu, L. (2011). A review of validated youth prevention and positive youth development programs in Asia. *International Journal of Adolescent Medicine and Health*, 23 (4), 317-324.

Shek, D. T. L. , Peng, H. , & Zhou, Z. (2022). Editorial: Children and Adolescent Quality of Life under Socialism with Chinese Characteristics. *Applied Research in Quality of Life*, 22, 1-7.

活动单元概览

单元	单元目的	教学目标
学校也公益（PI1.1）（40分钟）	认识到公益活动一直在我们身边，意识到公益活动对社会发展的重要作用，帮助学生塑造公益理念和精神	• 了解身边的公益事件，体会公益无处不在 • 激发公益之心

PI1.1 学校也公益　　　　　　　　　　"服务为大家，快乐你我他"

构　　念：参与公益活动
对　　象：初一学生
单元目的：认识到公益活动一直在我们身边，意识到公益活动对社会发展的重要作用，帮助学生塑造公益理念和精神
教学目标：了解身边的公益事件，体会公益无处不在；激发公益之心
教学工具：多媒体设备
　　　　　50张公益词语卡牌
　　　　　50支彩色粉笔
　　　　　50张爱心便利贴
　　　　　田家炳和张桂梅——一生致力于中国公益事业（附录1）
　　　　　延伸活动："校园公益活动"（附录2）
　　　　　反思题
教学方法：小组游戏
　　　　　全班游戏

活动程序：40分钟

★★=主要活动

★=次要活动

活动	步骤	教学工具	时间
I. 引起动机	• 给学生播放央视公益微短片 （1. 节约粮食；2. 雾霾篇——保护多彩城市） • 教师询问学生日常生活中遇到的公益行为与事件	多媒体设备：使用腾讯视频软件播放公益广告	5分钟

续表

活　动	步　骤	教学工具	时间
Ⅱ. 小组游戏 ★★	目的：识别公益活动 •学生分成 4 个小组，每组派一个人举卡牌，另派一个人把卡牌上的公益词语表演出来，其余的人排队猜测所表演的公益词语，每组底分 100 分，答对加 10 分，答错或超时不计分。 •给学生 5 分钟时间准备，进行人员顺序的安排。 •统计 8 分钟时间内各队的比分并进行排名，同时让学生发表游戏感受，交流游戏体验	50 张公益词语卡牌	20 分钟
Ⅲ. 全班游戏 ★	目的：激发学生的创造能力 •每位学生任选一个公益领域，为它们的公益日设计标语。 •用彩色粉笔把标语写在黑板上。 •了解学生背后的想法	黑板 50 支彩色粉笔	5 分钟
Ⅳ. 总结	•介绍田家炳老先生的事迹。 •公益无关钱财，身边有很多为人传颂的公益人物和公益事件，公益有大有小，但都同等重要，希望学生把公益之心带到日常生活中	附录 1	5 分钟
Ⅴ. 反思	•提出"如果给你一笔物资，你想做哪方面的公益，并做哪些事情？" •反思对于今天活动的感悟与想法。 •写在便利贴上，并贴到黑板上	50 张爱心便利贴	5 分钟

教学建议

1. 引起动机	•向学生解释日常生活中公益行为与事件的特点和益处。 •承上启下，为下面识别公益活动的小组游戏做铺垫
2. 全班游戏	•了解学生标语背后的想法时，可以让举手的人先回答，然后可以根据黑板上的标语提问
3. 反思	•在课堂上由老师和学生一起制作代表公益理念或活动的便利贴

延伸活动建议

活动	内容	建议
校园公益活动	目的：了解一些适合校内举行的活动 学生分成 4~5 人小组，每人派发一张工作纸"校园公益活动"（附录 2）。带领学生讨论，列举一些校园公益活动的例子，并说明其为校园生活所做的贡献	学校公益活动的例子包括：学校开放日、公益清洁校园、参加各类校队等
义卖活动	目的：举办学校活动，增强学生对学校的责任感，鼓励学生在校内举行一些义卖活动，让他们有机会体验举办学校公益活动的过程	义卖物品采用学生自制物品比较合适，如小饰物和小吃（小挂件或小糕点）等，以增强学生的参与感

附录 1　田家炳和张桂梅——一生致力于中国公益事业

1. 有心的慈善家①

田家炳先生不是最有钱的人，也不是捐献钱财最多的慈善家，却是捐出财产比例最高的人。田家炳先生说："做慈善要有钱来支持才好，但做慈善不一定是钱的问题。我到大学演讲，和同学们说，你的爸爸妈妈给了你一些零花钱，你节省下来，什么时候有同学遇到困难了，你能把 1000 元钱拿出来，帮他渡过难关，你这 1000 元要比我的 1000 万元还要多，还要慷慨。做慈善要用心来衡量，有心的慈善才有价值。"

2. 留财不如积德②

追求精神享受高于物质享受，留财不如积德，施比受更有

---

① 《敬悼实业家及慈善家田家炳博士》，https://embachinese.baf.cuhk.edu.hk/news/tin-ka-ping/? lang＝zh-hans。

② 《【特别报道】行星以他命名 教育因其泽荫——各界沉痛悼念我市著名乡贤、慈善家、企业家、教育家田家炳先生》，https://baike.baidu.com/reference/2583317/533aYdO6cr3_z3kATKeCxPv0Z36WYNn_uebRWrJzzqIP0XOpX5nyFIU36c038eIpFwWE4sgzOJlFwbn7FU5D7_IWdPN2GvF_wQ。

福，是田家炳先生高尚的人生哲学。一般而言，追求财富与追求享乐是一致的。所以有些人一旦富了之后就只顾追求尽情享乐，过纸醉金迷的生活。田家炳先生却不然。他另有一种追求，就是追求德行的完美和精神上的享受。努力实践"独乐乐不如众乐乐"的古训。所以虽是富者，却坚持节俭，富而不奢。规定自己每月生活开支仅 3000 元，一双鞋穿了 10 年，袜子补了又补，与慷慨捐资社会形成强烈反差。

3. 卖楼助学感动买家①

除了穿衣之道，田家炳先生对于"安乐窝"的态度亦有所不同。楼是香港人的命根，从来只有人用尽方法去买房子；然而，田家炳先生为履行捐款承诺，想也没想便将自己住了 37 年的寓所卖掉，并将所得的 5600 万元全数捐出。面对源源不绝的资助申请，他曾经说过："如用作资助二十余所中学，看到一幢幢教学大楼的兴建，经济效益应比自住大几十倍；听到万千学子琅琅悦耳的书声，精神上的享受也应比物质上的享受好得多。"田家炳先生这种举动，诠释出"择善而固执之"的真正意思。

4. 兴业非为财　而为创造就业机会②

当年香港百废待兴，田家炳先生毅然选择做人造皮革和塑料工业。他说，做皮革利润不高，与海外市场竞争又大，但可创造大量就业机会，遂决心兴办："当年香港无这种工业，但（这种工业）非常适合当年香港社会。当时香港好多偷渡客，如果我能做到，就可以带动下游加工工业，创造就业机会，并不是赚钱的

① 《"我们的家乡都有一所田家炳中学"——记香港慈善家田家炳》，https://baike. baidu. com/reference/2583317/533aYdO6cr3_ z3kATPTZnv70NCfHZY7-ve-Da VrJzzqIP0XOpX5nyFJA77t8q_ _liAEXIv5UtMoZEzqX6DVRE7-hDHuw0QLYjnHT 2Vjbckfq7。

② 《田家炳："吝啬"的大慈善家》，https://baike. baidu. com/reference/2583317/533aYdO6cr3_ z3kATPCNyvTyOy_ NZdmuvrHXALJzzqIP0XOpX5nyFIlr4pk88Lh9E wHSstcwMIdNxr_ lTklF7_ 8Qduw3LbQjmX72WjTckfq7ow。

问题。"

5. 父亲教导安度危机①

"都是父母的言教和身教，"笑容可掬的田家炳先生每次提及父母总是热泪盈眶，"我是家中的独子，出生时父亲48岁，可说是晚年得子，当然十分疼爱，但从不溺爱。"初中二年级辍学的田老，待人处事，以至于营商之道，都来自父亲的家教。自己有多少能力，袋中有多少钱，便做多少的事，即一定不会有事，这是从小就懂的道理。"父亲教导我孝亲之身，不如孝亲之心，要我随时留意自己的一言一行，做个好孩子，不要辱亲，长大之后，多做有益大众、造福社会的事。"

6. 行善助学②

张桂梅，原名张玫瑰，女，满族，1957年6月生于黑龙江省牡丹江市，原籍辽宁省岫岩满族自治县，1975年12月参加工作，任丽江华坪女子高级中学校长，义务兼任华坪县儿童福利院院长，丽江华坪桂梅助学会会长。2021年，被评为"感动中国2020年度人物"；荣获"全国脱贫攻坚楷模"荣誉称号；被授予"七一勋章"；获"全国道德模范"荣誉称号。

1996年8月，一场家庭变故让张桂梅从大理来到丽江山区，原本只想忘却爱人过世的悲伤，她却看到了山区贫困孩子一张张渴望知识的纯真面庞。对孩子们的爱让这位女教师在山区扎下了根。为了改善孩子们的生活、学习状况，她节衣缩食，每天的生活费不超过3元，省下的每一分钱都用在学生身上。张桂梅先后捐出了40多万元，她的学生没有任何一个因贫穷而辍学。2006年，云南省政府奖励的30万元，她全部捐献给了一座山区小学

---

① 《感动中国2020年度人物，张定宇、张桂梅等当选》，https://www.guancha.cn/politics/2021_02_17_581442_s.shtml。
② 《传奇校长张桂梅的风雨兼程》，http://www.zjknews.com/news/shehui/zjkshehui/202206/09/373457.html。

用来改建校舍。2001 年起，她义务担任丽江华坪县"儿童之家"的院长，成为 54 名孤儿的母亲。她全身心投入教学，将病痛置之度外；她把学生送进中考考场后才去医院，医生从她腹腔切出一个超过 2 公斤的肿瘤。2007 年，张桂梅向公众讲述了自己的梦想，引起了社会广泛关注。2008 年，华坪女子高级中学成立，这是中国唯一一所免费女子高级中学，专门供贫困家庭的女孩读书。学校建校 12 年以来，已有 1645 名大山里的女孩从这里走进大学完成学业，在各行各业做贡献。华坪女子高级中学佳绩频出之时，张桂梅的身体却每况愈下，患上了 10 余种疾病。

7. 爱生如子①

民中学生的家庭普遍困难。冬天来了，学生还穿着单薄的衣服，张老师为他们捐出了自己的衣服、鞋子、被子、毛毯，还用自己不高的工资为贫困学生购置避寒衣物。1997 年 12 月的一天深夜，一个男生突发高烧，张老师得知后，立即赶到宿舍。当她看到这位学生寒冬腊月还盖着薄薄的毡子时，心情十分沉重，她当即含着热泪把丈夫逝世时留下的唯一的纪念物——毛呢大衣，送给了这位学生，并且连夜把学生送到医院，替学生付了 580 元的住院费。第二天，当学生家长闻讯赶到医院时，张老师还守候在病床前。这时她脸色苍白，神情憔悴——她守候学生已整整 10 个小时，学生家长感动得热泪盈眶。

还有一个男生，常为没有生活费而发愁，学习成绩下降很快，成了班上的倒数几名，他对学习失去了信心，几次提出退学的要求。可只有两个月就毕业了，看着这些缺少文化的贫困山区的孩子中途辍学，怎叫人不痛心？于是，张老师从自己的工资里每星期拿出 30 元钱给这位学生，帮助他完成初中学业，学生很感动，成绩也有了明显好转。

---

① 《二十大代表风采 | 张桂梅：愿做大山里的一盏灯》，http://www.news.cn/2022-10/08/c_1129055277.htm。该案例写作于 2021 年。

为了给长期不能回家的学生改善生活，她请 12 名同学上饭馆。猪蹄汤，回锅肉，学生吃得好开心，可结账时，个个傻了眼："张老师，我们不知道物价这么贵。"她却说："只要你们安心学习，比什么都强。"她调到民中以来一年半的时间，共资助学生 2500 元。她的学生从未出现过违反学校规章制度的事，她所带的班级是全校纪律最好的班级。

然而张桂梅自己吃穿用非常简朴，她对自己近乎"抠门"，却把工资、奖金捐出来，用在教学和学生身上。她以坚忍执着的拼搏和无私奉献的大爱，诠释了共产党员的初心使命。张桂梅的敬业风范，已经成为学生学习、成长的光辉榜样和强劲的动力。

附录 2　延伸活动："校园公益活动"

姓名：＿＿＿＿＿＿＿

同学们，请

（1）列举一些可在校园内举行的公益活动。

（2）说明这些活动如何为校园生活做出贡献。

（3）阐述参与这些活动的原因，包括参与目的、对学生的好处及回报等。

校内的公益活动	对校园生活的贡献	参与该活动的原因
例子：义务大扫除	增强个人保护学校环境的责任感	让校园环境整洁美丽
例子：班级合唱团	代表班级参加校际歌唱比赛，为班级争取荣誉	喜欢唱歌

反思题

单元 PI1.1 学校也公益

姓名：＿＿＿＿＿　班级：＿＿＿＿＿　日期：＿＿＿＿＿

1. 你是否参与过校园公益活动？为什么？

2. 列举一些你喜爱的校园公益活动。

3. 我在参与公益活动中学会了：

第二十章　金融能力[*]

理念

本构念是金融能力，英文为 Financial Capacity，缩写为 FC。近年来，金融市场不断开放、金融工具不断创新等种种因素激发了各国对提升青少年金融能力的重视（Kiril, 2020）。金融能力包括用于管理自有资源和理解、选择、使用满足自身需求的金融服务的金融知识、金融技能、金融态度和金融行为（Elaine, Valeria, & Kinnon, 2013）。Atkinson 等（2007）认为金融能力是个人通过金融教育获得了金融知识和技能且有机会参与金融市场从而产生金融行为以提高自身金融福利的综合能力。

青少年金融消费的场景大多数出现在家庭环境中，金融教育主要由家庭承担（Sherraden, 2013）。然而，多数家长缺乏对当代金融市场和金融工具的理解与认识，使家庭很难提供有效的金融教育（孙忠, 2016）。另外，地区经济发展水平、家庭资产以及家庭收入与金融能力紧密相关（齐麟、彭华民、蒋和超, 2021）。金融教育的缺失导致农村青少年金融能力欠缺，对金融知识的整体认知存在较大差异，并表现出金融风险责任意识较为

---

* 第一版：齐少杰、花逢瑞、何晴

淡薄、金融规划意识偏弱等特征（周晓春、方舒、黄进，2021）。低家庭收入和低家庭资产的农村青少年也表现出更低的学业成绩、更差的心理健康状况和更多的行为问题（Qi et al.，2021；王珑玲，2021）。然而，在中国农村地区很少有针对青少年金融能力的研究和项目。因此，本章构念的目标是激发青少年正面发展的潜在优势（Lau et al.，2011；Qi et al.，2020），提升农村地区青少年的金融能力。金融能力是青少年正面发展的一个重要维度，它建立在认知能力、道德能力、灵性等基础上（Lee & Law，2011；Shek et al.，2019）。金融能力也是促进资产积累和资产建设的重要因素，可以帮助青少年规避生活风险，获得积极未来导向和更好的发展机会（Qi et al.，2021）。

本章构念共有三个单元。单元 FC1.1 通过对金融知识的学习，构建金融知识认知体系，提升学生金融知识水平。单元 FC1.2 通过对金融行为的学习，提升学生金融行为技能，引导学生逐渐养成正确的金融行为习惯。单元 FC1.3 通过对金融风险的学习，协助学生逐步建立风险管理的概念，培养金融安全意识。

参考文献

齐麟、彭华民、蒋和超，2021，《中国家庭社会经济地位能影响家庭金融素养吗——基于 CHFS 2017 年数据的分析》，《社会科学研究》第 5 期。

孙忠，2016，《提高国民金融素养，中小学何为》，《人民教育》第 22 期。

王珑玲，2021，《进城读书与向上流动：新时代农村青少年教育的挑战与应对》，《中国青年研究》第 1 期。

周晓春、方舒、黄进，2021，《金融福祉：促进青年发展的新工具》，《中国青年社会科学》第 4 期。

Atkinson, A., Mckay, S. D., Kempson, H. E., & Collard, S. D. (2007). Level of financial capability in the UK: Results of a baseline survey. *Public Money & Management*, 27 (1).

Elaine, K. , Valeria, P. , & Kinnon, S. （2013）. *Measuring Financial Capability: Questionnaires and Implementation Guidance for Low-, and Middle-Income Countries*. World Bank.

Kiril, K. （2020）. OECD/INFE 2020 International Survey of Adult Financial Literacy.

Lau, P. S. Y. , Lam, C. M. , Law, B. M. F. , & Poon, Y. H. （2011）. Using positive youth development constructs to design a money management curriculum for junior secondary school students in Hong Kong. *The Scientific World Journal*, 11, 2219-2229.

Lee, T. Y. , & Law, B. M. F. （2011）. Teaching money literacy in a positive youth development program: The project P. A. T. H. S. in Hong Kong. *The Scientific World Journal*, 11, 2287-2298.

Qi, S. , Hua, F. , Zhou, Z. , & Shek, D. T. L. （2020）. Trends of positive youth development publications （1995 - 2020）: A scientometric review. *Applied Research in Quality of Life*, 17, 421-446.

Qi, S. , Liu, H. , Hua, F. , et al. （2021）. The impact of household assets on child well-being: Evidence from China. *Applied Research in Quality of Life*.

Shek, D. T. L, Dou, D. , Zhu, X. , & Chai, W. （2019）. Positive youth development: Current perspectives. *Adolescent Health Medicine and Therapeutics*, 10, 131-141.

Sherraden, M. S. （2013）. Building blocks of financial capability. In J. Birkenmaier, M. Sherraden, and J. Curley（eds.）, *Financial Capability and Asset Development: Research, Education, Policy, and Practice*（pp. 3-43）. New York: Oxford University Press.

活动单元概览

单元	单元目的	教学目标
金融知识认知 （FC1.1） （40 分钟）	帮助学生了解金融基础知识，提高学生的金融知识水平	● 了解货币的起源与发展 ● 新型互联网金融产品的现状分析 ● 在认知能力基础上的能力建设

续表

单元	单元目的	教学目标
金融行为养成 （FC1.2） （40分钟）	帮助学生树立正确的金钱观与人生观，形成理性的消费认知并提升正确思考决策的能力	• 引导学生体会父母赚钱的艰辛 • 引导学生懂得存钱，节约用钱 • 引导学生树立正确的金钱观与人生观 • 在道德、精神和行为能力基础上的能力建设
金融风险防范 （FC1.3） （40分钟）	通过了解风险保障，逐步建立风险管理的概念，培养金融安全意识	• 普及金融安全知识，学会应对金融诈骗 • 形成理性消费决策和行为 • 在认知能力和行为能力基础上的能力建设

FC1.1 金融知识认知

```
构　　念：金融能力
对　　象：初一学生
单元目的：帮助学生了解金融基础知识，提高学生的金融知识水平
教学目标：1. 了解货币的起源与发展
　　　　　2. 新型互联网金融产品的现状分析
　　　　　3. 在认知能力基础上的能力建设
教学工具："货币的起源与发展"（附录1）
　　　　　个人工作纸："互联网金融产品知情表"（附录2）
教学方法：全班分享
```

活动程序：40分钟

★★＝主要活动

★＝次要活动

活动	步骤	教学工具	时间
I.引起动机	• 老师向学生提问：平时花的钱是怎么出现的？		5分钟
II.回答疑惑"钱"的由来 ★★	目的：了解货币起源，明晰对货币的认知。 • 老师向学生展示有关货币出现和发展历史的幻灯片。 • 介绍完"红太狼和小羊们交易"部分后，老师问："如何解决物物交换太麻烦的难题呢？"然后，挑选两三位同学简单回答这个问题。 • 老师展示盐、铜、铁等不能充当货币的部分，带出本课主题：货币的起源和发展	附录1	10分钟

续表

活 动	步 骤	教学工具	时间
Ⅲ."货币博物馆" ★	•老师向学生展示有关国际上常见货币的幻灯片，同时请学生说出这些货币属于哪个国家	附录1	10分钟
Ⅳ.介绍互联网金融产品 ★★	•分发个人工作纸：互联网金融产品知情表（附录2）。 •老师向学生展示有关新型互联网金融产品（如支付宝、花呗、微信支付等）发展概况的幻灯片	附录1 附录2	15分钟

教学建议

1. 引起动机	•老师可先为课堂内容做铺垫，引导学生思考： 古代什么类型的物品可以当作货币？ 我国货币发展过程及其原因？ 出国时能否使用人民币，有哪些国家可以使用？ 越南、泰国、缅甸等国可以使用人民币的原因？
2. 介绍互联网金融产品	•老师可以分享自己平时线上支付和线下支付使用情况 •老师可根据学生分享情况询问线上支付主要使用哪些互联网金融产品App进而引出本节课重点

延伸活动建议

活动	内容	建议
你问我答	老师提前准备各种货币，包括最早期的金属铸币、商代贝币、古代的银票、人民币；国外货币如美元、欧元、英镑、日元等（可以是PPT展示的照片）。 将学生分组，以小组为单位，进行抢答，问题包括货币名称、货币来源、货币历史等。最终选出最佳金融小组，以示表扬	在时间充裕的情况下，可配合"多种多样的钱"进行
生活中的金融	通过问卷调查方式了解学生金融素养的基本情况	在课堂前一周收集问卷，老师根据学生问卷填写情况设定课堂重点

附录1　"货币的起源与发展"

1. 女孩和男孩手中各有一个布偶玩具

他们都觉得手中的布偶不适合自己，于是双方通过"物物交换"的方式获得了心仪的布偶玩具。

2. 某天，喜羊羊、懒羊羊、美羊羊相约去羊村的集市

碰巧遇到了来买东西的红太狼。喜羊羊想要一袋大米，想用手中的棒棒糖去换；懒羊羊想要一瓶盐，想用手中的大米去换；红太狼想要一块羊肉，想用手中的盐去换；美羊羊想要喜羊羊手中的糖果，得先用羊肉换盐，再用盐去换大米，然后才能换到棒棒糖。物物交换太麻烦了，有没有更好的办法呢？

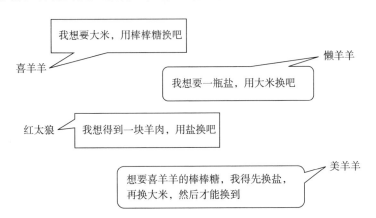

3. 于是，可以充当钱的东西出现了，羊怎么样呢？盐怎么样呢？铜、铁怎么样呢？

> 羊没有办法切割，所以不能充当货币

> 盐好分割，但是遇到下雨天就化了

> 铜、铁充当货币挺不错的，但是也太重了！

4. 古代的钱币

为了便于携带和进行交易，于是出现了古代的钱币如贝币、铜钱、金币、银锭等。

5. "多种多样的钱"

人民币——中国

日元——日本

英镑——英国

美元——美国

欧元——欧盟 19 个国家

附录 2　个人工作纸："互联网金融产品知情表"

同学们，请

（1）列举一些从父母那里听说过或者亲身使用过的互联网金融产品；

（2）说明对这些互联网金融产品的使用意愿（了解、会推荐给亲朋好友使用、从不使用、倾向使用）；

（3）会在哪些领域使用互联网金融产品（消费/理财/借贷）。

接触或使用过的互联网金融产品	使用意愿	使用领域
例子：支付宝	倾向使用	消费、理财
例子：京东白条	从不使用	消费、借贷

FC1.2　金融行为养成

构　　念：金融能力
对　　象：初一学生
单元目的：帮助学生树立正确的金钱观与人生观，形成理性的消费认知并提升正确
　　　　　思考决策的能力
教学目标：1. 引导学生体会父母赚钱的艰辛
　　　　　2. 引导学生懂得存钱，节约用钱
　　　　　3. 引导学生树立正确的金钱观与人生观
　　　　　4. 在道德、精神和行为能力基础上的能力建设
教学工具："钱的由来"（附录1）
　　　　　"小狗钱钱的故事"（附录2）
　　　　　"人生拍卖会"（附录3）
　　　　　货币道具、空白A4纸
教学方法：老师讲解
　　　　　小组讨论

活动程序：40分钟

★★＝主要活动

★＝次要活动

活动	步骤	教学工具	时间
I. "梦想起点"　★★	目的：感恩父母，体会父母赚钱的艰辛 ●老师向学生提问："你们的爸爸妈妈从事哪些职业呢？"然后，挑选两三位同学回答并分享自己父母的工作环境。 ●老师向学生展示有关不同职业比如农民、售货员、工人、司机辛苦劳作的幻灯片（附录1）。	附录1	10分钟

活动	步骤	教学工具	时间
	• 老师引导，由学生自我总结：钱来自爸爸妈妈，是爸爸妈妈的辛勤汗水换来的 • 老师预留课堂作业：学生可以通过为父母洗脚、做家务、送小礼物等方式表达对父母辛勤付出的感谢		
Ⅱ. "小狗钱钱的故事" ★★	目的：明辨"想要"和"需要"，学会节制欲望，不被欲望控制。 • 老师分享"小狗钱钱的故事"（附录2），让学生静默片刻然后随机抽取学生分享反思。 • 老师总结：可将反思题答案部分以及学生回答内容结合。 • 老师向学生展示有关辨别日常消费想要和需要的商品、学会花钱-节制欲望、制订存钱计划-延迟享受内容的幻灯片（附录1）。 • 老师给出测试题：辨别"需要和想要"大作战，让学生作答。 • 最后老师和学生一起总结	附录1 附录2	10分钟
Ⅲ. 小组讨论"人生拍卖会" ★★	目的：在财富管理中对未来进行展望，勇于实现人生目标。 • 老师分发学生每人一张面额为5000元的货币道具，它代表了一个人一生的精力和时间。每位学生可以根据自己对人生的理解竞拍以下东西。每样东西都有底价，每次出价以500元为单位，价高者得到东西，一旦有出价5000元的，立即成交。 • 老师依次把第一批（爱情、友情、亲情）、第二批（美貌、名声、自由）、第三批……第四批……亮牌让学生竞拍。 • 老师在课堂结束前让学生静默片刻并反思： (1) 是否后悔你买到的东西，为什么？ (2) 在拍卖过程中，你的心情如何？ (3) 有没有同学什么都没买？为什么不买？ (4) 钱是否一定会带来快乐？ • 老师给学生发放A4纸，让学生设计自己的"人生目标规划书"。最后，老师应对学生的合作表现加以鼓励和表扬	附录3	20分钟

附录 1　"钱的由来"

1. （单选题）钱从哪里来？

A. 爸爸妈妈给的　　B. 天上掉下来的

C. 工作赚来的　　　D. 其他渠道

2. 爸爸妈妈的钱从哪里来？

辛苦工作赚来的

◆工人：在工地挥洒汗水搬砖、扛水泥
◆厨师：在饭店厨房忍受高温颠勺烹饪
◆出租车司机：早出晚归跑出租
◆老师：教书育人夜以继日备课
◆外卖员：风雨无阻穿梭大街小巷递送外卖
◆农民：面朝黄土背朝天用血汗换农作物丰收
◆……

3. 钱是来之不易的

家里的钱都是爸爸妈妈辛苦劳动获得的，我们要感谢爸爸妈妈为我们提供舒适的生活条件。所以我们不能乱花钱，因为钱花完就没有了。

4. 什么是我需要的？什么是我想要的？

什么是我想要的

小测试："辨别"需要和想要"大作战

聪明的小朋友，来告诉老师什么是需要的？什么是想要的？

❖　以下物品中你觉得哪些是你需要的？

❖　以下物品中你觉得哪些是你想要的？

巧克力	衣服	家庭	空气
汉堡包	水	爱	房子

附录 2　"小狗钱钱的故事"

主人公：小姑娘莉莉

故事内容：莉莉非常想养一只小狗，可是由于莉莉的父母买了一座超出预算的大房子，家里资金变得紧张，莉莉一直没能如愿。有一天，一只白色受伤的拉布拉多出现在莉莉家门口，莉莉一家便收养了这只小狗并给它起名"钱钱"。但莉莉没想到的是钱钱竟然是一只会理财的小狗。为了报答莉莉，钱钱把赚钱的成功法则教给了她。

在钱钱的帮助下，莉莉第一次明确了自己的梦想，并开始为实现梦想而努力。她学会了 3 条成功法则，以及如何分配收入。莉莉得知表哥开了一家小公司，他请邻居家的小男孩帮忙一起给邻居送面包，赚到的钱分为两半，一半付给小男孩，一半存进了表哥的银行账户。莉莉决定从帮助邻居遛狗这项工作开始赚钱。小狗钱钱建议莉莉把除去上学、睡觉以外，能够遛狗的时间写下来，挨个和邻居商量时间和工钱。莉莉终于赚到了第一笔钱。后来，莉莉按照小狗钱钱的建议，把钱存进了银行，变成了一只能"下金蛋"的"小鹅"。在小狗钱钱的帮助下，莉莉的"小鹅"

越长越大。

后来莉莉还开了个金钱魔法俱乐部，赚来的钱30%用于帮助父母还债，20%用于投资股票，50%存到银行作为将来到美国留学的费用。最后莉莉通过自己赚钱和理财成功实现了梦想，到美国哈佛大学留学。

（参考博多·舍费尔的作品《小狗钱钱》，海口：南海出版公司）

反思题：你从"小狗钱钱"的故事里学到了什么？

（1）表哥的赚钱之道：

天上不会掉馅饼，认真思考发现身边的机会。

想清楚自己喜欢做什么，然后再考虑怎么用它挣钱。

（2）陷入债务危机怎么办？

首先，欠债的人应当停止使用信用卡。因为人们在使用信用卡时总会比使用现金花得更多。

其次，尽量少地偿还大宗物品贷款（房贷、车贷等）。因为偿还过多贷款会使生活费不足，又产生新的贷款。

最后，尽量不借消费贷款。如果有消费贷款，把收入中除去生活支出后的剩余部分的50%存起来，另外50%用来支付消费贷款。

（3）金蛋的故事（钱＝鹅　利息＝金蛋）

收入要这样分配：50%存入银行＋40%存入梦想储蓄罐＋10%用来零花

附录3　"人生拍卖会"

活动名称：人生拍卖会

活动规则：每个学生手中有5000元货币道具，它代表了一个人一生的时间和精力。每个人可以根据自己对人生的理解竞拍以下东西。每样东西都有底价，每次出价以500元为单位，价高者得到东西，一旦有出价5000元的，立即成交。

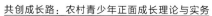

	竞拍物品清单

- ♥ 第一批：爱情、友情、亲情
- ♥ 第二批：美貌、名声、自由
- ♥ 第三批：爱心、权利、拥有自己的图书馆
- ♥ 第四批：聪明、健康、金钱
- ♥ 第五批：快乐、一门手艺、冒险
- ♥ 第六批：美食、读名牌大学、创办公司
- ♥ 第七批：诚信、智慧

FC1.3 金融风险防范

构　　念：	金融能力
对　　象：	初一学生
单元目的：	通过了解风险保障，逐步建立风险管理的概念，培养金融安全意识
教学目标：	1. 普及金融安全知识，学会应对金融诈骗
	2. 形成理性消费决策和行为
	3. 在认知能力和行为能力基础上的能力建设
教学工具：	"美梦银行"（附录1）
	个人工作纸："青少年防范网络诈骗必备指南"（附录2）
	小明和小红（附录3）
	记账表格样表（附录4）
教学方法：	小组讨论
	全班讨论

活动程序：40分钟

★★＝主要活动

★＝次要活动

活动	步骤	教学工具	时间
I. "美梦银行" ★	• 老师给学生介绍什么是信用卡以及其作用 • 老师分享有关"美梦银行"的幻灯片（附录1）：主人公通过把信用卡刷爆实现自己的美梦，却忽略了"美梦卡"（信用卡）的特性，那就是先享受后付款，导致刷卡的人付出惨痛的代价 • 老师简单挑选两三位学生分享个人感受 • 学生静默片刻，老师总结：使用信用卡虽然满足了一时的快乐，但是毁掉了一生的幸福，学生应树立正确的消费和理财观念 • 了解借贷：急用钱时要怎么办？向父母借钱 or 向银行贷款？但是不能通过高利贷、网贷等不法渠道来获得钱	附录1	10分钟

续表

活动	步骤	教学工具	时间
Ⅱ．"守住钱袋子" ★★	目的：帮助学生了解电信诈骗，掌握应对方法 ●老师向学生提问："什么是电信诈骗？生活中是否经历过？" ●老师播放电信诈骗科普视频 ●老师发放工作纸"青少年防范网络诈骗必备指南"（附录2），并让学生签字表示以后会遵守指南	附录2	15分钟
Ⅲ．"小小记账员" ★★	●老师给出小明和小红的案例（附录3），并询问学生小明和小红谁做得更好 ●老师把记账表格样表（附录4）发放给学生，告诉学生账本是用来做什么的，怎么填写记账表格（有条件也可以使用记账App） ●学生向家人分享记账情况	附录3 附录4	15分钟

教学建议

1．"美梦银行"	●老师可在课前活跃气氛，向学生询问是否使用过信用卡、花呗、京东白条等提前消费的金融工具？对其看法是什么？之后进入正式讲授阶段
2．"守住钱袋子"	●老师在讲授遇到电信诈骗怎么办部分时，可加大与学生互动力度，让学生主导课堂想出解决办法，老师做补充和总结即可
3．小心互联网金融陷阱	●在时间充裕情况下，老师也可把《家长监管承诺书》发放给学生，让学生带给父母（该承诺书主要内容是家长对孩子接触到的互联网信息、软件等进行了解和甄别，必要时对孩子互联网金融支付功能进行良性干预和限制，避免青少年陷入互联网金融陷阱。同时帮助孩子识别当今的"网红文化""直播主播"等现象中的虚假广告以及理性面对"饭圈文化""偶像打赏"的消费方式，在互联网金融工具使用中为子女做好榜样，引导其积极有效利用互联网信息，学会明辨是非、理性消费以及树立正确的价值观）
4．"小小记账员"	●学生如果反映内容太难，不能理解，老师可简化记账内容为收入和支出。对于支出项消费的商品可以不用细分为想要物品和需要物品

延伸活动建议

活动	内容	建议
"守住钱袋子"	• 老师可预留家庭作业，让学生把防骗指南带回家中与父母分享。 • 老师可让学生以小组的形式讨论补充防骗指南	在时间充裕的情况下，可配合"守住钱袋子"活动进行
"小小记账员"	• 老师可以现场推荐几个常见的记账 App，并给学生演示使用方法	在学生方便接触到智能手机的情况下

附录 1 "美梦银行"

美梦银行开业啦！你想要多少钱就会有多少钱，想要什么就会有什么。带保姆的豪华别墅、加长版的凯迪拉克、当红明星代言的衣服、遥控飞机……全都没问题，不过利息有点高、催账有点急。

在美梦银行开幕典礼上，三位主角幸运地得到了免费使用卡。名叫欧美佳的女主角，许愿自己能够拥有世界各地的名牌产品，美梦银行二话不说地帮她实现了梦想。就这样一连串美梦成真的画面，经由摄像机传送到世界各地，让许许多多的人心动并且跃跃欲试。

如果你是书中的欧美佳，当时间回到美梦银行开幕那天，你会怎么做？

看完故事后你的感想是什么？

回想一下你上个月有＿＿＿＿＿＿元的零用钱，你是如何使用它的，你觉得这样分配好吗？

有更好的方法吗，要怎么做？

我的零用钱分配的情形：
　　￥储蓄＿＿＿＿元　　　　￥其他——例如，（　　）＿＿＿＿元
　　我觉得这样分配＿＿＿＿＿＿＿＿因为＿＿＿＿＿＿＿＿

你看到一双很棒的篮球鞋，标价 3000 多元。但是你实在很喜欢，你会怎么办？

打开衣橱、拉开抽屉，数一数有哪些你以前觉得非买不可，买没多久被你彻底遗忘的东西。看到这些东西你有什么感想？

附录2 个人工作纸："青少年防范网络诈骗必备指南"

"想要免费的游戏皮肤吗？"

"你转账给我，我给你返利。"

"擅自添加明星社交账号是违法的，你不转账过来就会被起诉。"

"你害得我账号被冻结了，就要转账过来帮我解绑。"

"一起兼职刷单吧，赚个生活费。"

……

警惕！这是典型骗局，已有很多青少年"中招"。被骗金额少则几百元，多则几万元，请大家时刻警惕这类骗局。

> 中奖圈套，犯罪分子往往挑选缺乏判断力的学生，先通过各种渠道发送中奖信息，然后以资金被冻结为由，要求学生转账给自己账号解冻。
>
> 游戏圈套，犯罪分子常常以网络游戏装备为切入点，和学生拉近关系，降低学生警惕心，伺机下手要学生拿家人手机进行转账。
>
> 追星圈套，犯罪分子常常利用中小学生对偶像的好奇、向往，在各种社交平台和视频软件中投送明星QQ号或者微信号，学生出于好奇心加好友后，对方就会用各种理由哄骗或者威胁被害者。
>
> 返利圈套，犯罪分子通过QQ群等媒介加上学生QQ，然后以私密返利、刷单等可以获取收益为理由，要学生先转账，然后就可以获得收益。
>
> 1. 不轻易相信需要预先存入各种费用才能兑奖的信息；
> 2. 不随便同意陌生人的好友申请，不轻易打开陌生人发来的文件或链接；
> 3. 不相信互联网上随便弹出的"免费装备""低价游戏"等窗口信息；
> 4. 不相信互联网上的"轻松赚钱""快速返利""高价刷单"等信息。
>
> 保证人：（学生填写）

1. 对家中老人进行防诈宣传，不轻易让孩子知道自己的手机密码、支付密码、银行卡密码；

2. 经常给孩子灌输防诈知识，培养孩子警惕心和判断力，一旦接到类似要钱、转账的信息及电话务必提高警惕，要有防诈意识，培养孩子"不听、不信、不汇款"的意识；

3. 注意保护个人隐私，学生和家长上网尽量不要在 QQ 等网络工具上储存亲友的真实信息和相关图片资料，谨防被不法分子通过黑客、木马等手段盗取相关资料实施诈骗。

保证人：（家长填写）

附录 3　小明和小红

如果给你 10 块钱你会怎么做呢？

案例一：小明和小红各拿 10 块钱进了小卖铺。小明看也不看全买了玩具；小红先看了一下，对比了几个玩具，选了质量更好、价格更便宜的玩具。

案例二：小明和小红又各拿 10 块钱去了商店。小明全部买了零食和玩具；小红买了自己想要的笔和本子，用了 5 块钱，还剩 5 块钱。

所以我们要学会如何花钱

◆制定消费原则——区分"需要的"和"想要的"

◆买东西要"货比三家"

◆零花钱要"合理计划使用"

附录 4　记账表格样表

日期	收入		支出		想要/需要
	来源	金额	事项	金额	
	总收入		总支出		
结余＝（总收入-总支出）					

第二十一章　反贫困能力[*]

理念

本构念是反贫困能力，英文为 Capacity Building for Transcending Poverty，缩写为 TP。贫困是一个复杂的社会问题。Sen（1979）作为代表性学者最初将贫困界定为个体收入低于贫困线或生活必需品处于匮乏状态，后来他进一步将贫困视为基本可行能力被剥夺。这种可行能力可以被理解为个体的潜能，即摆脱贫穷，避免饥饿，得到营养，获取自尊和社会参与的努力和能量（刘科，2018）。Sherraden（1991）从资产建设视角指出，促进个体积累资产和做好未来规划能够提升实现生活目标和摆脱贫困的能力。贫困会直接阻碍儿童的福利水平和发展能力提升（Avram & Militaru，2016）。比如，"贫困对儿童的身心健康、认知能力和外在行为等方面存在消极影响"（宋卫芳、孙铃、赵娜，2023）。Neubourg（2012）从多维贫困视角指出儿童贫困涉及经济条件、机会剥夺、主观福利等因素，治理儿童贫困的最有效手段是促进早期发展和教育，提升个体自主发展和摆脱贫困的能力。由此，本构念尝试性地将儿童反贫困能力界定为儿童能够利用内外部资

　＊　第一版：冯元、崔坤杰、宋雪玲

源和条件，提升自身抵抗风险能力和自主发展水平，预防和摆脱贫困的才能、本领和力量。

近半个世纪，许多国家积极开展儿童贫困治理实践。如美国实施了启蒙计划（Head Start）、贫困家庭临时援助计划（TANF）等（Duncan & Menestrel，2019）；英国实施了儿童补贴计划（Child Benefit）等（Atkinson et al.，2017）；中国实施了教育扶贫行动。这些实践后来深受社会投资思想影响，越来越重视人力资本投资，积极通过提升家庭照顾、早期发展和基础教育水平等路径提升儿童的反贫困能力（Jane，2004；Wright，2010）。中国反贫困政策开始重视不同生命周期阶段的贫困人群的干预，特别是处于上游阶段的童年期的儿童贫困干预（徐月宾、刘凤芹、张秀兰，2007）。中国在 2015~2020 年实施的"脱贫攻坚"行动中吸纳了社会投资理念，采用"扶志与扶智"并进策略，以激活贫困群体的内生动力（习近平，2015）。因而，中国实施了慧育中国、雨露计划、控辍保学等一系列促进贫困儿童教育机会保障和学业技能提升的措施（李伟，2018）。乡村人力资本建设必然要聚焦于以困境儿童和留守儿童为重点对象的儿童发展和保护工作。研究表明，农村留守儿童与父母时空分离，无法有效获得来自父母的情感照顾和学业指导，因而产生的学习动力不足与学习能力不良的问题比较突出（周春芳、苏群、张立冬，2021）。因此，本构念的目标是激发农村儿童个体发展的内生动力，增强其学习能力和信心，使其合理规划自身的生涯发展，进而提升农村儿童的反贫困能力。

本构念共有两个单元。TP1.1 通过对学习目的、方法和技能的探索，增强儿童的学习动机和提升儿童的学习效能。TP1.2 通过职业生涯规划的学习，激发学生明确人生目标和职业志向，引导学生养成积极进取的品格，积极储备用于实现目标的知识、才干和资源。

参考文献

李伟，2018，《反贫困与中国儿童发展》（Ⅱ），北京：中国发展出版社。

刘科，2018，《能力及其可行性——阿玛蒂亚·森能力理论的伦理基础》，《社会科学》第 1 期。

宋卫芳、孙铃、赵娜，2023，《儿童贫困：后果及心理机制》，《心理研究》第 6 期。

习近平，2015，《携手消除贫困　促进共同发展——在 2015 减贫与发展高层论坛的主旨演讲》，新华社北京 10 月 16 日电，https://www.gov.cn/xinwen/2015-10/16/content_2948386.htm，2024 年 4 月 4 日。

徐月宾、刘凤芹、张秀兰，2007，《中国农村反贫困政策的反思——从社会救助向社会保护转变》，《中国社会科学》第 3 期。

周春芳、苏群、张立冬，2021，《乡村振兴视域下农村留守儿童人力资本质量研究》，《江海学刊》第 3 期。

Atkinson, A. B. , Leventi, C. , & Nolan, B. et al. （2017）. Reducing poverty and inequality through tax-benefit reform and the minimum wage：The UK as a case-study. *The Journal of Economic Inequality*, 15, 303–323.

Avram, S. , & Militaru, E. （2016）. Interactions between policy effects, population characteristics and the tax-benefit system：An illustration using child poverty and child related policies in Romania and the Czech Republic. *Social Indicators Research*, 128, 1365–1385.

Chang, Q. , Peng, C. , Guo, Y. , Cai, Z. , & Yip, P. S. （2020）. Mechanisms connecting objective and subjective poverty to mental health：Serial mediation roles of negative life events and social support. *Social Science & Medicine*, 265, 113308.

Duncan, G. , & Menestrel, S. L. （2019）. *A Roadmap to Reducing Child Poverty*. Washington, DC：The National Academies Press.

Eryong, X. , & Xiuping, Z. （2018）. Education and anti-poverty：Policy theory and strategy of poverty alleviation through education in China. *Educational Philosophy & Theory*, 50, 1101–1112.

Jane, J. (2004). Changing the paradigm: Family responsibility or investing in children. *Canadian Journal of Sociology*, 29, 169-191.

Mo, D., Zhang, L., Yi, H., Luo, R., Rozelle, S., & Brinton, C. (2013). School dropouts and conditional cash transfers: Evidence from a randomised controlled trial in rural China's junior high schools. *The Journal of Development Studies*, 49 (2), 190-207.

Neubourg, C. D. (2012). *Concept and Measurement of Child Poverty*. https://www. unicef. cn/reports/ session-one-nature-and-scope-child-poverty.

Ridley, M., Rao, G., Schilbach, F., & Patel, V. (2020). Poverty, depression, and anxiety: Causal evidence and mechanisms. *Science*, 370 (6522).

Sen, A. (1979). Issues in the measurement of poverty. *Journal of Economics*, 81 (2), 285-305.

Sherraden, M. W. (1991). *Assets and the Poor: A New American Welfare Policy*. Armonk, NY: M. E. Sharpe.

Short, K. S. (2016). Child poverty: Definition and measurement. *Academic Pediatrics*, 16, 46-51.

Wang, S., & Luo, J. (2010). Analysis on impact factors of anti-poverty ability oriented fiscal poverty alleviation standard. *IEEE*, 1-4.

Wright, A. C. (2010). Child care: Welfare or investment? *Journal of Social Welfare*, 19, 173-181.

活动概览

单元	单元目的	教学目标
学习力培养计划 （TP1.1） （40分钟）	意识到读书学习的重要性，增强学习动机并掌握合理有效的学习方法	• 了解学习的重要性 • 引导学生探索学习的目的，增强学习动机 • 掌握合理有效的学习方法，提高学习效率
职业导航计划 （TP1.2） （40分钟）	了解更多领域的职业，熟知自己的优势、性格、能力及资源，思考未来发展方向并制定合理的生涯规划	• 了解更多的职业和自身的兴趣、性格、能力、资源等特质 • 制定合理有效的个人生涯规划与行动计划

TP1.1 学习力培养计划 **"学习的力量"**

构　　念：反贫困能力
对　　象：初一学生
单元目的：意识到读书学习的重要性，增强学习动机并掌握合理有效的学习方法
教学目标：1. 了解学习的重要性
　　　　　2. 引导学生探索学习的目的，增强学习动机
　　　　　3. 掌握合理有效的学习方法，提高学习效率
教学工具：视频："我们为什么要读书"（附录 1）
　　　　　老师参考资料："张桂梅校长学生的成长故事"（附录 2）
　　　　　"我的学习成长卡"（附录 3）
　　　　　彩笔、签字笔、海报画纸
教学方法：全班讨论
　　　　　小组讨论
　　　　　经验分享

活动程序：40 分钟

★★=主要活动
★=次要活动

活动	步骤	教学工具	时间
I. 引起动机 "学习目的"	● 老师问："大家知道为什么要学习吗？请大家思考：读书学习能给我们的生活带来哪些变化？（学生暂不回答）让我们先看一个视频，然后再讨论。"		3分钟
II. 全班讨论 "为什么要读书" ★	目的：了解学习的目的并思考读书学习的重要性。 ● 老师播放视频"我们为什么要读书？"（附录1），请学生认真观看并思考。播放完毕，老师提问并引导全班讨论： (1) 你们知道视频中的人物为什么要读书吗？ (2) 生活在新时代的我们为什么要读书学习呢？ ● 老师回应学生的观点，结合张桂梅校长学生成才的例子（附录2）并提问：大家认为读书学习能给你和你的家庭带来哪些影响？ ● 回应学生，并进一步总结以下观点： (1) 读书学习可以影响一个人、一个家庭甚至整个国家的发展。 (2) 读书学习可以改变我们的认知和眼界，让我们有更多选择的机会	附录1 附录2	10分钟

续表

活动	步骤	教学工具	时间
Ⅲ. 学习方法探讨 ★★	目的：掌握合理有效的学习方法。 • 老师引导学生在"我的学习成长卡"（附录3）上填写自己擅长和喜欢的科目、学习困惑以及有效的学习方法。 • 组织学生分组分享自己写的"我的学习成长卡"，讨论如何有效学习，组内总结有效的学习方法，并做好记录。 • 完成讨论后，由每个组派一个代表汇报讨论结果，将总结讨论的有效的学习方法记录表贴在黑板上。 • 老师简单总结学生的讨论结果，对学生总结的有效的学习方法给予肯定并做相应的补充。同时指出因学习基础和接受能力不同，并非每种学习方法对所有同学都有效，大家应该按照自己的学习基础和实际情况，选择适合自己的方法，并制定合理的目标。	附录3	10分钟
Ⅳ. 制定学习计划"学习互助小组" ★★	目的：建立学习互助小组，制定学习计划。 • 老师根据学生的学习情况和填写的"我的学习成长卡"将全班同学进行分组，组建学习互助小组，每个小组推举一个小组长。 • 老师组织每个小组绘制"学习互助规划树"，讨论并记录小组契约和小组内的学习目标。 • 老师将每个小组的"学习互助规划树"张贴在教室里，并强调每个小组要按照学习计划，互相帮助和监督	彩笔 签字笔 海报画纸	12分钟
Ⅴ. 总结与反思	• 老师再次强调读书学习的重要性并肯定同学们的表现。 • 老师让学生静默并思考今天活动的感悟。 • 老师自我反思，在活动开展中有哪些需要改进的地方，并总结活动经验		5分钟

教学建议

1. 全班讨论"为什么要读书"	• 关于"读书学习能给你和你的家庭带来哪些影响？"的问题，思考时，老师可引导学生与自己的实际生活多联系，例如，未来职业的变化、经济情况、生活环境等。

	● 老师要强调每一个人的想法各异，讨论没有标准答案，也没有优劣之分。 ● 本环节中，可鼓励学生自主发言分享或由老师邀请 3~6 名学生发言，学生发言后老师给予简单回应并致谢。 ● 老师要注意把握活动时间
2. 学习方法探讨	● 学生填写"我的学习成长卡"时，老师应引导学生结合自己的学习情况和对不同科目的学习兴趣填写。如有必要，老师在本节活动之前请学生思考自己的优势科目、自己喜欢的科目、自己目前的学习困惑以及有效的学习方法，以求在讨论分享时有良好的效果。 ● 在讨论分享学习方法时，老师要注意与同学们一起讨论，甄别合理有效的学习方法，并强调因个体的差异性，需要根据自己的学习基础和实际情况选择合适的方法，并制定合理的目标。 ● 老师要注意把握活动时间
3. 制定学习计划"学习互助小组"	● 学习互助小组分组时老师应提前在班级中进行学习情况了解与调查，参考班级内学生的学习成绩、学习态度和"我的学习成长卡"内容，对各个学科的优秀学生进行归类，保证每个学习互助小组中有同学可以作为学习榜样带领其他同学一起进步。 ● 学习互助小组的组长由老师引导学生在组内自主推举产生，并强调由小组成员商量确定小组长的相关责任与权力。 ● 绘制"学习互助规划树"中的小组契约和学习目标时，老师要引导学生共同讨论本小组的规则、任务、目标以及组员的角色和任务

延伸活动建议

活动	内容	建议
学习方法分享会	目的：掌握合理有效的学习方法 ● 邀请 3~5 名高年级学习优异的学生分享学习方法。 ● 邀请聆听的同学分享收获和启发。 ● 展开自由交流。 ● 尝试制订个人运用新学习方法的计划	● 高年级同学分享前先由老师与其进行沟通，甄别并筛选出合理有效的学习方法。 ● 分享前与高年级同学一起制作学习方法分享 PPT

附录1 视频："我们为什么要读书"

视频网址：https：//www. chinanews. com. cn/sh/shipin/2021/04-23/news886920. shtml

附录2 老师参考资料："张桂梅校长学生的成长故事"

张桂梅这个名字不知道同学们有没有听过？她是云南省丽江华坪女子高级中学的校长，也是这所中学的创办者，获得过"全国最美乡村教师""全国教书育人楷模""感动中国2020年度人物"等荣誉称号，她是一位在贫困山区教书育人的非常伟大的老师。但今天我要和大家分享的是在张桂梅校长的教育下通过努力学习，最终走出贫困的大山，获得更多选择机会和新生活的学生的故事。

丽江华坪女子高级中学主要招收丽江市内边远乡镇高寒山区及云南省内其他市、县贫困边远乡镇山区和周边省、市贫困山区的学生。截至2019年，共有1645名贫困女孩从那里走进大学。她们从偏远地区、贫困山区的孩子考上大学成为医生、警察、法官、老师……下面我们来看看这个视频，同时请大家思考：读书学习能给你和你的家庭带来哪些影响？

视频：张桂梅校长学生的成长视频

视频网址：https：//v. qq. com/x/page/e3211hb7z3m. html （该

网址为央视的节目《时代的楷模》在腾讯视频播放的网址）。

附录3 "我的学习成长卡"

我的学习成长卡

　　　　姓名：_____ 班级：_____ 年级：_____

1. 我擅长的学科：_____

2. 我喜欢的学科：_____

3. 我现在的学习困惑：

　　_____

　　_____

4. 我知道的有效的学习方法：

　　_____

　　_____

　　_____

　　_____

TP1. 2 职业导航计划　　　　　　　　　　　　　　　　**"彩绘人生"**

构　　念：反贫困能力

对　　象：初一学生

单元目的：了解更多领域的职业，熟知自己的优势、性格、能力及资源，思考未来
　　　　　发展方向并制定合理的生涯规划

教学目标：1. 了解更多的职业和自身的兴趣、性格、能力、资源等特质
　　　　　2. 制定合理有效的个人生涯规划与行动计划

教学工具：职业角色卡（附录1）
　　　　　MBTI职业性格测试（附录2）
　　　　　职业生涯规划模板（附录3）
　　　　　SWOT分析表（附录4）
　　　　　彩笔、签字笔

教学方法：全班讨论
　　　　　游戏互动
　　　　　活动分享

活动程序：50 分钟

★★ = 主要活动
★ = 次要活动

活动	步骤	教学工具	时间
I. 引起动机	• 老师问："大家思考一下，从小到大你们接触过哪些职业的人？你有理想的职业吗？"由学生自由回答，老师将学生的答案在黑板上做简要记录		3 分钟
II. 你画我猜"职业知多少"★	目的：让学生了解更多的职业及其工作内容，不仅仅局限于自己的认知。 • 老师准备好 6 组职业角色卡（附录 1），并邀请 6 位学生分别对应不同的 6 组职业角色卡进行比画，由其他学生来猜所比画的职业，并简要描述其主要工作内容。 • 老师总结：职业有许多种类型，不同职业对应不同的任务、责任和工作。每个人所能接触到的职业和就职机会与其生活环境、受教育状况、个人优势及可利用资源都有关系	附录 1	7 分钟
III. 量表测试★★	目的：使学生了解自己的兴趣、性格、能力等特质，协助其制定职业发展规划并形成正确的职业价值观。 • 老师介绍 MBTI 职业性格测试（附录 2）以及相关注意事项。 • 组织学生进行测试	附录 2	25 分钟
IV. 彩绘生涯"职业生涯规划"★★	目的：引导学生学会制定合理有效的个人职业生涯规划及行动计划。 • 老师向学生介绍制定个人职业生涯规划需要考虑的因素和重要部分。 • 老师给每位学生发放职业生涯规划模板（附录 3），引导学生参考自己的具体情况和职业性格测试制作个人职业生涯规划	彩笔签字笔附录 3	10 分钟
V. 总结与反思	• 老师强调合理规划与行动的重要性并肯定同学们的表现。 • 老师让学生静默并思考今天活动的感悟。 • 老师自我反思，在活动开展中有哪些需要改进的地方，并总结活动经验	附录 4	5 分钟

教学建议

1. 你画我猜 "职业知多少"	• 老师在活动前对照职业角色卡上的职业，对自己不了解的职业可通过网络、书籍等方式提前进行简单了解。 • 老师可以记下学生描述不当或不了解的职业，在总结时对这些职业做解释或补充。 • 老师要注意控制每组比画的时间，比如，每组职业角色卡的比画时间限定在 1 分钟以内
2. 量表测试	• 在使用 MBTI 职业性格测试前，老师应该向学生说明相关情况，如所选答案无对错之分，不需要思考选哪个答案更好，凭第一反应即可。 • 老师要注意组织和引导学生进行量表评分，需对评分规则和注意事项做相应的解释。 • 老师要注意把握活动时间
3. 彩绘生涯 "职业生涯规划"	• 制定职业生涯规划表时，老师要提醒学生可以结合自己的兴趣、性格特征、现有资源、知识技能以及量表测试结果进行思考并合理规划。具体可规划到每个学期的目标、任务以及自己应该采取的行动。 • 若因时间限制，老师可告诉学生课后可以继续进行完善，并鼓励学生将自己修改完善好的规划表拿来与老师分享和讨论

延伸活动建议

活动	内容	建议
自我 SWOT 分析 SWOT 态势分析法： 优势（Strengths） 劣势（Weaknesses） 机会（Opportunities） 威胁（Threats）	目的：了解自己优势和不足、外部环境中的机会与威胁，从而指导行动计划。 • 老师给每个学生发一张 SWOT 分析表（附录4），简要介绍填写的规范和注意事项。 • 引导学生认真思考并在 SWOT 分析表中填写相对应的内容。 • 组织学生分组进行分享	• 老师强调学生需要经过认真思考后填写。 • 关于 SWOT 各个部分的具体填写，老师可稍加引导，鼓励学生在填写时与自己的实际生活环境相联系

附录 1　职业角色卡

研究型：

| 科学家 | 医生 | 化学家 | 教师 |

艺术型：

| 演员 | 小说家 | 歌唱家 | 画家 |

社会型：

| 教师 | 社工 | 村干部 | 心理医生 |

企业型：

| 销售 | 法官 | 政府官员 | 企业领导 |

传统型：

| 银行职员 | 秘书 | 打字员 | 会计 |

现实型：

| 木匠 | 摄影师 | 农民 | 厨师 |

附录 2　MBTI 职业性格测试①

第一部分

以下 23 道题目均给出两种描述，请挑出最能贴切地描绘你一般的感受或行为的一个选项，在该选项旁边所对应的深色阴影格子里输入"1"，并在本表格最后一栏计算出 A—H 八个选项的各自最终得分。

---

① 参考来源：MBTI 测试第一版于 1943 年推出，2003 年 MBTI 测试中文版引入中国，2017 年 CCP 公司推出中文新版。国际通用版参见网址 https://mbti.ahseru. cn/front/mbti? bd_ vid = 794625953094703873，2024 年 4 月 4 日。

序号	题目	描述	A	B	C	D	E	F	G	H
1	当你要出外一整天，你会不会	计划你要做什么和在什么时候做					■			
		说去就去								■
2	你认为自己是一个	较为有条理的人					■			
		较为随兴所至的人							■	
3	假如你是一名老师，你会选择教	以事实为主的课程	■							
		涉及理论的课程			■					
4	你通常	与人容易混熟		■						
		比较沉静和矜持						■		
5	一般来说，你和哪些人比较合得来？	现实的人	■							
		富有想象力的人			■					
6	你是否经常让	你的理智主宰你的情感				■				
		你的情感支配你的理智							■	
7	在处理许多事情上，你会喜欢	按照计划行事					■			
		凭兴所至行事								■
8	你是否	容易让人了解		■						
		难以让人了解						■		
9	按照程序表做事，是否	合你心意					■			
		令你感到束缚								■
10	当你有一份特别的任务时，你会喜欢	开始前小心组织计划								■
		边做边找须做什么								■
11	在大多数情况下，你会选择	按程序表做事					■			
		顺其自然								■
12	大多数人会说你是一个	非常坦率开放的人		■						
		重视自我隐私的人						■		
13	你宁愿被人认为是一个	实事求是的人	■							
		机灵的人			■					
14	在一大群人当中，通常是	你介绍大家认识		■						
		别人介绍你						■		

续表

序号	题目	描述	A	B	C	D	E	F	G	H
15	你会跟哪些人做朋友？	脚踏实地的	▨							
		常提出新主意的			▨					
16	你倾向于	重视逻辑多于感情					▨			
		重视感情多于逻辑							▨	
17	你比较喜欢	很早就做计划					▨			
		坐观事情发展才做计划								▨
18	你喜欢花很多的时间	和别人在一起		▨						
		一个人独处							▨	
19	与很多人一起会	令你活力倍增		▨						
		常常令你心力交瘁							▨	
20	你比较喜欢	很早便把约会、社交等事安排妥当						▨		
		无拘无束，看当时有什么好玩就做什么								▨
21	计划一个旅程时，你较喜欢	事先知道大部分的日子会做什么					▨			
		大部分时间是跟着当天的感觉行事								▨
22	在社交聚会中，你是否	常常乐在其中		▨						
		有时感到烦闷							▨	
23	你通常是否	和别人容易混熟		▨						
		趋向自处一隅			▨					
第一部分汇总分数（此处八个汇总分数之和应为23）										

第二部分

以下 24 道题目均给出两种描述，请挑出最能贴切地描绘你一般的感受或行为的一个选项，在该选项旁边所对应的深色阴影格子里输入"1"，并在本表格最后一栏计算出 A-H 八个选项的各自最终得分。

序号	描述	A	B	C	D	E	F	G	H
1	坦率开放		■						
	注重隐私						■		
2	预先安排的					■			
	无计划的								■
3	具体	■							
	抽象			■					
4	坚定			■					
	温柔							■	
5	思考			■					
	感受							■	
6	事实	■							
	意念			■					
7	决定					■			
	冲动								■
8	热衷		■						
	文静						■		
9	外向		■						
	文静						■		
10	有系统				■				
	随意								■
11	肯定	■							
	理论			■					
12	公正				■				
	敏感							■	
13	令人信服的				■				
	感人的							■	
14	声明	■							
	概念			■					
15	预先安排					■			
	不受约束								■

续表

序号	描述	A	B	C	D	E	F	G	H
16	健谈		▦						
	矜持						▦		
17	有条不紊					▦			
	不拘小节								▦
18	实况	▦							
	意念			▦					
19	远见				▦				
	同情怜悯							▦	
20	利益			▦					
	祝福							▦	
21	务实的	▦							
	理论的			▦					
22	朋友众多		▦						
	朋友不多						▦		
23	系统					▦			
	即兴								▦
24	以事论事	▦							
	富于想象的				▦				
第二部分汇总分数（此处八个汇总分数之和应为24）									

第三部分

以下 23 道题目均给出两种描述，请挑出最能贴切地描绘你一般的感受或行为的一个选项，在该选项旁边所对应的深色阴影格子里输入 "1"，并在本表格最后一栏计算出 A—H 八个选项的各自最终得分。

序号	题目	描述	A	B	C	D	E	F	G	H
1	当你要在一个星期内完成一个大项目时，你在开始的时候就会	把要做的不同工作依次列出					■			
		马上动工								■
2	与他人交谈时，你会	与多数人能从容地长谈		■						
		只是对某些人或在某种情况下才可以畅所欲言						■		
3	假如你是一名老师，你会选择教	按照一般认可的方法去做	■							
		构想一种自己的方法			■					
4	你刚认识的朋友能否说出你的兴趣？	马上可以		■						
		要待他们真正了解你之后才可以						■		
5	你通常较喜欢的科目是	讲授事实和数据的	■							
		讲授概念和原则的			■					
6	哪个是较高的赞誉？获称许为	一贯理性的人				■				
		一贯感性的人							■	
7	你认为按照程序表做事	多数情况下有帮助且是你喜欢做的					■			
		有时是需要的，但一般来说你不大喜欢这样做								■
8	和一群人在一起，你通常会选	参与大伙儿的谈话		■						
		跟你很熟络的人个别谈话						■		
9	在社交聚会中，你会	是说话很多的一个		■						
		让别人多说话						■		
10	把在周末期间要完成的事列成清单，这个主意会	合你意					■			
		使你提不起劲								■
11	哪个是较高的赞誉	能干的				■				
		富有同情心的							■	

续表

序号	题目	描述	A	B	C	D	E	F	G	H
12	你通常喜欢	事先安排你的社交约会					■			
		随兴之所至做事								■
13	总的来说，要做一个大型作业时，你会选	首先把工作按步细分					■			
		边做边想该做什么								■
14	你能否滔滔不绝地与人聊天？	几乎跟任何人都可以		■						
		只限于跟你有共同兴趣的人						■		
15	你会	跟随一些被证明有效的方法	■							
		分析还有什么毛病，及尚未解决的难题			■					
16	为乐趣而阅读时，你会	喜欢作者直话直说	■							
		喜欢奇特或创新的表达方式			■					
17	你宁可替哪一类上司（或者老师）工作？	言辞尖锐但永远合乎逻辑的				■				
		天性淳良，但常常前后不一致的							■	
18	你做事多数是	按照拟好的程序表去做					■			
		按当天心情去做								■
19	在社交场合中，你经常会感到	可以与任何人按需要从容地交谈		■						
		与某些人很难打开话匣子和保持对话							■	
20	要做决定时，你认为比较重要的是	据事实衡量				■				
		考虑他人的感受和意见							■	
21	哪些人会更吸引你？	实事求是，具有丰富常识的人	■							
		一个思维敏捷及非常聪颖的人			■					

续表

序号	题目	描述	A	B	C	D	E	F	G	H
22	在日常工作中，你会	通常预先计划以免在压力下工作					■			
		颇为喜欢处理迫使你分秒必争的突发事件								■
23	你认为别人一般	用很短的时间便认识你		■						
		要花很长时间才认识你						■		
第三部分汇总分数（此处八个汇总分数之和应为23）										

第四部分

以下 23 道题目均给出两种描述，请挑出最能贴切地描绘你一般的感受或行为的一个选项，在该选项旁边所对应的深色阴影格子里输入"1"，并在本表格最后一栏计算出 A-H 八个选项的各自最终得分。

序号	描述	A	B	C	D	E	F	G	H
1	客观的				■				
	亲切的							■	
2	客观的				■				
	热情的							■	
3	建造	■							
	发明				■				
4	合群			■					
	文静						■		
5	事实	■							
	理论								
6	合逻辑				■				
	富同情							■	

序号	描述	A	B	C	D	E	F	G	H
7	具分析力				■				
	多愁善感							■	
8	合情合理	■							
	令人着迷			■					
9	真实的	■							
	想象的			■					
10	意志坚定的				■				
	仁慈慷慨的							■	
11	公正的				■				
	有关怀心的							■	
12	制作	■							
	设计			■					
13	必然性	■							
	可能性			■					
14	力量				■				
	温柔							■	
15	实际				■				
	多愁善感							■	
16	制造	■							
	创造			■					
17	已知的	■							
	新颖的			■					
18	分析				■				
	同情							■	
19	坚持己见				■				
	温柔有爱心							■	
20	具体的	■							
	抽象的			■					

序号	描述	A	B	C	D	E	F	G	H
21	有决心的				▨				
	全心投入的							▨	
22	能干				▨				
	仁慈							▨	
23	实际	▨							
	创新			▨					
第四部分汇总分数（此处八个汇总分数之和应为23）									

分数汇总表

请将 A-H 各项在四个部分中的得分填入该表中，并计算出 A-H 各项分别的总分（注：这八个分数加总，应是 93 分）。

表一	A	B	C	D	E	F	G	H
第一部分								
第二部分								
第三部分								
第四部分								
总分								
代码	S	E	N	T	J	I	F	P

请在表二每行两个代码中分数较高的一栏里，进行勾选。

	代码	分数	是否勾选	代码	分数	是否勾选
表二	E			I		
	S			N		
	T			F		
	J			P		

将勾选出的代码和这个代码得到的分数填入表三右边的空格。

	代码	分数
表三		

类型说明

类型	具体说明
E（Extrovert）	表示外倾，说明可以从与别人的互动中获得动力
I（Introvert）	表示内向，说明能从反思自己的想法及记忆和感受中获得动力
S（Sensing）	表示实际，说明喜欢关注获得的资讯及其实际应用
N（Intuition）	表示直觉，说明关注模式及联系和可能的含义
T（Thinking）	表示思考，说明会根据逻辑和因果关系的客观分析来做决定
F（Feeling）	表示感觉，说明会根据价值观做决定
J（Judgment）	表示判断，说明喜欢井井有条、有计划有条理的生活方式
P（Perceiving）	表示感知，说明喜欢事情有选择性、有灵活性和即兴的生活方式

性格类型分析①

	实感型	
外倾型	**ESTP** 有弹性，容忍，讲求实际，专注即时的效益，对理论和概念上的解释感到不耐烦，希望以积极的行动去解决问题。专注于此时此地，喜欢主动与别人交往。喜欢物质享受的生活方式。能够通过实践达到最佳的学习效果。 适合职业：企业家、手工艺者、新闻记者、业务顾问、个人理财专家等	**ESTJ** 讲求实际，注重现实，注重事实果断，很快做出实际可行的决定，能够安排计划和组织人员以完成工作，尽可能以最有效率的方法达到目的。能够注意日常例行工作的细节。有一套清晰的逻辑标准，会有系统地跟着去做，也想别人跟着去做。会以强硬的态度去执行计划。 适合职业：执行官、项目经理、工厂主管、保险、银行官员、数据分析师等
	ESFP 外向，友善，包容。热爱生命，热爱人，爱物质享受。喜欢与别人共事。在工作上，能做尝试，注意现实的情况，使工作富有趣味性、灵活性、即兴性，易接受新朋友和适应新环境。与别人一起学习新技能可以达到最佳的学习效果。 适合职业：外交家、劳工协调、表演人员、保险经纪人、公关人士	**ESFJ** 有爱心，尽责，合作。渴望和谐的环境，而且有决心营造这样的环境。喜欢与别人共事以能准确地、准时地完成工作。忠诚，即使在细微的事情上也如此。能够注意别人在日常生活中的需要而努力供应他们。渴望别人赞赏他们和欣赏他们所做的贡献。 适合职业：领事、接待员、销售代表、公关经理、营销人员、餐饮业者等

---

① BTI 即迈尔斯-布里格斯类型指标，是由美国作家迈尔斯和她的母亲布里格斯在 20 世纪 40 年代编制，基于荣格的《心理学类型》一书中理论基础提出的性格测试量表。其目前是世界上使用最广泛、效果最好的人格测试类型。关于性格类型具体分析结果，是基于迈尔斯的测试分析，结合人格特质与社会主要职业，当下所流行和广泛运用的分析版本补充了各类人格类型所适合的职业倾向作为参考。

续表

	直觉型	
外倾型	**ENFJ** 温情，有同情心，反应敏捷和有责任感。高度关注别人的情绪、需要和动机。能够看到每个人的潜质，帮助别人发挥自己的潜能。能够积极地协助个人和组别的成长。忠诚，对赞美和批评都能做出很快的回应。社交活跃，在一组人当中能够惠及别人，有启发别人的领导才能。 **适合职业**：演说家、作家、公关人员、协调人、企业经理、人力资源培训等	**ENFP** 热情而热心，富有想象力，认为生活充满很多可能性。能够很快地找出事件和资料之间的关联性，而且有信心依照他们所看到的模式去做。很需要别人的肯定，又乐于欣赏和支持别人。即兴而富于弹性，时常依赖自己的临场表现和流畅的语言能力。 **适合职业**：宣传人员、演员、播音员、律师、广告营销、开发总裁等
	实感型	
	ENTJ 坦率，果断，乐于作为领导者。很容易看到不合逻辑和缺乏效率的程序和政策，从而开展和实施一个能够顾及全面的制度去解决些组织上的问题。喜欢有长远的计划、喜欢有一套制定的目标。往往是博学多闻的，喜欢追求知识，又能把知识传给别人。能够有力地提出自己的主张。 **适合职业**：指挥官、经理、技术培训人员、程序员、工程师、领导等	**ENTP** 思维敏捷，机灵，能激励他人，警觉性高，勇于发言。能随机应变地去应付新的和富于挑战性的问题。善于引出在概念上可能发生的问题，然后很有策略地加以分析。善于洞察别人。对日常例行事务感到厌倦。甚少以相同方法处理同一事情，能够灵活地处理接二连三的新事物。 **适合职业**：辩手、国际营销商、销售策划、投资经纪人、后勤顾问等
内倾型	实感型	
	ISTJ 沉静，认真；贯彻始终、得人信赖而取得成功。讲求实际，注重事实，实事求是和有责任感。能够合情合理地去决定应做的事情，而且坚定不移地把它完成，不会因外界事物而分散精神。以做事有次序、有条理为乐，不论在工作上、家庭上或者生活上。重视传统和忠诚。 **适合职业**：审计员、工程师、电脑编程、财务分析师、银行家等	**ISTP** 容忍，有弹性；是冷静的观察者，但当有问题出现，便迅速行动，找出可行的解决方法。能够分析哪些东西可以使事情进行顺利，又能从大量资料中，找出实际问题的重心。很重视事件的前因后果，能够以理性的原则把事实组织起来，重视效率。 **适合职业**：科学家、技术培训、软件开发、机械师、电脑程序员